EXPERIENCE RE-ENGINEERING

The Methodology of Winning Customer's Era

体验再造

赢得YOU时代的方法论

汪吉　汪豪 ◎著

经济管理出版社
ECONOMY & MANAGEMENT PUBLISHING HOUSE

图书在版编目（CIP）数据

体验再造——赢得 YOU 时代的方法论/汪吉，汪豪著. —北京：经济管理出版社，2018.6
ISBN 978-7-5096-5772-0

Ⅰ.①体… Ⅱ.①汪… ②汪… Ⅲ.①企业经营管理 Ⅳ.①F272.3

中国版本图书馆 CIP 数据核字（2018）第 087078 号

组稿编辑：杨国强
责任编辑：杨国强　张瑞军
责任印制：司东翔
责任校对：张晓燕

出版发行：经济管理出版社
　　　　　（北京市海淀区北蜂窝 8 号中雅大厦 A 座 11 层　100038）
网　　址：www. E-mp. com. cn
电　　话：(010) 51915602
印　　刷：三河市延风印装有限公司
经　　销：新华书店
开　　本：720mm×1000mm/16
印　　张：17.25
字　　数：288 千字
版　　次：2018 年 7 月第 1 版　　2018 年 7 月第 1 次印刷
书　　号：ISBN 978-7-5096-5772-0
定　　价：49.80 元

序 言
YOU 时代的商业法则

我们这一代人，是伴随着中国改革开放成长起来的。40 年前，中国的经济总量仅居世界第十位，2017 年，中国 GDP 为 82.7 万亿元，稳居世界第二位。改革开放 40 年来，中国的 GDP 占世界经济比重从 1.8%一路上升到 15%，增长了 8 倍多。

作为普通民众，感受最直接的，应该是铁路、航空、公路以及各种基础设施的不断完善，更重要的是数以亿计的人们彻底摆脱了贫困。而今，解决温饱不再是奢望，富足已是人们的生活常态，幸福和美好成为大家对未来的期待。

每一个身在中国的企业和个人都能体会和看到中国正经历的变化，尤其是在当前世界经济缓慢复苏的背景下，强劲有力的中国引擎，正逐渐成为推动世界经济增长的重要驱动力量。中国的企业，如何在转型升级、开拓新市场、积极参与经济建设的过程中抓住机会至关重要。

但今天越来越多的中国企业家们，却陷入深深的焦虑中。可以说，焦虑是中国企业家的一个共同属性。他们焦虑什么呢？他们一直在探索，却还没找到确定企业可以长期发展的方向，还有就是担心自身能力跟不上。我们朋友圈里的很多企业家，晒的不是学习就是"跑马"，他们一直在技能和体能上进行超额的投入，就是希望能跟上时代的步伐，不至于掉队。

2016 年，朋友圈很多人都在发这个段子：今天被这段文字刷屏了，2016 年经济危机爆发，沃尔玛宣布全球关闭 269 家店；万达将裁员 100 万人；《贵州日报》发不起工资；东莞兆信倒闭，欠款过千万元，老板自杀，几万人下岗；太多工厂倒闭店铺关门，1.7 亿失业人员。你还在抱怨你的工作不好吗？你如果还没有失业，请认真对待现在的工作。

个知道是谁编的内容，文案很有煽动性。当时我们看到这个段子就乐了，还在朋友圈评论说，这不是危机，是一个旧时代和陈旧商业模式的淘汰，企业要做的是紧扣时代脉搏、洞察客户需求、持续创新价值。

现在流行讲新时代，对于今天的商业社会来说，这是一个什么样的新时代呢？

互联网时代、知识时代、产品时代、创新时代、体验时代、全球化时代、资本时代……这实在是难以准确定义的。于是，我们创造了一个新的概念：YOU时代。

YOU，顾名思义，就是"你"的意思。这个"你"指谁呢，包括你、我、他，每一个商业社会的主角——客户，也就是我们所说的消费者。

随着中国经济的迅猛发展以及人们收入的不断增加，今天的主力消费群体已经发生了根本的变化，他们已经不只满足于单纯的产品和服务，他们需要高品质的产品，还希望获得尊重、信任、便利、掌控、选择、知识、身份与荣耀等心灵的抚慰。从马斯洛的需求理论分析，今天的消费者，已经从生理和安全的需要，上升为情感、尊重和自我实现的需要。就像一首歌唱的，生活不止眼前的苟且，还有诗和远方的田野。

YOU 时代，有三个显著的特征：首先是年轻（Young），今天的消费者都是互联网原住民，是智能机一族，他们的需求更个性化和多元化；其次是全竞争（Outright Compete），市场已经进入到一个完全竞争的状态，商品极大丰富并出现过剩，产品和服务同质化，互联网的发展更加剧了竞争；最后是客户主权（User Paramountcy），主权已经从企业和渠道商转移到了客户，消费者拥有完全自主的选择权和话语权。

进入 YOU 时代，就意味着企业应从那些"以产品为中心""以技术为中心"的传统模式，向"以客户为中心"转变，就意味着企业必须进行转型，以客户为中心，重新思考企业应该树立怎样的形象，生产什么样的产品，提供什么样的服务，以及营销如何沟通，才能为客户创造价值，得到消费者的青睐。

以客户为中心的重要性不言而喻。我们举一个海尔的例子。海尔以及海尔的董事局主席、首席执行官张瑞敏是我们要致敬的，海尔不只是给中国的消费者生产了无数的品质高、价格低的产品，还推动了中国的商业文明，为中国企业的全球化做了有益的探索和实践。

2016 年，海尔以 55.8 亿美元收购了 GE 的家电业务。可在此之前还有一个不为人知的故事，那就是 24 年前，GE 却是准备兼并海尔的。1992 年，GE 想在中国找一个有潜力的企业，于是选中了海尔，但谈了两个多月，最后没有谈成。大家都知道，以前，GE 是全世界学习的榜样。在海尔 CEO 张瑞敏与 GE 几百名高管见面时，就有一个高管向张瑞敏提问，说你兼并我们了，怎么领导我们，意思就是海尔以前是学习 GE 的。

张瑞敏是怎么回答的呢？张瑞敏的回答非常好：你应该把定位搞清楚，我是你的股东，但不是你的领导和上级，你的领导和我的领导是同一个人，就是客户，转变观念，我们必须为客户服务。

对，就是为客户服务。那又为客户服务什么呢？

我们一直从事广告和营销的教学以及应用实践，在 20 多年的一线工作中，我们做了上百个项目，接触到了大量的企业，也有很多成功的策划和销售案例。在实操中，我们慢慢发现，客户越来越难以被以销售为核心的广告和营销所打动，很多曾经成功的广告和营销策略都"使不上劲儿了"，甚至是失效。

在体验经济以及体验式营销理念被引入中国后，我们开始在承接的项目中进行体验式营销，在广告、文案、产品设计、服务流程、销售环境等方面关注客户的感受，尝试做了一些改善，效果非常好，除了销售业绩的显著增长外，还得到客户的普遍赞赏。

随着市场上其他竞争对手的模仿跟进，以及我们不断的摸索实践，我们发现，仅靠一些单点的、碎片化的改善是没有意义的，客户需要全触点的、一致性的美好体验。如果把客户体验理解为一段旅程的话，那产品是启程，而品牌则是终点。

几年前，我们在企业谈及体验的时候，很多人都还是一脸懵然，而今，体验已经成为很多企业决策层和管理者们关注的主要内容。

回到前面那个问题，为客户服务什么呢？我们的理解就是持续提升和改善客户体验，让客户尖叫。

这也就是 YOU 时代的商业法则。

客户体验本身就是一个全新的、正在摸索成长的课题。因此，如何建立有效的客户体验，从客户体验的规划、实施，到持续改善，无疑是一个异常艰难和富有挑战性的巨大工程。为了帮助更多有志于提升和改善客户体验的企业决策层及管理者们，我们建立了一套 SOPSMB 模型，从企业战略、组织、产品、服务、营销和品牌六个维度进行体验再造，最终构建有体验感的企业和有体验度的品牌。

本书共包括十章。第一章是 YOU 时代，是本书的开篇，对客户、体验、客户体验等基本概念进行阐释。第二章至第七章，我们分别从企业管理，产品、服务、品牌，以及营销中我们比较擅长的广告和文案展开论述。第八章我们对首席体验官和组织进行了研究。第九章是本书的核心——体验再造，这一章应该是比较晦涩的，因为理论的东西比较多。全球化也是我们专注的一个重点，在第十章对其进行了研究。

既然是讲体验的书，好的阅读体验自然重要。本书中，我们尽量使用第一人称，文字口语化和散文化，并加入了很多案例帮助理解。在案例选择上，我们也尽量选择中国的企业，以便进行吸收转化。

本书大家不必按顺序阅读，可以选择自己喜欢的章节进行浏览。我们在创作过程中，已经尽可能将内容分开，各章节自成一体。在客户体验方面已有研究的朋友，可以不需要读完所有内容。对于认真读完本书，但还觉得有困惑的朋友，请别把这本书扔掉，可以换时间有一些思考和实践后再折回来阅读，也可以直接和我们联系，让我们一起互相探讨、互相学习、共同成长。

在年轻、全竞争、客户主权的 YOU 时代，持续提升和改善客户体验，是这个时代的商业法则。其实，商业的产生本来就是因为人性，因为个人的需求，所以有了交易，交易是商业的核心本质。只不过以前企业销售的是产品、销售的是服务，而进入 YOU 时代，企业销售的是体验。无论社会如何发展，企业和客户的关系如何变化，但有一点是不会变的，就是以客户为中心，洞察客户需求，满足客户需求的原则。

变化的时代，不变的初心。希望以客户为中心的体验再造，能够给企业提供一套完整的、满意的和有价值的方法论，打造卓越的客户体验，从而真正赢得 YOU 时代。

目　录

| 第一章 |

YOU 时代

|本章体验要点|

今天的客户，已经从产品的被动接受者走向价值共创者，他们需要高品质的产品和服务，更渴求个性化和多样化的独特体验。来吧，让我们全面拥抱 YOU 时代。

◇ YOU 时代

◇ 客户主权

◇ 体验

◇ 大客户

◇ 客户体验管理

这是你的 YOU 时代

天猫、京东、华为、小米、滴滴、摩拜、OFO、携程、美团、微信、微博、豆瓣、知乎、王者荣耀……

我们处在一个什么样的时代？

这是一个全球化完全竞争的时代、这是一个互联网高度发达的时代、这是一个信息泛滥粉尘化的时代、这是一个线上线下融合的时代、这是一个比过去进步自由许多的时代、这是你的 YOU 时代。

在本书开篇，我们郑重提出"YOU 时代"这个词。对于 YOU 时代，我们查了很多资料文献，也尽可能在百度、搜狗以及 Google 查询，但都没有专家学者专门著文论及。

早在 2006 年，《时代周刊》就富有卓见地把当年年度人物选为"YOU"，全世界的所有网友。其封面推送词说："Yes，you. You control the Information Age. Welcome to your world."（现在，就是你，你控制着这个信息的时代，欢迎你来到这个时代。）

当年，网易为此还做过一个专题网页，恭喜"你"成为《时代周刊》年度人物，里面设置有一个小程序，网友只需要在文本框输入名字和上传照片，便可生成一张年度《时代周刊》的头条和封面人物的图片（见图 1-1）。当年移动互联网

图 1-1　封面

资料来源：《时代周刊》"2006 年度人物"封面。

还未普及，微信等社交工具还没有出现，不然这样的年度人物图片一定会霸屏，火爆朋友圈。

2006 年的年度人物就是我们中的每一个人，是互联网上的使用者。为什么"YOU"成功入选 2006 时代人物，《时代周刊》对此解释说：机构正向个人过渡，个人控制了全球媒体，为"新数字时代民主社会"奠定了基础框架。

随着信息网络技术的迅猛发展和移动智能终端的广泛普及，互联网以其泛在、连接、智能、普惠等突出优势，有力地推动了 IT 和实体经济的深度融合，互联网已经成为创新发展的新领域、公共服务的新平台和信息分享的新渠道。我们说的互联网，它已经不只是一个渠道，而是一个数十亿人共存共荣的地方，大家在这里创造、使用、分享和表达。更令人振奋的是，中国和中国的企业正凭借互联网东风进行弯道超车，并引领中国制造向中国创造转型。

英特尔创始人戈登·摩尔曾提出有名的摩尔定律，集成电路上可容纳的元器件，每两年便会增加一倍，性能也将提升一倍。而在当下，我们可以发现摩尔定律几乎可以延伸到所有行业，产品快速迭代，独角兽企业越来越多，它们在很短的时间就迅速蹿红，把那些发展了很多年的企业远远甩在身后。

很多传统的行业正在被颠覆，比如书店、报刊、音像出版、邮政、出租车、餐饮、电器、快消品等。同时，很多新兴的势力正在崛起，比如电商、快递、共享单车、无人驾驶、机器人等。我们看到传统媒体的失落，也看到新媒体的昂扬；我们看到熙熙攘攘的消费者，也看到门可罗雀的购物中心；我们看到疯狂的补贴大战，也看到连押金都退不回来的无奈；我们看到中国企业扬帆出海，也看到有的企业已经铩羽而归。

就在很多企业都在慨叹经济低迷、经营困难时，却也有很多企业左右逢源，做得越来越强。大家都在同一条赛道上奔跑，为什么有的会落在后面，甚至还要被后来者超越？这是因为如今已经进入了新的时代，而很多企业的思维理念、经营管理、人力结构等还在固有的模式中打转，就像梁博在《给我一点温度》里唱的那样，"太阳更大，只是透不进来"。

YOU 时代，是我们给今天这个时代的定义。

为什么是 YOU 时代，是因为随着中国经济的快速发展，今天的主力消费群体，已经从产品的被动接受者走向价值共创者，他们的消费理念和价值标准发生了根本性的变化，从满足生存和安全的需要开始上升为实现自我价值的需要，注重品质提升，追求个性化，品位也更多样化。

对于企业来说，YOU 时代意味着要摒弃以产品为中心、以技术为中心的传统模式，全面转向以客户为中心的经营管理，要开始学会和客户站在一起，了解客户，洞察客户需求，提供满足客户需求的解决方案，全程跟踪客户体验，并进行持续优化和改善。

YOU 时代有三大特征：

（一）年轻（Young）

年轻是这个时代的第一特征，今天的消费者，尤其是 Y 世代群体（泛指出生在 1980~2000 年的人群），根据国家统计局资料，Y 世代群体占中国总人口的 36% 以上，总数超过 5 亿人，他们正处于 18~38 岁的年龄阶段，他们都是互联网原住民，也是智能机一族，受教育程度较高，有全球化视野，消费能力和意愿强。

年轻就意味着奋斗和打拼，也意味着活力、张扬、变化和创新。这些年轻的消费者，结合他们获得的更多信息，使得他们拥有更多的资源，也影响着更多拥有资源的人。更为重要的是，他们成为家庭、工作场所、媒体与流行文化的核心与宠儿，他们借助互联网和新媒体，把大众文化塑造得更加年轻化，而年轻化的大众文化正成为我们这个时代新的社会范式。

这就给很多传统企业，包括很多老字号的品牌，带来了年轻化的挑战。生产什么样的产品，提供什么样的服务，树立怎样的企业形象，营销又如何沟通，只有回答好这一系列的问题，才有可能赢得这个时代的消费者青睐。

（二）全竞争（Outright Compete）

抛开电力、烟草、铁路等国家垄断性的行业，我们已处在一个完全竞争的市场环境，科技的发展和资本的逐利让整个社会生产力严重饱和，市场一片红海。不要说大的领域，就是一些细分的行业，也有很多企业在里面竞争。今天这个时代，商品极大丰富并出现过剩，消费者选择空间非常大。

YOU 时代也是一个 Tou（透）时代，信息渗透与传播更为充分，人们不那么容易被愚弄，消费者要求知情权，公众要求政务公开，在公众中有更多的人成为对许多问题与技术有发言权的业余专家。在这个时代，好的社会角色首先必须阳光，有透明度，能上桌面。

在竞争驱动下，企业都在比拼对消费者的响应速度。互联网技术的发展，让消费者需求信息的收集变得更为容易，供应链、物流配送、财务结算、客户服务等各个系统的高速运转，实现了企业和客户之间的"零距离"，客户可以通过线上或线下进行个性化订购，不出家门就能获得企业的产品和服务。

（三）客户主权（User Paramountcy）

我们都经历过产品为王的时代，在 20 世纪，很多产品都是供不应求的，甚至要托关系、递条子才能买到。随着生产效率的提高，供给开始大于需求，引发竞争，于是进入了渠道为王的时代，因为渠道稀缺、货架稀缺，渠道商拥有主权。但在互联网时代，在企业官网、电商平台，陈列和展示的边际成本几乎为零，选择权交给了客户，以前我们说客户是上帝，但直到今天，客户才真正拥有主权，进入 YOU 时代。

我们旧的传播，是自上而下的，虽然是大众传播，实质是精英文化的产物。而在 YOU 时代，草根平民也有了话语权，有了公共的平台进行表达，大众传播媒介第一次在真正意义上成为了"社会公器"。以前属于官员、专家学者长期霸占的话语权，开始被草根大 V 和各种自媒体们分享，甚至一部分被转移。传统媒体在新媒体的巨大攻势面前，对言论的钳制正逐渐失去力量，有些甚至已经消亡。

YOU 时代话语权的转移，使得我们的企业已经无法不去正视那些即使是少量的、个体的声音。那些愚笨、傲慢的传统媒体、出版社、电视台、广播公司对创造的控制、对信息的垄断，已是现实不可逆的潮流。假如没有 Twitter，特朗普敢随便怼《纽约时报》《CNN》《洛杉矶时报》等传统媒体吗？想当年，正是《华盛顿邮报》的"水门事件"报道把傲娇的尼克松搞下台的。

用坐标图分析 YOU 时代企业和客户的权利关系比较直观。从图 1-2 中可以清晰地看出，企业和客户的权利平衡随着时间的推移逐渐向客户方向转移，而 YOU 时代的到来，则使曲线出现加速度的变化。

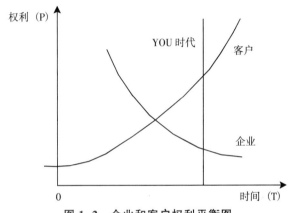

图 1-2　企业和客户权利平衡图

在年轻、全竞争、客户主权的 YOU 时代，企业和客户之间的权利完全失衡。使得企业必须进行转型，重新定义经营战略，以客户为中心，对产品、服务、品牌、营销，以及组织架构进行优化或再造，才能在激烈的市场竞争中存活下来，谋求更远的发展。

今天，不管愿不愿意，接不接受，你、我、我们，已经进入了 YOU 时代。

完全竞争时代

学过经济学的人都知道，在传统的经济学教科书中，根据市场竞争和垄断的程度，行业市场结构可以分为完全竞争、不完全竞争、垄断竞争和寡头垄断四种类型。完全竞争的市场有四个基本特点：①有大量的买者和卖者；②产品同质化；③资源可自由流动；④信息具有完全性。

今天几乎所有的行业都符合完全竞争市场的上述特点。中国已经从一个巨大的需求市场逐步过渡到一个相对完全竞争的市场，2008年国际金融危机之后，很多企业都感觉生意越来越难做，因为交易的内涵变得越来越复杂了。

任何一个行业中，一旦出现长期的高利润率，就会吸引更多的企业进入，利润率很快会降至平均水平。国际上有一句戏谑的话：只要中国人买的东西都贵，只要中国人卖的东西都便宜。环顾世界，任何高利润率的行业，只要有中国企业的进入，就会迅速被卖成白菜价，比如家电、手机。说实话，我们应该感谢像张瑞敏、雷军这样的企业家，是他们的坚守，让我们享受到了高品质却又低价格的产品。

互联网尤其是移动互联网的发展，更加速了市场的完全竞争化。QuestMobile发布的2017年中国移动互联网报告显示，截至2017年12月，中国移动互联网的月度活跃设备总数达到10.85亿，移动支付用户规模达到7.26亿。

（一）消除了信息差

消费者可以通过PC和智能终端进行信息查询，关于产品的价格、性能、技术指标等详情随时可以在网上查到，信息变得更透明。同时，还有很多第三方的平台提供产品测评信息，消费者也可以通过社交平台分享他们的使用体验，口碑越来越成为决定产品增长的主要因素。

（二）个性化、定制化成为主流

消费者可以通过互联网直接联系和沟通到生产企业，企业也正在使用大数据分析研究消费者需求，如今个性化、定制化已经成为主流，虚拟现实、增强现实、3D打印等新技术的不断进步，让企业能更容易地为消费者提供多样化的体验。

（三）线上线下融合

电商这些年的发展是有目共睹的，随着中国互联网人口红利的消失，各种线上渠道开始和线下渠道融合，而且融合趋势越来越快，线上线下同质同价，整个市场竞争更加激烈。

（四）品牌体验竞争

今天企业之间的竞争，已经不再局限于那些单个的环节，不只是价格，也不只是售后，而是从设计、供应链、生产、营销以及服务等整个全产业链的竞争。单纯的产品已经无法满足消费者的需要，更多的企业已经开始围绕客户展开品牌体验的竞争。

悲惨性增长是经济学研究的课题，由于市场的完全竞争，甚至是进入恶性竞争，导致很多生产型的企业，像煤炭、钢铁、化工等行业都出现了大额的利润亏损，不得不进行减产或停产。很多实体店面，由于通货膨胀和不断上升的劳动力成本，出现了关店潮现象。

商业的本质是利润最大化，所以企业总会将大量的资金和精力投入到技术创新上，迎合市场的需求，实现产品的差异化，进而采用价格歧视的手段实现超额的利润。这是我们最希望看到的，因为消费者可以获得更多满足自身需要的、差异化的高品质产品，同时企业也可以获得可观的利润，从而能够不断持续投入，进一步推动产品的创新，把竞争变成不完全竞争市场。

经过 1998 年亚洲金融危机和 2008 年国际金融危机两次严重的冲击，我们可以清晰地看到，金融危机对一国经济的冲击，表面看是短期需求问题，实质冲击的是这个国家的经济结构性缺陷。很多企业长时间的生产和经营困难，是因为没有建立起比较健康的商业体系，一个良性的交易结构，一定是实现各方的价值增值，实现互惠性，对于经营者来说，要降低生产和交易成本，对于消费者来说，要获取真正的需求和价值。

但遗憾的是，很多企业只顾琢磨如何成功，如何超越竞争对手，却没有真正意义上研究过消费者。他们都是按照自己的思路和生产节奏在做市场，并没有与客户建立有效的联系和互动。在这个完全竞争的时代，肯定是走不通的。企业必须停下来，认真去研究目标客户，研究他们的消费心理和消费行为，思考如何与他们建立长期的关系。只有这样，才能找到发展的方向，提高企业的经营效率。

客户主权时代

不知道大家有没有发现，近几年，除了方便面、啤酒之外，连可乐都不好卖了。相关数据显示，2013~2016 年，中国方便面销量减少了 80 亿包左右，中国啤酒产量连续三年出现下滑。快消品中的百事可乐 2017 年中报业绩虽然回暖，但亚太市场仍不乐观，可口可乐更惨，2017 年第二季度利润暴跌六成，而就整体的业绩上看，百事和可口这两大可乐巨头已经连续 4 年销量下滑。

这背后的原因是什么？是质量变差，还是消费群体发生转变，我们理解，最根本的原因是消费升级，消费者的需求发生了变化。随着生活水平的提高，中国的消费者开始注重养生，不仅要吃饱，还要吃好、吃的健康。升级了的消费者不是不吃面，也不是不喝啤酒和饮料，只是他们需要的是更好的面，不注水的啤酒和饮料。

就在十几年前，人们思考的是如何让辛苦赚来的每一分钱发挥最大的效用。如今，随着收入的快速增长，中国消费者开始重视健康、亲近自然，青睐于品质高、价格高的产品，并且越来越舍得在服务上花钱。同时，钱包鼓了也就意味着有了更多的选择，事实也是如此，今天的消费者选择的范围比以往任何时代都要大。

前文已述，中国的消费市场进入了 YOU 时代，YOU 时代的一个主要特征就是客户主权时代的全面来临。

客户主权（Customer Sovereignty）是现在营销中谈的比较多的话题。通常我们说主权，是指一个国家对其管辖区域拥有至高无上、排他性的政治权力。客户主权是诠释市场上消费者和生产者的一个概念，客户主权意味着客户完全自主自决，根据自己的意愿和偏好在市场上进行消费，生产者通过收集客户消费行为反馈回来的信息而组织生产，提供客户所需要的产品和服务。

大家都知道滴滴现在很火，滴滴彻底改变了这个行业的价值观。以前，出租车开在路上，看到谁就接谁，从电子商务的思维看，这是 B2C（商家对客户）。滴滴出现后，客户在手机上一点快车，所有的快车出现在视线范围，这是 C2B（客户对商家）。你一上车，司机就会问你冷不冷，要不要开空调，为什么司机变得这么好呢，因为客户下车后可以对行程进行评价，如果评分低的话，会影响司机的业绩。

不只是滴滴，如今的阿里、京东、美团等平台型企业，都把属于客户的选择权从企业那里拿回来，真正还给客户。客户完全实现自主自决，如果消费过程中体验不好的话，还可以进行投诉，若给个差评，商家就会相当痛苦。在渠道为王的时代，商家掌控了通道和货柜，可以操控让哪些产品上架，互联网让货柜不再稀缺，商家从产品的代言人走向客户的代言人。今天我们看到的成功的企业，毫无例外，都是抓住了时代发展的根本变化，成功进行了向客户主权时代的转型。

全面进入客户主权时代的中国消费者市场，正呈现出以下市场特征：

（一）我的地盘我做主

2002 年，中国移动针对年轻的客户群体推出了一个动感地带（M-Zone）的客户品牌，广告词就是"我的地盘我做主"，那个时候电话和短信是年轻人的最爱，16 年后，微信等应用成为了标配，通话业务萎缩，数据业务变成了中国移动的主营业务。

应该感谢这个时代，真正让消费者拥有了主权。和政治制度一样，我们告别专政，进入了参政议政的民主时代，客户主权的最大特征就是决策权完全掌握在客户手中，客户自己当家做主。今天的客户，拥有更多的话语权和主导权，越来越多的拒绝接受被动消费者的角色，他们通过线上线下各种渠道收集信息，广泛参与到品牌的每个环节，左右和影响着企业的决策。

（二）长期在线的客户

有关数据显示，2017 年中国成年人平均每天花 1 小时 38 分钟使用智能手机。长期在线的客户，他们除了要求一致性体验、有趣好玩的互动，更希望在需要时能得到触手可及的服务。因此，像阿里、京东等电商提供的全天候 24 小时无休服务体验，正在影响着客户对其他品牌的期望。长期来看，线上线下的融合是趋势，实体商店、电视、网店、社交网站都是消费者的购物通道，随时随地的消费行为越来越普遍。

（三）个性化、多样化的需求

过去，中国的消费市场具有明显的模仿型、排浪式特征，进入 YOU 时代，个性化、多样化消费渐成主流，保证产品品质、通过创新供给激活需求的重要性显著上升。消费者越来越主动和挑剔，企业必须开始学会去了解他们真实的需求，通过增强现实、大数据等技术，柔性生产，为客户量身定制，满足不断上升的个性化、多样化需求。

（四）诗和远方的田野

生活不止眼前的苟且，还有诗和远方的田野。YOU 时代的客户，他们不只满足于单纯的产品和服务，他们不仅要好产品，还需要心灵的抚慰，要以此定义自己的生活品位。温度和态度是我们讲的比较多的词语，企业在满足功能需求的同时，更需要满足客户的情感需求。客户体验正成为品牌影响的核心力量，企业要研究消费者心理和消费者行为，要学会与客户沟通的技巧和艺术。

（五）企业的再造

客户主权只是个外在表现，从根本上说，对客户的态度其实是企业内部组织架构、流程设计的缩影，很难想象一个专制专权的企业，能带给客户真正愉悦的一致性体验。只有建立以客户为中心的企业文化，扁平化、流程化的组织结构，从产品、服务、营销等各个维度进行重新定义，才能与客户主权相匹配，才能真正、持续地满足客户主权时代不断增长的体验需求。

客户主权时代已经是不可逆转的现实，互联网更加速了客户主权时代的全面到来，那些还指望凭借广告轰炸而实现销售的品牌，结局将变得很惨。优秀的企业已经开始转型，不是追求客户对企业的忠诚度，而是追求企业对客户的忠诚度，他们已经和客户打成一团，找到了客户主权时代的商业法则，变成了客户的代言人，把同行业中的竞争企业远远甩在后面。

客户是谁

无论是看各种书刊，还是企业内宣，包括互联网上的各类信息，都会给大家一种困惑，客户这个词到底应该叫什么好，是客户、用户、顾客，还是消费者，这几个经常出现的名词，相信有很多人是懵圈的。

客户主权时代，要清楚客户是谁。我们稍微花一点篇幅，为大家厘清这几个营销学对象。

（1）客户。在中国早期时候，客户是厂商或经纪人对往来主顾的称呼。如今，客户被普遍定义为购买产品、服务的组织和个人。

（2）用户。指产品的实际使用人、使用者。用户通常不是客户，为诠释这两者的区别，巴菲特的黄金搭档查理·芒格讲过一个故事，说他看到有个卖渔具的制作了许多绿色紫色闪闪发亮的鱼饵，他就问：鱼会喜欢这些鱼饵吗？那人说：我可不是把鱼饵卖给鱼的！看完这个故事，大家应该能理解用户和客户的区别了吧？鱼就是用户，而购买鱼饵的是客户。

（3）顾客。就是光临惠顾、购买和消费的客人，泛指商店或服务行业前来购买东西的人或要求服务的对象。

（4）消费者。消费者在科学上是指食物链中的一个环节，代表着不能生产，只能通过消耗其他生物来达到自我存活的生物。在经济学中，消费者是和生产者、经营者对应的概念，用以指代产品和服务的最终使用者而不是生产者、经营者。

在描述一些宏观的问题时，消费者是使用最频繁的，表达一个群体的概念。我国还有消费者协会，在每个省、地市还有县区都有分支机构。

笔者以前在运营商工作的时候，大家总是把安装电话和宽带称为用户，我们就觉得很奇怪，为什么不叫客户呢，这样是不是更尊敬一些。今天有很多的企业还是叫用户，我们研究了一下，凡叫用户的，都是所谓流量型的企业，也就是企业的营收是靠成千上万的客户贡献的，单个客户的贡献几乎可以忽略不计。比如微信，我们只是微信用户，只是微信这个月活跃人数十亿级的庞大社交系统中的一个账号而已，什么时候见过腾讯尊称我们为客户呢。

今天，我们的消费者由持币选民变成了用户，他们的体验感直接影响了企业产品和品牌的发展走向。但今天还有很多的企业人谈用户观、用户至上，其实已经不合适了。我们理解，用户思维是值得提倡的，因为从客户思维看，客户关心的是价格，而从用户思维看，用户关心的是使用价值。从称谓上说，我们希望客户这个词普遍化。像淘宝上线后，商家把买家称为"亲"，就很值得赞赏。

为了给大家带来好的阅读体验，本书后续只出现消费者和客户两个名称，消费者指与生产者和经营者对应的群体概念，而客户则指产品、服务的购买者和使用者，英文用 Customer 指代。

对客户进行了定义，我们再一起探讨客户需求。大家都说客户是上帝，如果不能清楚地知晓客户的需求，是无法令客户满意的，更谈不上上帝的感觉。

客户需求是指客户对产品和品牌的目标、需要、愿望以及期望。客户需求是我们开始一切工作的基础，不了解客户需求，企业就等于是闭门造车，结果可想而知。企业的生存和发展应该始终以客户需求为导向，不断优化业务的发展方向，才能赢得消费者的青睐，提高满意度。每个企业都要学会熟练使用问卷调查、电话邮件访谈、小型座谈会，建立实时客户反馈平台，以及观察消费者行为等途径全方位去接触客户。像客户一样去看、去听，并长期使用自己的产品，要学会理解客户的多重身份，了解客户的价值观，了解客户的深层次需求，用客户的语言描述产品。

以一个到店购买皮鞋的客户为例，客户的需求可能有以下方面：

（1）明确表达的需求。比如客户想要一双漂亮的鞋子。

（2）实际需求。比如客户实际想要一双价格不是很高的鞋子。

（3）未明确表达的需求。比如客户希望能提供优质的服务，包括质保、清洗服务。

（4）令客户愉悦的需求。比如客户希望能获得一定的折扣，或是赠品。

（5）隐秘需求。比如客户希望得到鞋子的搭配建议。

根据马斯洛的需求层次理论，人类的需求层次由低到高依次为生理、安全、社交、自尊、自我实现。随着中国经济的发展和人们收入水平的不断提高，客户的需求层次有了进一步的升华，YOU 时代的客户已经从生理和安全的基本功能性需求，上升到了社交、自尊和自我实现的情感需求。从社会总体看，客户需要更加个性化、多样化、人性化的消费来实现自我。

体验是什么

近年来，体验（Experience）是学术界和管理界的热门话题。

其实体验，相信每个人都不陌生。体验＝体＋验，就是亲身经历，实地领会，用身体五官去感受，用心去领会。《朱子语类》中说：讲论自是讲论，须是将来自体验。朱熹是宋朝有名的理学家，他重视观察实证，他的格物致知论影响非常深远。

以前体验通常被看作服务的一部分，但实际上，体验是一种经济物品，像服务、货物一样是实实在在的产品，没有虚无缥缈的感觉。如果从产品和服务的角度对体验进行定义，那就是客户以个性化方式参与事件时，情绪、体力、智力甚至精神达到某一特定水平，在客户意识中产生的美好感觉。

很显然，体验有如下特征：

（1）无形性。和有形的产品和服务相比，体验是无形的，是客户的感受。

（2）差异性。体验因人而异，不同的人对于相同事件的体验可能完全不同。

（3）场景性。体验与特定的场景相关，不同的场景条件下，体验是不同的。

（4）独特性。体验与经验不同，有自身独特的性质。

（5）持续性。在与产品的持续互动中，体验会保存、累积和叠加，当预期目的达到时，整个体验不是结束，而是有实现的感觉。

（6）创新性。除了来自客户自身的感受外，可以通过设计和创新诱发客户的体验。

早在 1970 年，阿尔文·托夫勒就在其著作《未来的冲击》中大胆预言，来自消费者的压力和希望经济继续上升的压力将推动社会朝着未来体验生产的方向发展；服务业最终会超过制造业，体验生产又会超过服务业；某些行业的革命会扩展，使得它们的独家产品不是粗制滥造的商品，甚至也不是一般性的服务，而是预先安排好了的"体验"。体验工业可能会成为超工业化的支柱之一，甚至成为服务业之后经济的基础。

但由于时代发展的背景，托夫勒的体验学说没有得到应有的重视。直到1998 年，约瑟夫·派恩和詹姆斯·H. 吉尔摩在其著作《体验经济》中正式提出了体验经济这个概念，并把经济发展阶段分为产品经济、服务经济和体验经济等不同的阶段，由此引发了管理者和学术界对体验的广泛关注。

为帮助大家更好地理解体验经济，现摘抄该书中关于体验经济的部分观点：

（1）产品经济时代。产品经济又称农业经济，当时的商品处于短缺期，即供不应求阶段，谁控制着产品或制造产品的生产资料，谁就主宰市场，统治经济。

（2）商品经济阶段。商品经济又称工业经济，随着工业化的不断加强，商品不断丰富以致出现过剩，即供大于求阶段。市场竞争加剧导致商品的利润不断稀薄，直到发生亏损。

（3）服务经济阶段。服务经济是从商品经济中分离出来的，它注重商品销售的客户关系，向客户提供额外利益，体现个性化形象。

（4）体验经济阶段。体验经济又是从服务经济中分离出来的，它追求顾客情感满足的程度，重视消费过程中的自我体验。

体验经济时代，企业不再仅仅提供商品和服务，而要提供最终的体验，充满感性的力量，给顾客留下难忘的愉悦记忆。换句话说，农产品是可加工的，商品是有形的，服务是无形的，而体验则是难忘的。

1999年，伯恩德·H.施密特的《体验式营销》把体验作为可操作的市场营销方式，让体验营销在学术和实践领域风靡全球。体验式营销，是站在消费者的角度，从消费者的感官（Sense）、情感（Feel）、思考（Think）、行动（Act）和关联（Relate）五个方面，重新定义、设计营销的思考方式。

体验式营销主要有三个特点：第一，强调消费者的感性。消费者既是理性的，同时又是感性的，他们在购买商品时多凭借以往的经验，所以企业不仅要从消费者理性的角度去开展营销，也要考虑消费者的感性需要，让消费者有一种轻松、愉快的体验。第二，关注消费者的体验。企业在为消费者提供优质的产品和服务的同时，应注重与消费者的沟通，注重消费者感官、情感、思考、行动和关联的体验，为消费者提供全方位的体验。第三，推崇营销组合的创新。营销组合是实施营销战略非常有效的营销工具，而体验式营销策略是包括体验、情境、事件和印象四方面的组合。

毋庸置疑，YOU时代也是一个体验经济时代。随着体验经济的到来，今天的生产和消费行为已经发生了很大的变化，一方面，客户已经不只满足于产品和服务，他们更希望获得尊重、信任、便利、掌控、选择、知识、身份与荣耀等的体验；另一方面，优秀的企业更加注重与客户的沟通，以体验为基础，开发新产品、新活动，并持续构建全触点的一致性的品牌体验，得到了客户的广泛认同，帮助企业实现业绩和品牌力的不断增长。

体验经济是一种全新的经济形态，体验经济不只是展示了经济社会发展的方向，更孕育着消费方式和生产方式的重大变革。当今，全球经济逐渐呈现出以体验为塔尖的新经济金字塔，适应体验经济的快慢将成为企业竞争胜负的关键。

客户体验

就在几年前，我们和企业沟通时谈及客户体验，很多人都是懵然的。而今，很多的企业都在讲客户、讲客户体验、讲以客户为中心。但有多少人真正思考过，客户体验到底是什么？客户体验包含哪些内容？大家真的懂客户体验吗？

我们做过调研，当前，有75%的客户并不满意企业提供的客户体验，有80%的客户会将其积极的客户体验与更多人分享，有77%的客户表示在忠诚度计划的激励后，会购买更多的产品。

客户体验，就是指客户在使用产品、服务和系统的过程中建立起来的主观感受。这是目前对客户体验形成的比较一致的共识，这里有三个关键词：客户，产品、服务和系统，主观感受。

（1）客户，就是企业产品和服务针对的对象，是产品的直接购买者和使用者，是能给企业带来价值的主体。关于客户，我们还需要说一个"大客户"概念，这里说的"大客户"并不是指那些交易金额最大的客户，而是对客户进行了更宽泛的定义。"大客户"不只是消费者，还包括企业内部员工、上下游的供应链、媒体机构、政府部门等。

（2）产品、服务和系统，体验的范围是很广泛的，有产品、服务，还有渠道、营销活动等，所有产品和服务与客户之间的每个接触点，都是体验的范围。因此，客户体验是一个全触点的，包括从产品到品牌的所有环节。

（3）主观感受，这个感受是主观的，有意识上的，也有情绪上的。今天客户的消费行为已经发生了改变，以前可能通过对比产品属性，通过品类筛选，但现在只要对一个人、某个价值观，或某种生活方式的认可，就会产生购买行为。企业不能还停留在传统的供应和服务层面，要不断优化不同层次和不同方面的客户体验，才能形成差异化的竞争优势。

客户体验，可以分为需求满足、容易性和愉悦三个层次，如图 1-3 所示。

图 1-3　客户体验的三个层次

（一）需求满足

这是客户体验的最低层次，是刚需，聚焦于客户能否完成他们想要执行的任务，包括功能性和可用性，是否具有客户需要的基本功能，功能是否齐全、性能是否稳定、流程是否合理。从产品角度看，这也是一个产品能否存活的基本条件，如果产品无法提供客户需要的功能，不具备可用性，很难想象这样的产品能有客户愿意购买。因此我们在研究客户体验时，这部分通常不会是我们的重点，我们更加关注客户体验的最高层次，也就是愉悦感。

（二）容易性

容易性是指易于使用的特性，指客户能很便捷地完成任务，无须大费周章。这是基于主观感受的，可以用实用、适应、可延展等定义。比如功能做的好不好，是否可以用来完成客户要求的任务；是否简洁，能够适应不同的客户群体；有没有扩展功能。简单来说，就是用起来是不是特别方便、特别好用、特别爽。

（三）愉悦

愉悦是一种让人感觉良好的、神经活跃的正面情绪。愉悦是客户体验追求的最高境界，也就意味着企业要在功能性和易用性基础上，更加关注客户的情感需要。企业不只是要生产高品质的产品和提供优质的服务，还要深入洞察客户个性化和多样化的需求，让客户感动而不只是满意。

关于客户体验的研究和应用实践，互联网企业可以说是做得最好的，尤其是在人机界面（User Interface，UI）和交互设计（Interaction Design）上走在了前面。关于客户体验，互联网业习惯于叫 UX 或 UE（User eXperience），也更强调以客户为中心的体验设计，一个好的产品，应该兼顾商业盈利、技术实现和用户需求。

如今，客户体验已经应用到了几乎所有的行业，进行了从 UX 到 CX（Customer eXperience）的变迁。和 UX 聚焦在客户的发现、评估、购买、访问、使用、获得支持、离开和重新交易的数字接触之旅不同的是，CX 不仅对数字接触感兴趣，还关注产品、服务、营销沟通等客户和企业接触的方方面面。

对于客户体验的提升，CX 要求从战略、范围、表现和运营四个层面展开。在企业战略层面，确定产品定位及目标用户的同时，也确定客户体验的核心要素。在范围层面，提供全流程闭环的、全接触点的优质服务，让客户乐在其中。在表现层面，也就是客户最容易接触和感知到的层面，简洁化、易用、交互，持续改进和优化。在运营层面，提升客户黏性，包括进行品牌营销、促销活动、客户沙龙、邀请客户参与产品设计测试，忠诚度激励计划等。

管理客户的体验

随着 YOU 时代的全面到来，企业和客户之间的权力开始失衡，权力完全倒向了客户一侧。企业的挑战不只是要吸引新的客户，还要维系好老的客户，深入挖掘客户潜力，并根据他们的价值来满足客户需求。

有效管理客户的体验已经成为赢得客户的关键因素，客户体验管理（Customer eXpercience Management，CXM）的价值就日益凸显出来。CXM 是一种全新的客户方法和技术，战略性的管理客户对企业产品或品牌全面体验的过程。CXM 以提高客户整体体验为出发点，注重与客户的每一次接触，通过协调整合售前、售中和售后等各个阶段，各个接触点和各个渠道，有目的地、无缝隙地为客户传递目标信息，创造匹配承诺的正面感觉，以积极良性的互动，创造差异化的客户体验。

大家可能要问，CXM 和 CRM 有什么区别呢。

所谓 CRM，是 Customer Relation Management（客户关系管理）的简称，CRM 既是一套管理制度，也是一套软件和技术。企业可以运用 CRM 了解客户喜好，以制定相关战略，CRM 被用于客户服务、营销活动、销售活动等，使打造以客户为本的组织这一目标得以实现。

应该说，CRM 产生的初衷是为了生成更好的关系，进而提高经营业绩。然而，如今的 CRM 却大多被用来管理公司内部的市场、营销和客户服务功能，而没有切实解决公司与客户之间的实际互动。换言之，CRM 更多是以组织的角度为出发点，是由内向外的，而 CXM 以是客户视角作为观察问题的出发点，是由外向内的。当然，CRM 和 CXM 不是排斥的关系，而是互补的关系，CXM 更关注与客户之间的互动，并着重影响客户的行为。CXM 还原了 CRM 建立之初的意图，即最大化提高客户满意度。

当下很多企业的客户管理主要是 CSM（客户满意度管理），CSM 通常是客户对企业产品和服务的感知效果与其期望值相比较后，所形成的满意或失望的感觉。而 CXM 则要求全面地考虑客户购买和消费过程中的各种体验因素，超越了很多满意度调查表所关注的产品、包装、售后服务等，而更多的从客户角度出发，考虑导致客户满意的更深层次因素。

对于企业来说，要充分认识到客户的体验具有层级性。由于客户需求的不断升级，在低层级的需求被满足后，他们就开始追求更高的需求，所以处在不同需求层次的客户对同一体验的感知是不同的。而且同一个客户，随着体验次数的增多，客户的体验感也会降低。我们经常能看到，那些曾经能为客户带来高度体验的产品慢慢失去了吸引力，其实并不是产品出了问题，而是客户对产品的体验发生了变化。

如何对客户的体验进行评价，我们根据体验内容对客户的影响力和客户参与体验的主动性程度（主动参与、被动参与），把客户体验分为消极的体验、无体验、积极的体验三个层级，而其中，积极的体验又包括低度的体验、中度的体验和高度的体验，如表 1-1 所示。

表 1-1 客户体验评价模型

	无影响力	影响度低	影响度高
客户被动参与	无体验	低度的体验	中度的体验
客户主动参与	消极的体验	中度的体验	高度的体验

（一）消极的体验

客户主动地、全身心地参与了体验，但体验内容并没有为客户带来任何刺激和影响，远远低于客户的期望。而且客户的参与程度越高，失望和消极感越强，甚至形成了一段痛苦不堪的记忆。

（二）无体验

客户本来是被诱惑和吸引过来的，但体验内容没有超出客户的预期，因而也就不能获得体验了。

（三）低度的体验

客户是被动参与的，体验内容对客户的刺激度很小，客户也没有融入到体验场景中，因此导致客户只能获得最低程度的体验。

（四）中度的体验

一种情况是，体验内容对客户的刺激度很高，对客户产生了强烈的吸引力，促使客户参与到体验场景中，但因为客户不能够尽情地发挥，使客户不能获得最高程度的体验。另一种情况是，客户参与程度非常高，但体验内容对客户的刺激却比较低，没有留下深刻的印象，也只能获得中度体验。

（五）高度的体验

这是最高程度的体验，客户完全融入到对自己而言非常愉悦的体验情景中，产生了惊喜的心理感受，获得一种难以忘怀的体验。我们把客户的这个高度的体验称为客户尖叫。

因此，关于客户体验的提升，可以从两个方面进行：一方面，要降低或消除客户消极的体验，可以通过提高体验内容对客户的影响力，或者降低客户的参与程度来实现；另一方面，要努力将消极的体验转化为积极的体验，这就需要和客户进行深入沟通，洞察客户深层次需求，对体验进行创新和升级。

在客户体验管理中，还要强调三个关键：

（1）目标客户（Target Account，TA），TA 是指最直接的受众客户。如今市场的划分越来越细，企业应该根据每一项产品和服务选择不同的目标客户，只有确定了消费群体中的某类目标客户，才能有针对性地展开体验并获得成效。必须记住，我们的目标是 TA，否则再多的动作都是无效的。

（2）关键体验（Key eXperience，KX），提升和改善体验肯定是有成本的，在全触点的体验中，企业要学会找到那些关键的节点，进行核心的体验设计。同时，我们说以客户为中心，但不是完全盲从于客户，毕竟企业才是所在领域的专家，有时在充分考虑客户体验的同时，还要学会分析，也要有自己的坚持。

（3）反馈和响应系统（Feedback & Response System，F&R），在整个客户体验管理中，绝对不能漏掉实时的反馈和响应系统，很难想象企业想方设法得到了客户反馈，却是不了了之的后果。

积极的客户体验一定是由一系列舒适、欣赏、赞叹、回味等心理过程组成，带给客户获得价值的强烈心理感受，它强化了企业的专业形象，促使客户重复购买，并乐于向他人谈论所获得的愉悦体验。因此，一个优秀的企业如果要向客户传递积极的客户体验，就必须在产品、服务、沟通、人员及流程管理等方面有出色的表现。

当然，这也就是实施客户体验管理的结果。

走在最前面的 IT 企业

由知名品牌咨询公司 Brand Finance 发布的 2018 年全球品牌 500 强中，我们可以看到，前 10 名几乎都是 IT（互联网科技）企业，亚马逊夺得第 1 名，苹果和谷歌分列第 2、第 3 名。来自中国的 IT 品牌阿里巴巴第 12 位、中国移动第 13 位、腾讯第 21 位、华为第 25 位。而在 500 强名单中，过半为 IT 企业。

为什么互联网科技企业走在最前面呢？

今天，"互联网+"已经上升到国家战略层面，每个企业、每个人都在争先恐后地探讨互联网思维如何影响和改变。作为我们更多的传统企业，应该向 IT 企业学习什么？

互联网思维不是"思维"出来的，而是来自于优秀的 IT 企业积极的实践。继德鲁克之后，加里·哈默是我们非常欣赏的战略管理大师，加里·哈默在海尔互联网大讲堂演讲时，总结了优秀的 IT 企业拥有的三个特质：一是他们非常有野心，追求 10 倍的目标；二是重视精益速度非常快；三是重新思考客户体验。

在公认的互联网九大思维中（见图 1-4），我们理解，客户思维才是互联网颠覆传统企业的本质。互联网使得每个人都是网络中的一个信息对称、相互平等的中心，企业已经不可能再通过单边单向的、狂轰滥炸式的传播来诱导消费者行为。权力更多地向客户一侧倾斜，面对同质化的网站和应用，一旦没有为客户提供贴心舒适的体验，企业就很容易被客户抛弃。互联网场景中的客户忠诚度越来越低，他们会很容易地就转移到其他的平台上以获取想要的价值。

图 1-4　互联网九大思维

尤其是移动互联网、物联网、社交化网络和大数据等技术的出现，客户出现了非常明显的移动（Mobile）、社交（Social）、当地（Local）、个性化（Me）等特征（MoSoLoMe），企业和客户之间、客户和客户之间变得更为通畅。企业也可以充分利用社交化网络系统（SNS）、基于地理位置的系统（LBS）等让客户全流程参与互动，并通过数据挖掘（DM）、知识管理（KM）等技术汇集客户的智慧，以及线上和线下结合（O2O）的方式感知客户需求，进行产品和服务的创新，从而满足客户的需求。

我们研究那些走在最前面的 IT 企业，发现它们一直在以下几个方面持续努力：

（1）为客户带来其难以抵挡的价值。

（2）为用户带来极致的过程体验。

（3）为客户建档，对客户数据进行长期积累。

那些优秀的企业，都是有前瞻性的，它们不仅关注如何吸引客户，更重点关注如何留住客户，提高客户的价值贡献。

我们的传统企业，应该向 IT 企业学习的是如何对企业的目标客户保持巨大的吸引力，并且尽可能地与客户互动，提高客户的参与和活跃度，让客户获得高度积极的体验。

（一）生产型的企业

以产品为主要的客户体验载体的行业和企业，如房地产、机械、汽车、消费电子等行业的企业。生产型企业不仅要关注产品性能的竞争力，更应该关注客户在使用过程中所产生的各种体验，以及带来的实际价值，从而带来更多的产品消费和价值。

（二）服务型的企业

服务型企业指以服务为主要的客户体验载体的行业和企业，如金融、零售、酒店、餐饮、娱乐等行业的企业。服务型企业不仅应该关注客户对服务的购买和消费，更应该关注客户在享用服务的过程中的各种体验，从而提升客户对服务的消费频率，提高客户价值。

（三）公共和公益性的组织

政府机关、事业单位、行业协会和其他非政府组织等，这些非商业性组织为客户提供的是公共服务，需要在其服务提供的过程中不断通过提升效率优化流程等手段来优化客户体验，从而更好地发挥组织自身的价值，更好地实现自身的定位与使命。

全面拥抱 YOU 时代

没有比现在更复杂的了。

全球化已经成为每个中国企业都要迫切解决的问题，与此同时，物联网、大数据、人工智能、机器人、能源储存等技术工艺进步神速，平台电商、网购、新零售、共享经济成为新常态，微信、微博、视频网站、各类 APP，媒体社交化改变了传播和沟通方式。一切都在快速变化，然而，新技术、新渠道、新媒体，并没有让企业的经营变得简单轻松，反而是比以前任何时候都要复杂和困惑。更为复杂的是，再也没有整齐划一的消费者群体了，如今的消费者已经升级。企业的竞争已经由产品、服务全面上升为品牌体验的竞争。

每个企业都应该清晰地认识到，在 YOU 时代，消费者正在发生着如下深刻的变化：

（一）全渠道消费行为

互联网和移动智能终端的发展，为客户提供了跨线上线下渠道的消费体验，实体商店、电视、网店、社交网站都成为客户的购物通道，随时随地的消费行为越来越普遍。

（二）客户主权时代

技术为客户赋能，随着大数据、云计算、社交商务、移动技术等新技术的发展，消费者变得更加聪明，并且拥有更大的主导权。

（三）社交媒体迅猛发展

社交媒体提供了产品宣传和信息交流的平台，交易的透明化允许客户在做出购买决定前进行定价、评级、复核并与其他品牌进行比较。

（四）个性化的产品和服务需求

客户越来越主动和挑剔，他们对个性化和多元化的产品及服务的需求更加强烈，并期望企业去了解他们真实的需求和提供卓越的服务体验。

（五）全方位体验

客户体验贯穿产品全生命周期和全渠道消费行为，每一个互动环节都需要企业为客户提供量身定制的信息与服务，客户忠诚度是通过传递无缝的、持久的、个性化的客户互动而赢得的。

我们的企业，尤其是更多的传统企业，应该对这些变化迅速做出反应。通过对客户、市场趋势的深入洞察，找到定位和创新点，制定适合自己的转型升级方案。

（1）生产方式趋向智能化、网络化。

（2）企业组织走向扁平化、虚拟化。

（3）产品模式转向定制化、服务化。

（4）供应链分工精益化、专业化。

如今，积极的客户体验，已经超越产品和服务，成为打造企业核心竞争力的关键因素。企业要在客户体验方面有所建树，只有尽快行动起来，才能更好地为 YOU 时代的客户服务。

在后面章节中，我们将从企业战略、产品、服务、品牌、营销、组织等多个角度进行分析研究，从客户体验的规划、实施，到持续改善，提供一套完整的、满意的和有价值的方法论，助力企业进行体验再造 XR （eXperience Re-engineering），真正赢得这个年轻、全竞争、客户主权的 YOU 时代。

这是最好的时代，这也是最坏的时代。时代正在无情地淘汰那些曾经的明星企业，也正在源源不断地迸发出新颖甚至是新奇的商业模式，更多执着于生产高品质产品和打造卓越客户体验的新一代企业正在崛起。

好吧，让我们全面拥抱这个 YOU 时代。

EXPERIENCE

RE-ENGINEERING

| 第二章 |

冠军企业

| **本章体验要点** |

在残酷的商业竞争环境下，只有冠军企业才能够最大程度地提高企业的商业价值和竞争优势。是通才型冠军，还是专家型冠军，唯有扎实的产品和积极的客户体验才是通向冠军之路。

◇ 通才型冠军

◇ 专家型冠军

◇ 隐形冠军

◇ "中国制造 2025"

聚焦冠军

"宁为鸡口,毋为牛后"。

不想当将军的士兵就不是好士兵。

对于企业来说,这些名言同样适用。在发展的路上,每个企业都希望做大、做强,基业长青。成为冠军是每个企业追求的战略和目标,甚至写进了企业的员工手册。

我们追求冠军绝不是为了享受冠军带来的成就和满足,而是在残酷的商业竞争环境下,只有冠军企业才能够最大程度地提高企业的商业价值和竞争优势,才能够重建行业结构,扩大产业价值,做大行业蛋糕,进而享受到更高的获利分配。

从企业定位角度,冠军企业有以下几种:

(一) 通才型冠军

通才型冠军在总体市场中覆盖了主要的产品类别和细分市场,它们往往拥有强大的固定资产和公司形象。通才型冠军一般为行业中处于垄断地位的少数几个大公司,"三法则"的观点认为,冠军数量通常为三个,这些通才型冠军控制着70%~90%的市场。

像德国的大众汽车、美国的福特汽车,就是汽车业的通才型冠军的代表。

大众提供了各种各样的，适合每一种预算和所有使用目的的交通工具，大众分了两个品牌群进行运作，一个是奥迪品牌群，包括奥迪（Audi）、西亚特（Seat）、兰博基尼（Lamborghini）、杜卡迪（DUCATI）4 个品牌，另一个是大众品牌群，包括大众商用车、大众乘用车、斯柯达（SKODA）、宾利（Bentley）、布加迪（Bugatti）、保时捷（Porsche）、斯堪尼亚（SCANIA）、MAN 共 8 个品牌。

福特也是一样，旗下有价格适中的福特（Ford），以及高端的林肯（Lincoln），最豪华的美洲豹（Jaguar）和阿斯顿·马丁（Aston Martin）等。

（二）专家型冠军

专家型冠军则是通过吸引行业一小部分有特别需求的客户，控制着 1%~5% 的市场。但是在细分领域，专家型冠军则控制着该领域 80% 以上的市场。

比如宝马汽车，一贯以高端品牌为本，宝马集团拥有宝马 BMW、MINI 和劳斯莱斯（Rolls-Royce）3 个品牌。这些品牌占据了从小型车到顶级豪华轿车各个细分市场的高端，使宝马集团成为世界上唯一一家专注于豪华汽车和摩托车的制造商。

特斯拉（Tesla）是最近几年蹿红的汽车公司，以其纯电动汽车的定位已然成为行业专家型冠军，特斯拉的下一款汽车为 Model 3，于 2017 年末开始交付，全部是预订，供不应求。 特斯拉努力为每一个普通消费者提供其消费能力范围内的纯电动车辆，加速全球向可持续能源的转变。

专家型冠军又分产品专家型和市场专家型两种。产品专家型通常是技术独家垄断者，它们的注意力集中在产品的种类上，这些产品广泛地吸引各种各样的顾客。市场专家型则是寻求满足某一个特定的地域、人口统计或者垂直市场的需求。

（三）壕沟型企业

在通才型冠军和专家型冠军形成的壕沟中，有着大量的壕沟型企业，通常占有 5%~10% 的市场。这些壕沟型企业根本无法和行业领先的通才型冠军相提并论，也无法和行业的专家型冠军进行有效的竞争。

我们身边，像壕沟型的企业实在太多，它们处在两面夹击的艰难境地，只有转变、转型、转化或者转行，选准一个方向突围，才能找寻到自己的市场地位。

隐形冠军

同时，在一些超级细分的市场，还有大量的"隐形冠军"，"隐形冠军"们在区域市场甚至全球市场上拥有超高的市场份额，但它们却往往规模不大，甚至是寂寂无名的中小企业。

德国的赫尔曼·西蒙是"隐形冠军"之父，他的研究揭露了这样一个事实，并不总是只有那些大公司才能征服市场，那些行动迅速、市场集中、高度专业化的公司同样能够将它们的谋划付诸实施，最大限度地努力接近客户，从而取得市场领先地位。赫尔曼·西蒙的隐形冠军理论对我影响是最大的，我创业 15 年来，一直把"隐形冠军"作为奋斗的目标，至今我依然在路上。

随着中国制造的崛起，出现了很多冠军型企业的同时，也产生了大量的隐形冠军，它们有些是消费者耳熟能详的公司，但更多的则是名声不大，但这些企业往往专注于某个细分领域，牢牢控制着本地、地区甚至全球市场，占有率往往大幅领先第二名及以后的追随者。

从行业来看，国内"隐形冠军"主要集中在机械设备、电子、纺织服装等行业。其中机械设备领域，"隐形冠军"最多，包括港口机械领域的振华重工占据港机领域全球 75% 的市场份额，而中集集团则生产了全球近半的标准集装箱。服装、电子等人力密集行业也是国内"隐形冠军"公司主要来源。

过去 10 年的工业化、城镇化进程，造就了中集集团、振华重工、三一重工、中联重科等世界级的公司，这些公司在集装箱、港机、工程机械等领域发展壮大，成为各自细分领域的隐形冠军。

中集集团主要从事现代化交通运输装备、能源化工等装备的制造及服务业务，主要包括国际标准干货集装箱、冷藏集装箱、地区专用集装箱等各式功能集装箱产品的生产，占据全球 46% 的标准集装箱市场份额。振华重工为国内重型装备制造行业的知名企业，于上海本地及南通、江阴等地设有 8 个生产基地，其中长江口的长兴基地是世界上最大的重型装备制造企业。目前，振华重工占据了港机领域全球 75% 的市场份额。

此外，由于在技术投入、成本等方面的优势，国内也有一批中小企业成功在某一细分领域独占鳌头，它们在制造和研究方面表现出较高的自主化率，关键零部件自制，成为"隐形冠军"企业。

比如，山东威达作为各类钻夹头的专业制造商，目前在国际市场中占有率达30%左右。而豪迈科技作为全球轮胎模具龙头，已成为米其林、固特异、大陆等全球领先轮胎企业的合格供应商，目前占据15%左右全球轮胎模具市场份额。

除了机械制造行业，在电子、纺织服装等我国传统优势行业，也深深隐藏着一批"隐形冠军"。

纺织服装方面，中国是纺织品、服装、鞋帽生产和出口第一大国，在产业链的各个环节——原材料（包括化纤）、纱线、面料、服装、鞋帽等均排在前列。其中，鲁泰为全球高端衬衫面料龙头、申洲国际为全球顶级针织制衣企业、互太纺织为全球针织面料龙头、伟星股份一直保持着世界最大的纽扣生产企业地位、浔兴股份的拉链业务销售额在国际上排名第二等。

而在电子行业，欧菲光从2013年起，便在触摸屏领域出货量稳居全球第一，目前月出货量超过2000万片，是全球最大的触控产品供应商，主要客户包括三星、华为、联想、小米等，几乎涵盖所有消费电子品牌厂商。中芯微电子"星光"数字多媒体芯片产品广泛应用于个人电脑、宽带、移动通信和信息家电等高速成长的多媒体应用领域，占领了全球计算机图像输入芯片60%以上的市场份额。而大族激光为全球产销量最大的光纤激光设备企业，高德红外在红外热像仪方面排在全球前列。

此外，生物医药、家用电器、电气设备等行业，国内企业亦有突破，科伦药业已成为全球最大的输液专业制造商，长青集团为全球最大的燃器具阀门制造商，金风科技为全球最大的永磁直驱机组制造商。

2017年1月23日，工业和信息化部与工业经济联合会发布《关于公布第一批制造业单项冠军示范（培育）企业名单的通告》，京东方等54家企业成为制造业单项冠军示范企业，华德液压等50家企业成为制造业单项冠军培育企业。

按照工信部的标准，制造业单项冠军企业是指长期专注于制造业某些特定细分产品市场，生产技术或工艺国际领先，单项产品市场占有率位居全球前列的企业。省级单项冠军标准略有降低，但也要求"单项产品市场占有率位居全国前5位且省内前3位"。简言之，"单项"即要求企业专注目标市场，并长期在相关领域精耕细作；"冠军"则要求企业在细分领域拥有冠军级的技术实力和市场地位。

目前，中国正处于经济转型关键时期，在消费升级、劳动力替代、进口替代、节能减排等大战略下，制造业想要实现由大变强，不仅要发展一批世界级的"巨人"企业，也需要培育一批长期专注于细分领域、能够引领该领域发展并占据市场领先地位的"隐形冠军"企业。

未来 10 年，我们能否孵化出现更多的"隐形冠军"并发展壮大，将是中国是否能完成产业升级的核心因素，因此尤其需要关注。

A 模式还是 J 模式

从营销和战略的角度，有两种通行的模式，一种是 A 模式，另一种是 J 模式。

所谓 A（America）模式，是指美国企业主流的经营哲学。A 模式最显著的特点是企业的业务领域高度聚焦，但又不失深度。这类企业大都贯穿所处的细分领域，直至成为该领域之霸主。A 模式强调专业化，员工各司其职，只负责完成上级下达的任务和指标，而不负责其他业务。

所谓 J 模式（Japan），是指日本企业主流的经营哲学。J 模式最显著的特点是企业的业务领域宽泛而浅显。采用这种模式的企业通常是多点出击，一找到盈利点就上马新的项目。这类企业的产品线可以"绕地球好几圈"，但少有一块是高度深入的。J 模式强调协调与合作，鼓励员工共同完成业务，并承担集体责任，而非由单个人对某项特定工作负责。

由于地缘性的原因，以及中国企业固有的思维模式和观念，日韩企业的主流思维模式一度认为更适合国内企业。

比如海尔，就是中国家电业典型的 J 模式发展起来的，海尔以冰箱起家，逐步进入黑电、IT、移动通信的数十个领域。近几年，根据海尔公布的营业数据估算，海尔的利润率基本在 1%左右，难怪张瑞敏感叹"利润像刀片一样薄"。我们来看看与之对应的格力电器，算是 A 模式的典型，格力通过聚焦，在短短的时间里由一家小企业发展成为中国最大的空调企业，并实现了 5%~6%的利润率，成为国内家电业中最赚钱的企业。

我们经常问身边做企业的朋友，你们觉得海尔和格力那个市值高？不炒股的朋友十有八九都说是海尔，为什么呢，大家都觉得海尔是老牌企业，知名度很高。但事实是，格力的市值比海尔大很多，以 2018 年 2 月 14 日春节前最后　个交易日的沪深数据来看，青岛海尔（600690）市值为 1208 亿元，而格力电器（000651）市值为 3263 亿元，是海尔的 2.7 倍（见图 2-1）。

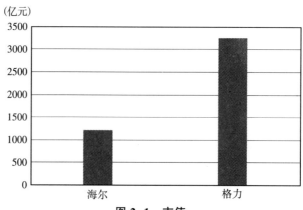

图 2-1　市值

资料来源：2018 年 2 月 14 日沪深数据。

为什么只做空调的格力，会比做那么多业务的海尔市值还要大很多？

实际上，我们目前各个行业中发展势头良好，盈利能力强的企业几乎毫无例外的都是典型的 A 模式。如家电行业的格力、新能源的比亚迪、安防行业的海康威视、风电行业的金风、白酒行业的茅台、啤酒中的雪花、烟草行业的中华、农机业的一拖、通信业的长飞等。

当然，没有一种模式就是绝对先进的，企业选择 A 模式还是 J 模式，最终还要基于企业的内外部资源来综合评估。在中国的家电行业中，美的、海尔、格力是三大巨头。美的走的也是 J 模式，2018 年 2 月 14 日，美的的市值是 3745 亿元，高于海尔和格力，同样美的 2017 年的营收远超过海尔和格力。

海尔、格力和美的，谁更有前景，可能我们是无法回答的。我们希望它们三家都能有美好的前景，作为中国家电业的领军企业，希望它们能引领中国企业，走向更远的未来。

十问未来之中国

俗话说："无农不稳，无工不强，无商不富。"在这三个产业中，工业才是真正具有强大造血功能的产业，决定了经济的持续繁荣和社会的稳定。

西方列强的崛起，无不是因为工业的强大。1840年，英国人以鸦片战争轰开了清王朝的国门，我们不仅要看到英国人的大船高炮，更要看到后面的工业基础。正是因为第一次工业革命的成就，让英国成为日不落帝国。德国则抓住了第二次工业革命的机会，凭借强大的工业实力挑战旧有国际秩序。而美国，也是同样抓住第二次工业革命的机遇，加上美国比其他西方国家更广袤的国土，丰富的资源，庞大的人口，得天独厚的地理环境，美国工业得到爆炸式增长。至"二战"前夕，美国的工业产量占全球工业总产量的38%以上，正是凭借工业的强大，美国在"二战"期间，平均每两个月可建成一艘舰队航母，每年能产4万架飞机，2万辆坦克。

图2-2是"二战"前各国工业生产值在世界工业中的占比情况。

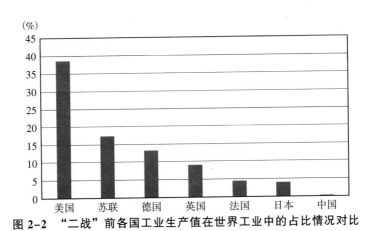

图2-2 "二战"前各国工业生产值在世界工业中的占比情况对比

美国占世界工业生产的38.7%，苏联占17.6%，德国占13.2%，英国占9.2%，法国占4.5%，日本占4.0%，中国（民国时期）仅占0.3%。

那时中国的工业几乎为零，有限的工业大多为纺织工业，从小到铁钉，大到飞机、坦克基本依赖进口。没有自己的工业体系和国防工业，既无力保障国家安全，也无法支持国民经济的持续发展，在弱肉强食的国际关系法则下，饱受欺凌。

1929年5月4日，《三联生活周刊》的前身——《生活周刊》刊发以《未来之中国》为题的号外。其中有一篇文章题为《十问未来之中国》，文章中对未来的中国提出了十个问题，涉及政治、经济、军事、文化等各个方面，编者在按语中写道："此十问俱实现，则中国富强矣，国人安乐矣。"

这十问中的第六到第十问是这样的：

第六问，吾国何时可稻产自丰、谷产自足，不忧饥馑？

第七问，吾国何时可自产水笔、灯罩、手表、人工车等物什，供国人生存之需？

第八问，吾国何时可产巨量之钢铁、枪炮、舰船，供给吾国之边防军？

第九问，吾国何时可行义务之初级教育、兴十万之中级学堂、育百万之高级学子？

第十问，吾国何时可参与寰宇诸强国之角逐，拓势力于境外、通贸易以取利、输文明而和外人？

看此十问，谁不痛心。那是多么绝望冰冷的时代，民众对国家未来的期待竟如此之低。连水笔、灯罩、手表等基本的工业品，我们都生产不了，可见国家工业基础是多么的赢弱。

如今的中国，工业产值已是世界第一，是美国的1.2倍，日本的2.3倍，德国的3.4倍，其中220多种工业品产量居世界第一。

而中国的制造业，更是高达美国的1.4倍。中国制造让越来越多的高科技产品成为白菜价，成为许多发达国家的利润粉碎机。

实体经济的意义

毋庸置疑，实体经济才是保持国家竞争力和经济健康发展的基础。

我们对那些高谈"去工业化"的专家们嗤之以鼻，我们对那些沉迷于虚拟经济，放弃实业转战金融的企业主们感到惋惜。

没错，近几十年来，金融市场的暴利让人眼红，做实体的企业经营都比较困难，甚至是艰辛。记得2010年前后的时候，身边的朋友几乎都去做小贷公司了，真的让我们很绝望。

企业们挤破头的想去上市，而成功上市的企业，融到的资、圈到的钱不是扩大再生产，不是收购整合行业资源，更多的却是再投入到金融市场。按媒体统计，截至 2017 年 8 月，购买理财产品的上市公司达 854 家，约占 A 股总数的 1/4，而购买理财产品的规模累计超过 7800 亿元，其中最凶悍的象屿股份（600057），数据显示其购买的"农行天天利滚利 4"的金额便达到 313 亿元。

引导社会资金"脱虚向实"，以支持实体经济的发展，这是近年来政府一再强调的政策措施，而担负着支持实体经济发展使命的资本市场，却成为"脱虚向实"的逆行者。

房地产业的朋友们都不会忘记，2015 年 7 月至 2017 年 6 月的宝能万科股权之争，这部历时两年的金融大戏让无数吃瓜的民众看得津津有味。最终的结果是华润退出，深圳地铁持有约 32.4 亿股，占万科总股本的 29.38%，成为万科 A 的第一大股东。而王石，一个引领万科走过 20 余年持续增长之路的地产"教父"，2017 年 6 月 21 日完成退位，转到了幕后。

万科的结果是我希望看到的，如果让宝能这种房地产实体业务堪忧的企业仅仅凭借金融的大棒就可以把中国房地产实体业务第一的万科玩弄于股掌之上，无异于为我们所有投身于经营实体的企业开了坏头，做了坏榜样。

另外一个地产巨头——万达地产，这些年则是高举高打，开启全球市场"买买买"的节奏，从以房地产为主的企业转型为以服务业为主的企业，海外业务布局主要集中在娱乐、文化与旅游产业。有钱就任性，这没人管，以万达收购的马德里地标建筑——西班牙大厦为例，从 2014 年 2 月出资，其间因重建计划遭到当地政府和民众的集体反对，到 2016 年 6 月无奈出售，一买一卖之间，算上汇率波动等因素，万达亏损两亿元。

问题是，万达们海外收购的钱从哪来的？风险谁来承担？这些年，海航、安邦、万达等企业全球豪购的，从金融业、影视娱乐业，到足球俱乐部，再到酒店地产，标的不乏亏损资产，且绝大多数都是跨境的非主业大额并购，我们困惑的是，为什么不去收购更有价值的实业呢？直到 2017 年 6 月监管层出手，重点排查几大国有银行的并购贷款和内保外贷，我们才恍然明白，他们收购的钱都不是自己的，这些上千亿元的资金大都来自银行。万达们的海外收购，甚至还有异常的、转移资产之实的等不为人知的秘密。

同样的是应该重点支持实体经济持续发展的急先锋，我们的银行却是"嫌贫爱富"，企业融资难，尤其中小企业融资更难，这是所有做实体企业的最痛点，监管层做了许多工作，但收效甚微。

我们的实体企业家们，要有更大的家国情怀，要深知自己正在做的是对国家、民族的未来，都可能是重要意义的伟大事业。也只有优秀的企业家精神，才能引领企业从行业壕沟中突围出来，成为冠军企业。

中国制造 2025

十年前，全世界就已经习惯了"Made In China"的商品，如服装、自行车、玩具、家具、家用电器等大宗消费品。今后的数十年，全世界的消费者还需要学会慢慢适应中国制造的计算机、汽车、医疗保健设备、高端电子设备等附加值更高的商品。无论消费者身在何处，无论贸易保护主义者如何喧嚣"中国威胁论"，规模制造带给消费者的受益是无法阻挡的，中国事实上成了世界的工厂，也有信心做成世界的大厂。

中国之所以成为世界工厂，是中国的制造业规模，比世界上任何一个国家都要巨大。当然，不可否认的是，中国制造的迅速崛起是得益于人口红利。巨大的消费市场决定了国外投资者愿意以技术换取市场空间，愿意投入巨大的资金在国内建厂、研发、生产、培训。同时，国内众多的制造业主们也能够相对容易地在巨大的差异化市场中找到自己的生存空间，也敢于投入更多的资金和技术来换取更快更远大的发展。

如今的中国制造已经成为世界唯一的全产业链国家，不仅占领了低端工业，也在利润总量最大的中端工业产业领域总体获得了份额领先。

强者愈强的现象在中国尤为突出，在将近 30 年的高速发展后，中国成了世界的工厂，参与了商品生命周期的全部环节，但并不意味着分享到了相应的收益。中国制造有很多突出的优势使得国际竞争对手无法比肩，但这并非意味着高枕无忧。

（1）制造业在中国的 GDP 的比重高达 40%以上，直接为 1.3 亿人提供了工作岗位。

（2）中国制造业的传统优势是较低的劳动力成本，直接工人的平均每小时工资为 2.1 美元，仅仅是美国的 15%，但这一点目前正在迅速改变，相对于东南亚、印度的竞争者，已经处于劣势。

（3）国内的竞争非常激烈，在每一个制造细分领域都存在着众多的中国企业进行着全方位的竞争。如中国目前建筑材料的生产企业已经超过了 3 万多家，内部的竞争消耗了企业的利润空间，不利于企业的长期发展，这一现象在电子产品、服装等大宗商品上非常普遍。

如今中国制造业，面临着巨大的外部环境变化和非常严峻的内部挑战需要克服。从外部环境看，消费者、技术、产业形态都在发生颠覆性的变革。从企业内部看，生产成本上升、研发投入不足、生产组织方式较为传统都是目前亟待解决的问题。

（一）外部市场变化围困制造企业

（1）消费者变化。在总结 YOU 时代的特征时，笔者就说到了消费者需要跨线上线下的全方位体验，社交媒体、技术让消费者拥有更多的话语权和主导权，他们需要更个性化的产品和服务。

（2）技术演进。大数据、3D 打印、机器人等新技术的广泛应用重塑了制造企业的生产模式，企业运作移动化、企业管理社交化、生产产品智能化已成发展的趋势。

（3）产业变革。"水泥＋鼠标"已经成为标配，互联网企业在向传统行业渗透的同时，传统行业也逐步形成"互联网＋"模式。同时产业链出现向前和向后延伸，一是零售业与制造业的跨界融合，零售业通过代工工厂的方式，向产业链上游延伸，整合制造业。二是制造业服务化，制造业服务化是指从制造环节向前端的设计和后端的服务延伸，制造业和服务业的界限变得越来越模糊。

（二）企业内部挑战日趋严峻

（1）生产成本上升。以 2014 年对比，劳动力成本是 2004 年的 2.7 倍，再加上原材料价格上涨、高能耗成本、高物流成本的影响，我国制造业低成本优势逐步丧失。优衣库、耐克、富士康等世界知名企业纷纷在东南亚和印度开设新厂，加快撤离中国的步伐。2014 年，东莞倒闭了 428 家企业。被称为制造之都，以生产皮鞋、服装、眼镜、打火机闻名世界的温州，也正经历着制造产业空心化的"阵痛"。

（2）研发投入不足。2014年我国研发投入在GDP占比为2.1%，与欧美国家3%~3.5%的水平相比还有一定的差距。规模以上企业研发投入在销售收入占比仅为0.9%，低于国外企业2%~3%的水平。而在高尖端技术的研发投入上就更少。研发投入不足直接导致产品科技含量不高、同质化现象严重。"价格"作为差异化的手段，正在加剧企业间的恶性竞争，"价格战"愈演愈烈。在有限的市场容量下，大量低层次、低技术水平的同质化产品滞压，产能过剩成为普遍现象。

（3）生产组织方式较为传统。中国制造企业传统的"以企业为核心组织各类资源"的模式在资源配置、响应速度、调整能力上都难以满足产业链变化的要求。另外，企业传统的刚性制造系统无法准确地生产出消费者所需要的个性化产品；即使能够根据消费者的需求进行生产调整，在这一过程中也将会耗费大量的成本和时间，不能迅速响应市场的变化，高昂的调整成本也将削弱企业的竞争力。

以制造业为核心的经济发展模式，这是世界各国的共识。特别是在经历了2008年全球金融危机之后，实体经济的重要性被重新认知，发达国家相继提出"再工业化"战略，印度等发展中国家也在加快谋划和布局。在世界各国都大力重视制造业的背景下，出现高端制造业向发达国家回流，低端制造业向东南亚和印度等地区转移，我国很多本土企业面临倒闭风险。

美国——《先进制造业国家战略计划》

德国——《工业4.0战略》

英国——《英国工业2050战略》

法国——《新工业法》

印度——《国家制造业政策》

中国于2015年提出了"中国制造2025"战略规划，明确提出九项任务、十大重点领域、五项工程，大力推进制造强国建设。

中国制造业正处于变革与转型的十字路口，我们的企业家们必须高瞻远瞩，主动求变，积极顺应"中国制造2025"战略方向，通过对市场趋势、客户需求的深入洞察，迅速做出反应，并展开行动。

未来企业

2017 年 4 月，阿里巴巴集团出版了一本书——《未来已来》。

在 YOU 时代，变革来的之快，犹如迅雷。

IBM 对企业未来产业链的变革有两个分析：一是企业地域性的扩张伴随着越来越复杂的合作关系，越来越多的业务需要供应链上的多家企业合作完成；二是分类更细、更加专业化的产品组合以及迅速变化的市场和技术，要求企业在较短的时间内以较低成本整合各种资源，具有更强的开放性与灵活度。

这就要求我们的企业，通过对客户、市场趋势的深入洞察，不仅对市场变化迅速做出反应，而且能预测未来行动的效果。

在海尔进行小微公司变革的同时，国内家电业的另一个巨头——美的也正着手变革。方洪波接下何享健的接力棒后，对现有组织结构进行了改造，搭建了 7 个平台、8 个职能、9 大事业部，核心思想就是去中心化、去权威化、去科层化。在业务层面上，按照研产销进行专业化分工，进行职能平台的整合与管理。在文化再造上，营造"平等、互信、无边界、跨职能、跨职级"的文化氛围，培养员工的创新意识和能力。

未来已来，YOU 时代已来。我们的企业，有的已经在变革的路上，有的还在思考，更多的还在睡觉。未来如何转型？下面从三个方向对我们的企业，从战略、商业模式到管理体系进行思考。

（一）把体验融入企业基因

客户体验的意义不言而喻，YOU 时代，提升客户体验，将是企业以最低成本换取最高效益提升的一条重要战略途径。由外向内、自下而上的客户体验反馈，必然要求企业的关注重点乃至组织架构进行全新转变。只有公司决策层、管理人员，乃至整个公司文化都将客户体验放在举足轻重的位置，企业才能在这个群雄逐鹿的新一轮商业竞赛中立于不败之地。

客户体验良好的公司，将会获得更多的客户、更多的利润和更快的成长。

水印咨询专门做了一个研究（见图 2-3），就是客户体验对一个企业股票的影响，他们设置了客户体验指数（Customer eXperience index，CXi），以对比两种股票组合：　组是客户体验领跑者，另　组是客户体验落伍者。

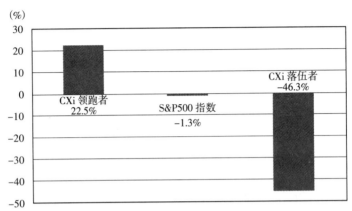

图 2-3　分析

资料来源：水印咨询 CXi 与股市表现的分析。

分析结果令人震惊，2007~2011 年，标准普尔 S&P 有 1.3%的下降，CXi 的领跑者组合将落伍者组合远远甩在身后。领跑者组合获得 22.5%的累积回报，而落伍者组合竟然下降了 46.3%。

水印的分析还显示，在经济不好的年份，CXi 领跑者的股票影响并不严重，但当经济复苏的时候，领跑者的反弹更为强势。这说明那些客户体验优秀的企业，对股票投资者而言，即便在经济最困难的时候也不会轻易放弃投资，而在经济复苏的时候，他们会在第一时间恢复这种投资。

优秀的客户体验对企业的重要性不言而喻，笔者认为水印的研究成果即使放在沪深市场，结果也是相近的。客户体验良好的公司，将会获得更多的客户、更多的利润和更快的成长。

我们要把客户体验融入企业基因，用体验创造竞争优势，要建立以体验为中心的企业文化，选择热衷于服务客户和符合公司文化的员工，要求其为客户提供优质体验的行为。

然而不幸的是，很多企业高管们仍然不知道该如何有效地引入 CX，他们总是不出意外地选错方向，而且目前仍有一些关键问题需要解决，比如企业文化、组织设计、供应链等。

当你的竞争对手都在拼命关注他们产品和服务的客户体验时，你却对此一无所知，那么等待你的必将是被淘汰出局。

（二）平台化或专业化

我们前面讨论企业战略时，要么 J 模式，要么 A 模式；要么通才型，要么专家型。两者必取其一。

但是，在现今 YOU 时代世界里，企业战略已经被重置为平台化与专业化。要么平台化、要么专业化，那么夹在中间的，既非专业化，又非平台化的饼干型企业，将面临巨大的困难。

所谓平台化的企业，往往是通过某件产品产生庞大的流量，在此基础上不断地根据客户需求，为客户增加个性化的产品和服务。这种平台策略就很好地利用了巨数效应。

平台化战略的公式：N＝1、R＝G。

N＝1 意味着 Need＝One，需求是完全个性化的；

R＝G 意味着 Resources＝Global，资源是全球化配置的。

未来所有的行业都会出现平台化的公司，这是 YOU 时代的逻辑。平台化的公司要完成服务，必须进行资源整合，那么，什么样的资源才有资格被整合呢？

就是那些非常专业化的公司，专注于某一个领域，把产品或者某一细分的服务做到极致。在这样的专业化中，所有的平台都会将其作为优先整合的对象。

那些规模较大的企业，本身拥有强大的资源基础、销售通路、品牌、制造能力等，就可以进行整合，并且对资源进行平台化，让更多的专业化公司利用平台做生意，这是平台化的一种路径，也是大企业的转型选择。对于那些资源、实力、市场规模不是很大的中小企业来说，不要盲目跟风做平台化，应该在自己的细分领域，通过不断的技术创新，以达成领域内的领先地位，成为所有平台的优先选择。

从某种意义上说，平台化和专业化与本章前面所阐述的 J 模式和 A 模式、通才型和专家型、全能冠军与单项冠军是一脉相承的。

因此，基于 YOU 时代的商业坐标，大企业通过模式创新做平台，小企业通过技术创新做专业化，这两个路径对传统企业的转型指引是显而易见的。

（三）全球化和本地化

便捷的通信、交通和资金流动正使世界迅速变小。随着全球贸易的发展，全球化竞争也日益加剧。今天，几乎所有企业，无论规模大小，都会遇到这样或那样的全球化问题。

全球化（Global Firm）是指企业在一个以上的国家开展经营活动，并获得市场营销、生产、研发和融资优势。全球化的企业将世界视为一个统一的市场，它寻求不同国家市场的共性，建立跨国品牌，在世界选择最合适的地方融资、购买原材料和零部件、制造并营销产品，这些优势是只在国内经营的企业无法得到的。

截至 2016 年，中国的跨国公司已超过 6000 家，投资规模逾千亿美元。那些固守国内市场想图个安逸的企业，不仅会失去进入其他国家市场的机会，而且有可能失去国内市场。那些根本没有考虑国外竞争者的国内公司会突然发现，这些竞争者已经来到了自家后院。

当然，极具讽刺意味的是，尽管企业迈出国门的愿望比以往任何时候都要强烈，但风险也大得多，语言、文化、当地政府的管制、政局变化、不稳定的货币等不一样的经济环境带来了严峻的挑战。这些年，国内企业的出海，也是苦乐参半。

在全球化中，经常出现的是"全球思维，本地迷失"。在运用上有两个极端：一个是标准化全球营销（Standardized Global Marketing），它们在全球范围内运用几乎一模一样的市场营销战略和市场营销组合；另一个是调整的全球营销（Atapted Global Marketing），在这种情况下，根据目标市场的需求特点，调整其营销战略和营销组合，虽然成本较高，但有望获得较大的市场份额和回报。

我们提倡的是"全球化思维，本地化行动"，我们必须认识到，每个国家和地区都有自己的独特之处，它们对不同产品和服务的接受意愿取决于其经济、政治、法律和文化环境。

商业是有国界的。而这，也正是 YOU 时代我们需要有的思维格局。

20 英里征途

吉姆·柯林斯（James Collins）在他的新作《选择成就卓越》中，讲述了一个"20 英里征途"的故事。由于本书国内还没有出翻译版，笔者在这里简单说明一下这个故事。

假设你将要开启 3000 英里的徒步旅途，从圣地亚哥到缅因州的南端。第一天，你走了 20 英里，成功出城。第二天，你走了 20 英里。第三天，你来到了沙漠，天气炎热，你想躲到凉爽的帐篷里休息一会儿，但是你没有，仍然继续走了 20 英里。保持着同样的速度，20 英里/天，天气渐渐凉爽，在这样舒适的环境下你本可以一天走的更远，但你没有，你控制着自己的速度，坚持 20 英里/天。然后你到了科罗拉多雪山山脉，气温降低，你只想留在帐篷里，但你仍然起床，继续着你的 20 英里征途。若干 20 英里之后，你走进了平原，时间也进入了春季，在这个绝佳的时刻，你可以每天走 40~50 英里，但你没有，你仍然把速度控制在 20 英里/天，最终你抵达缅因州。

假想一下另外一个人，旅途开始时，他异常兴奋，第一天就走了 40 英里，这一伟大的行程令他筋疲力尽。第二天起来，面对 38℃的高温，他决定先停下来，到天气凉爽时再把落下的行程补上。他的旅途保持这种节奏，天气好就加速，坏天气就在帐篷里抱怨和等待。当到达科罗拉多州的山脉时，一连几天天气都不错，为了把落下的行程补上，他全力以赴，每天行程 40~50 英里，但是当他几乎筋疲力尽的时候，一场暴雪的突袭几乎让他丧命。他躲到帐篷里，等待春天。春天终于来了，但他逐渐衰弱的身体只允许他蹒跚前行。当他到达堪萨斯城时，每天坚持 20 英里旅程的你早已抵达终点，你以巨大优势获胜。

柯林斯把上述故事的核心总结为"20 英里征途"原理。有些人认为，在这个失控的、快速发展的世界，不需要青睐那些长期坚持"20 英里征途"的人。然而最大的讽刺却是，柯林斯研究出那些成功企业与未成功的业内同行最大的不同在于，那些卓越的都是"20 英里征途"的典范。

英国作家蕾秋·乔伊斯（Rachel Joyce）的畅销书《一个人的朝圣》，是笔者非常喜欢的一本书。书中讲述一位 65 岁的老人，从英国最西南一路走到了最东北，横跨整个英格兰。87天，627英里，只凭一个信念：只要他走，老友就会活下去！

俗话说：要在阳光灿烂的日子修屋顶，年轻力壮的时候生孩子。

我们应该还清楚地记得，2001年，华为发展势头正好的时候，任正非突然抛出一篇《华为的冬天》的文章，开头这样写道："十年来我天天思考的都是失败，对成功视而不见，也没有什么荣誉感、自豪感，而是危机感。"

然而16年过去了，华为的冬天并没有来。相反，人们看到了一个欣欣向荣的华为。在"冬天来了"的忧患中，华为正在成长为中国乃至全球最优秀的企业。16年来，华为的年收入从152亿元人民币到767亿美元，净利润从29亿元人民币到54亿美元。

综观那些已经倒下的企业，固然有外力的作用，但根本原因还在于内部，在于自身生长的基因，能否保持持续的危机意识和创新精神，能否构建良好的内部机制，进而长期地保持自身的内在活力，从而为企业提供的是生生不息的长期牵引力。

国内的中产们目前都热衷于"跑马"和培训，还被一些人嘲笑。但事实是，YOU时代，形势逼人，只有不断自我升级，才不会落伍和淘汰。

你以为他们只是在作秀吗？那你就太LOW了。赶紧跑起来吧，不然你就掉队了。

冠军之路

我们做过一个很有意思的调研，我们把那些冠军企业的名称罗列在白板上，询问人们看到这些企业是什么体验，得到最多的答案是：信任。

对，没错。不是产品，不是服务，是信任。这是冠军企业给到客户的第一体验。这两个字请企业家们务必牢记。

信任不仅是一种软性社交美德，它更是一种经济驱动力，总是能影响到我们前进的速度以及相关所有事情的成本。40多年来，中国经济取得突飞猛进的成就，但与此同时，信任的广泛缺失导致了资源浪费、文化断裂和社会心理的动荡，我国信用体系的落后已经成为社会生活秩序稳定和经济发展的障碍。我们所处的时代是一个极度缺乏信任的时代，不管是对政府、企业，还是个人的人际与职场关系而言。

无论是通才型冠军、专家型冠军，抑或是隐形冠军，有一些优秀特质是它们共有的。比如对商业伦理和客户需求的谦卑和尊重，对技艺、品质、创新的不懈追求，实现显著、持久业绩的经营哲学和管理方法，以及吸引、培育和激励杰出人才的组织架构等。就是这些优秀的特质，构建了这些冠军企业们的核心竞争力和前行驱动力，也得到了客户最珍贵的信任。

在经济全球化和互联网化条件下，虽然企业之间的竞争更多是以规模、产品差异化、营销活动等方式展现出来，但是走向冠军之路，企业必须打造具有可持续发展的核心驱动力。而具体行动点，可以从三个方面展开：

一是优秀的客户洞察、获取和增值平台。每个企业都是通过客户实现增值的，而客户的存量价值和增量价值，从根本上说都是由客户体验决定的，客户体验越好的企业，获取客户和衍生客户的能力越强。毫无疑问，积极的客户体验是第一位的。

二是专业精英构成的员工团队。没有杰出的员工队伍，任何美好的战略都是一纸空文，我们今天看到的冠军企业，从创始人到团队，几乎都是经过长期锤炼出来的优秀人才。

三是高效稳健的管理和运营体系。企业是一个庞杂的运转机器，企业的组织、流程、供应链、生产体系等都必须要柔性、高效率，才能实现对客户和市场的快速反应。

企业、客户和员工，本来就是企业的全部。而优秀的客户洞察、获取和增值平台，专业精英构成的员工团队，高效稳健的管理和运营体系，也是竞争对手最难以复制的。这三位一体的打造，无疑将形成企业内在的驱动力，源源不断。

今天中国的很多企业，成立时间都不长，在研发上的投入不够，以致都没有基础理论和基础技术的积累。好在大家都有共识，已经在研发上开始加大投入，慢慢补上技术的短板。

因为我们在大学读本科时，学的专业分别是微电子和高分子专业，所以就一直很关注中国在这些领域的发展。

以微电子为例，中国在芯片的设计、制造、封装整个产业链上都是很落后的。如果说在工业时代，钢铁是工业的粮食，那么在今天的互联网信息时代，芯片则是现代工业的粮食。而几十年来，中国企业庞大的芯片需求，无论是手机、电脑、家电还是各种智能化设备，完全依赖于进口。古话说，落后就要挨打，中国芯片业的落后，不只是大量的利润被外企霸占，核心技术和市场话语权也长期受制于人。

虽然这 20 年来，中国在这方面已经有了长足的进步，但差距还是很明显。即便是能够自主设计顶级麒麟芯片的华为，也要让中国台湾的企业台积电代工。因为在中国大陆，大多数半导体企业目前仅掌握着生产 40nm 和 28nm 规格的技术，和世界上领先的企业在技术上差了几代，像英特尔、三星这些企业，已经实现了 10nm 的技术。2017 年苹果的 iPhone8 手机，内置的 A11 芯片，用的就是 10nm 技术。

在这些 nm 级的半导体先进制程中，关键的设备就是光刻机和刻蚀机。简单来讲，光刻机把电路结构印上去，然后刻蚀机根据印上去的图案进行刻蚀。高端光刻机市场基本是被欧洲的 ASML 垄断，最新的产品售价高达 1 亿美元，而且是供不应求，要进行长年的排队。而刻蚀机领域，则是美国的应用材料公司领先，垄断了高端的市场。

可喜的是，中国的中微半导体等企业已经在刻蚀机领域取得傲人的成绩。当所有的巨头还在为 10nm、7nm 技术大肆进军的时候，中微正式宣布掌握 5nm 技术。在央视《大国重器》节目中，我们可以看到，中微的 7nm 刻蚀机已经供应给了台积电这样的生产企业，而 5nm 制程的刻蚀机业已研发成功。

在刻蚀机领域，中微正在走向通往冠军的道路。中国企业能够研制出与世界最先进水平同步的刻蚀机，是与中微的创始人尹志尧，以及企业的核心技术团队分不开的。尹志尧曾在美国硅谷从事半导体行业 20 多年，个人拥有 60 多项专利，曾被誉为硅谷最有成就的华人之一。2004 年，当时已经 60 岁的尹志尧毅然放弃百万美元的年薪，冲破美国政府的层层审查，带领着 30 多人的团队回到中国，就是希望给国家和人民做一些贡献。如今，中微半导体的设备产品已经远销欧洲、韩国、新加坡、中国台湾等地。

中国是世界最大的生产基地，也是世界最大的消费市场，就是无数像中微这样的企业和尹志尧这样富有企业家精神的领头人，支撑着我们这个庞大的国家走向复兴。

冠军不是一天练成的。在这个充满变化的时代，企业有着很多的机会，也面临着内外部严峻的挑战。"路漫漫其修远兮，吾将上下而求索"，为每一个努力争夺冠军的企业加油。

高田冠军崩塌启示录

2017 年 6 月 26 日，高田公司（TAKATA）向东京地方法院提交了"启用民事再生法的申请"。

直接点说就是，高田破产了。高田破产时负债约 1 万亿日元（100 亿美元），创造了日本制造业企业破产时的最高纪录。

这家我们在本章中定义的冠军企业，全球排名第二的汽车安全零部件制造商、日本制造业最大的个体户，因为此前的"气囊门"事件被拖垮了，最终走到破产的境地。

接手高田的是宁波均胜电子在美国的子公司百利得 KSS。均胜电子 2017 年 6 月 26 日的公告显示：均胜电子子公司 KSS 与高田签订《谅解备忘录》，出资 15.88 亿美元，收购高田旗下除气体发生器以外的资产。

倘若均胜电子顺利完成收购，这将是日本制造业最大规模的并购交易，可与 2010 年 8 月 2 日浙江吉利控股集团 18 亿美元从福特汽车并购沃尔沃相提并论，是中国汽车行业又一次漂亮的海外收购。

一个行业的冠军，高田如何走到今天，我们来简单回顾一下。

高田是一家老牌家族企业，总部位于东京。创建于 1933 年，原来以纺织业为主，"二战"后高田开始生产安全带等汽车配件。1987 年，高田开始大量生产安全气囊，并逐渐在汽车安全气囊的开发制造上占据了行业的最高地位，我们熟知的日本品牌的汽车用的都是高田的产品。高田在高峰时期是全球第二大气囊生产商，仅次于瑞典的奥托立夫，高田还生产全球 1/3 的汽车座椅安全带，以及儿童安全座椅、方向盘系统及其他汽车零部件。高田公司在全球 20 个国家拥有 56 个生产基地，全球员工接近 5 万人。

高田的安全气囊挽救了多少人的性命，这无从查考。但高田的安全气囊产品有缺陷，会伤害到人甚至危及生命，却是高田必须认真对待的。

早在 2004 年 5 月的时候，高田的安全气囊就爆出了有质量缺陷。气囊的打开是通过硝酸铵火药爆炸的方式打开的，消费者发现，在气囊打开的过程中，会发生金属碎片让驾驶员或乘车人受伤的情况。但为什么会发生这样的情况，高田一直没有正面解释。

2009 年 5 月，在美国，第一次爆出了高田安全气囊打开时，炸开的碎片直接导致一名美国 18 岁女孩埃希利帕海姆死亡。至于到底是何种原因在气囊爆出来时会造成人员的死亡，高田也做过相关的调查，但后来不了了之。

此后，接连发生死亡事故，舆论为之哗然。安全气囊不安全，本来是挽救生命的最后依靠，却成为夺命的无情杀手。

时至 2014 年，美国方面能明确断定气囊炸开时造成人员死亡的事件共 11 起。2014 年 12 月，又是高田的一个重要节点，高田的上层高田家族认为事故责任不明，事故责任不在自己，拒绝了美国当局的全美召回要求，从而得罪了美国当局和广大消费者。

本田等汽车组装生产商，却不能完全无视高田的安全气囊，并根据美国政府的要求，开始在全美召回使用高田气囊的汽车。中国市场也没有躲过高田问题气囊的侵害，最早的一起因高田气囊召回是在 2010 年 7 月 1 日，本田召回部分进口版 2001 年及 2002 年款思域（Civic）和时韵（Stream）轿车。随后在 2014 年 8~12 月，日产、本田、丰田、宝马相继向国家质检总局递交了召回报告，召回飞度、艾力绅、雅阁、帕拉丁、途乐、玛驰、奇骏、威驰、宝马 3 系等车型，共涉及 581443 辆。根据中国质检总局统计，2015 年我国汽车总共召回 554.85 万辆，其中因高田气囊召回的日系车就超过 253 万辆。

目前权威机构已经认定，高田气囊产品中的充气泵存在缺陷，全球各地发生的车祸事故中，至少有 17 人死亡和 180 人的受伤与该缺陷问题有直接关联。终于，多纸诉状将高田公司送上了法庭。由于隐瞒了数百万个安全气囊有缺陷的问题，高田公司受到了刑事欺诈罪的指控。

在铁证之下，2017 年 2 月，高田才在联邦法院上正式认罪，承认自己故意隐瞒"生产的安全气囊的气体发生器可能会爆炸，爆炸时滚烫的金属碎片会进入司机身体"这个事实。据美国司法部称，在过去的十多年里，高田公司一直持续系统性地篡改与产品安全相关的关键检测数据。《纽约时报》报道称，高田公司在 2004 年进行产品测试时就已经发现了气囊产品缺陷，但当时上层管理者未对缺陷产品作出处理。

庞大的受害者赔偿、罚款，一系列的召回开始了，曾经光芒万丈的高田商业帝国破产了，最终不得不被迫出售以支付巨大的召回成本。

如果在 2004 年发现问题，直至以后的十年时间里，高田有那么一点认真负责的精神，能站在消费者角度去处理相关问题，情况该会比现在好很多。虽然其生产的气囊拯救过很多人的性命，但是只要发生了安全事件，就必须严肃处理对待，不要让同样的事故再发生，显然高田对于安全问题实在太不够重视了。

高田这个行业冠军的崩塌，有其偶然性，更有其必然性。

（1）从现代企业组织观念看，高田的这种家族式企业，是和这个时代追求的"去中心化"格格不入的，落伍的组织结构带来的是反应迟钝、决策失灵。同时，个体户的管理也很难形成优秀的人才吸引、培养和激励机制。

（2）冠军企业对产品的追求，应该是不断创新、精益求精的，可高田在充气泵中一直使用的是硝酸铵推进剂，硝酸铵当长时间处于潮湿环境中或是温度变化大时，就会发生剧烈燃烧，从而造成气囊爆破。而同期，高田的主要竞争对手则是使用硝酸胍作为气囊的推进剂，这种方法更加稳定，但成本是硝酸铵的 4 倍。

（3）客户体验至上，任何企业，无论提供的是产品还是服务，都必须提供的是客户完美的体验。高田的安全气囊，不但给不了客户好的体验，甚至还威胁到了生命安全，客户肯定是要用脚投票的。

（4）作为一个冠军企业，高田明知道产品有缺陷，不去改进，只妄想爆炸概率低，蒙混过关。这完全背叛了商业伦理，更失去了基本的客户信任。

高田能够以均胜电子公司的方式继续从事生产与销售，估计不会再使用"高田"这个品牌了。风靡一世的日本高田，在这十多年来对"气囊门"事件相关问题的拖延处理，让小事变大事，最终让 80 多年的企业黯然走完了旅程。

2017 年 7 月 27 日，高田股票在东京证券交易所退市，高田股票成为一张废纸。高田家族未来也不再是公司股东，管理层也将下台。

想不到，信誉真的可以使一家久负盛名的大厂轰然崩塌。有着 84 年悠久历史的高田如今才发现，想要生存竟然只能依靠年仅 13 岁，却充满生机的中国新贵——均胜电子。

而均胜电子，收购只是一个开始。如何消化吸收、如何避免重蹈覆辙，做成基业长青的企业，大家都在思考，都在路上。

| 第三章 |

懂你的产品

|本章体验要点|

产品是体验的入口，好产品不只是满足客户需求，还为客户带来愉悦的体验。企业必须以客户体验为导向，持续进行产品创新，让客户尖叫。

◇ 核心产品

◇ 品类

◇ 单品

◇ 微笑的价格

◇ 新零售

开发商不住自己的房子

2005 年，我们从中国网通辞职出来，成立了一家经纪公司，开始进入房地产行业。那时公司刚起步，每个开发商客户都需要亲自上门拜访。每次拜访时，有一个现象让我们很奇怪，他们大都不住在自己开发的楼盘里，办公也是如此。

后来针对这种现象，我们问了所有服务过的开发商，大致总结出有以下原因：

（1）风水迷信论，认为住在自己开发的房子里，有凶气、不吉。那时很多楼盘都是拆旧房挖坟地建起来的。另外，在施工过程中，很不规范，时有人员伤亡事件发生。

（2）担心露富，让业主和租户都知道自己住在这里，不安全。另外，开发商赚到钱了，也需要要购置更好的物业，满足企业形象和个人身份。

（3）工程质量差、偷工减料、自己都不愿住。2016 年 2 月 6 日凌晨，台湾南部发生里氏 6.4 级的地震，16 层的维冠金龙大楼应声倒塌，夺走了 115 条人命，致使 96 人受伤。建筑商林明辉被收押时，直言从不住自己盖的房子，媒体曝光林明辉的这段话后，民众的心里一片冰凉。

（4）怕业主直接反映问题，麻烦。房子移交后，水电、门窗、管线、墙体开裂、空鼓、渗水等各种问题是业主经常碰到的，反映到物业，物业往往解决不了，又要找开发商，再转施工单位处理。很多开发商烦不胜烦，直接就不住在自己盖的房子里了。

开发商都不住自己盖的房子，如今这个现象已经不多见了。随着房价高企，设计、施工、配套设施等建筑成本在整个支出项中占比大为下降，开发商的成本主要是拿地上，在规划和市场的要求下，我们看到今天几乎所有的楼盘都呈现出了比较高的品质。

我们在这里用这个标题，并不是做噱头，只是想强调一个长期存在的现实。即使到今天我们还看到这些乱象，比如老百姓不吃自己种的粮食，茶农不喝自己栽的茶，养殖户不吃自己喂的猪的肉，员工不用自己企业的产品……

背后的深层次原因是什么，答案大家都很清楚。更为恶劣的是，有些行业甚至是山寨横行，伪劣成风。这些非常扭曲的乱象，政府必须加强红线管控，否则不只是企业的生存难以为继，还将中国的产品形象打入万劫不复之地，未来要花费高昂的代价才能慢慢重建信任。

作为一个企业，我们身在企业中的个体，除了遵纪守法，还要有商业伦理，要有基本的道德和良心底线。《论语》说："己所不欲，勿施于人"，你自己都不能信赖的产品，为什么要销售给他人呢？你都不用自己的产品，凭什么要让消费者埋单？那些一直向社会炫耀自己"诚信"和"实力"的企业，如果不能给社会同样的答复，终将会一败涂地，永无翻身之日。

套用网上的段子，以作警醒：你生产的产品，你希望家人知道么？

匠 心

改革开放 40 年的发展，中国成为世界第一制造业大国。大到汽车、电器，小到制鞋、纽扣，国内许多产业的规模都居于世界前列，但真正属于中国创造的产品却非常少，一些外国人甚至把中国制造等同于"山寨"，这些严重损害了中国企业和中国品牌的形象。

从国人到日本疯抢马桶盖，到圆珠笔上的圆珠都需要进口，这一系列现象背后折射出的是中国制造业与国际先进水平的差距。在许多业内人士看来，国内制造业大而不强，产品质量整体不高，背后的重要根源之一是缺乏具备工匠精神的高技能人才。

2016 年的"两会"，工匠精神首次出现在政府工作报告中，让人耳目一新。回顾报告，李克强总理在强调"努力改善产品和服务供给"应抓好的三方面重点工作时提到工匠精神，鼓励企业开展个性化定制、柔性化生产，培育精益求精的工匠精神，增品种、提品质、创品牌。

工匠精神是指工匠对自己的产品精雕细琢、精益求精以及有更加完美的精神理念，这种理念实质是追求一种"匠心营造"。

央视从 2016 年开始推出一档大型电视纪实类节目——《匠心》，节目开篇写道：

（1）（农业）青山沃土，精耕细作，是为匠心。

（2）（工业）工厂车间，极致追求，是为匠心。

（3）（信息）数字互联，缜密推敲，是为匠心。

（4）（服务）人情冷暖，专注用心，是为匠心。

重提匠心，是因为我们很多行业的"不走心"伤害了广大的消费者，中国从制造大国走向创造大国的前提，首先要解决的是制造业的品质问题。我们的企业不应该把"质量是企业的命脉"停留在口号上，而要落实到企业的每一个环节中，产品质量的好坏，不仅影响到企业的生存与发展，还影响到消费者的切身利益，产品就是人品，做质量如做人。

中国要迎头赶上世界制造强国，成功实现"中国制造 2025"战略目标，就必须在全社会大力弘扬以工匠精神为核心的职业精神。只有当敬业、精益、专注、创新的工匠精神融入设计、生产、运营的每一个环节，实现企业由"重量"到"重质"的突围，中国制造才能赢得未来。

打造世界级的企业，首先是把产品做扎实，而扎实的产品是体现在核心功能和性能指标上，而不是"花哨"。中信出版集团 2015 年出版了《匠人精神》一书，这是日本"木工大匠"秋山利辉的著作，在书中，他阐述了一位顶级木匠应该具备的能力技术、职业操守和道德品质，他认为"富有激情、负有责任"是一名匠人最基本的态度，而恰恰是这种态度决定了"注重品质、注重细节"的匠人情怀。今天有很多优秀的企业，都非常重视产品品质的控制，真的是把产品做到了极致。

一个充满活力的中国，既需要天马行空的创造力，更需要脚踏实地的"匠心"，但每份匠心的坚持，都是在给这个浮躁的时代降温。而我们的企业，只有把产品做到极致，才能在产品的鄙视链上排到好的位置。

产品是什么

中国的《产品质量法》，是 1993 年制定的，后来分别于 2000 年和 2009 年进行过修正。在本法中所称产品，是指经过加工、制作，用于销售的产品。

按菲利普·科特勒的定义，产品（Product）是向市场提供的，引起注意、获取、使用或消费，以满足欲望或需要的任何东西。产品不仅包括有形产品，还包括服务、事件、人员、地点、组织或者上述内容的组合。在科特勒的《市场营销》著作中，产品有三重属性，分别是核心产品、实体产品和扩展产品。

（一）核心产品

核心产品是指消费者购买某种产品时所追求的利益，是客户真正要购买的东西。比如化妆品，对欧莱雅等品牌来说，它们卖的其实不是那些漂亮的瓶瓶罐罐，而是每个女人都向往的美丽、自信和成就。都说女人的钱最好赚，因为女人毕生的事业都会围绕"美、美、美"，所有的化妆品，都在向女人们传递一个信息，你用了这个产品，就会更青春、更自信。

（二）实体产品

实体产品是核心产品的实现形式，是向市场提供的，包含实物和服务的形象。比如产品的质量水平、外观特色、式样、品牌名称和包装等。

（三）扩展产品

扩展产品可以是具体的产品，或是附送的服务。比如麦当劳、肯德基会定期推出一些针对儿童的礼品集送，客户消费一定金额可以获得它们定制的玩具。

而在约瑟夫·派恩的《体验经济》一书中，则把产品分成初级产品、产品、服务和体验四个层次。

（1）初级产品。初级产品是指那些从自然界采掘提取的材料，如动物、矿物和蔬菜等。从定义上讲，初级产品是可交换的，初级产品本身无法差异化，销售价格通常由供求关系决定。

（2）产品。利用初级产品作为原材料，企业进行再生产成为不同种类的产品，由于生产成本和产品的差异化形成了不同的价格。

（3）服务。服务是利用产品按客户需求量身定制的活动，产品成为实现服务所需的手段。为了更好地满足客户的需求，企业通常在销售时和产品一起提供服务，从而使价格有了更大的弹性。

（4）体验。随着创新价值的变化，客户不仅满足于基本的产品和服务，客户开始节省花在服务上的时间和金钱去寻找值得回忆的、更具价值的新目标——体验。竞争的压力使企业有意识地以服务为舞台、产品为道具来吸引消费者个体，于是体验就产生了。

初级产品→产品→服务→体验是产品的四个层次（见图 3-1）。当然还有第五个层次，那就是变革，彻底颠覆我们对现有产品的认知，研发出革命性的产品。比如 2007 年苹果公司推出的 iPhone，很好地解决了屏幕的触控技术，实现了从传统功能机到智能机的革命性产品，自然成为爆款，风头一时无两，至今 iPhone 系列仍是利润最高的手机。不客气地讲，如果不是苹果推出 iPhone，引领了整个智能机的迅猛发展，可能我们今天的整个移动互联网不会发展得这么快。

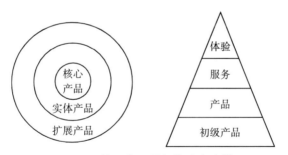

图 3-1　核心产品圈与体验金字塔

无论是讲核心产品，还是讲体验，我们都能清晰地发现，产品价值都指向了客户需求。只有基于对客户需求的深刻洞察，从客户的角度提出其内心所关注的有关问题，再看这些问题如何通过产品解决，以及产品还能给客户提供哪些好处，这样产品概念才能得以形成。

产品是体验的入口，那些真正有竞争力的产品，其实不一定是最先进、最高端的产品，但一定是能让客户在产品使用过程中体验良好并且能带来价值的产品。

但我们还是强调匠心，希望企业都做走心的产品，注重产品品质，精益求精。只有产品真正立足了，才能谈服务和体验，不然其他都是空话。

遗憾的是，我们还有不少的企业和企业家，产品没有往服务、体验方面发展，反而初级产品化了。看到自己的产品沦为初级产品化，不知道他们晚上是否会心惊肉跳，睡不着觉。

懂你的产品

中国经济已经进入了转型期，一方面，各个行业的整体利润率都面临下行压力；另一方面，消费者也在急剧地发生改变，更高的收入水平和更多样的市场选择，驱动着更成熟、更多元的个性化需求。这些趋势给我们的企业带来了巨大挑战，要求企业必须迅速进行角色转换，从"我卖你产品"到"你选我产品"。好产品不再简单地与好品质画等号，而是实现以满足客户需求为出发点的差异化竞争。

一个产品的利益相关方，通常有三个：客户、产品团队和投资人。客户关注的是品质，是否解决痛点，使用带来的体验感；产品团队关注的是供应链、人力协同、时间，还有执行的成本；投资人更看重产品带来的利润，企业战略的布局和品牌力的提升。

从客户角度看，一个好的产品应该有四个标准：

（一）需求满足

客户需求是排第一位的。客户没有需求，品质、体验再好，甚至免费送给客户，客户也不见得要，为什么呢？没有需求。

而在客户需求中，我们更需要判断的是刚需和痛点。

客户想要的都可以称之为需求，当需求非常强烈，甚至非要不可时，就可以称之为刚需了，刚需一定是有时间上的限制和紧迫感的。拿吃饭这件事来说吧，南方人喜欢吃米饭，北方人喜欢吃面食，像笔者的话，每顿不吃一碗米饭，就感觉这顿饭像没吃一样，饿得慌。对于笔者来说，吃饭是需求，而米饭就是刚需了。

那痛点是什么呢？痛点是我们解决需求时，碰到的阻碍，最痛的点。当然痛点不止一个，比如钱、时间、难易程度等都会是痛点，而且阻碍越大，痛点越强烈。比如我们现在都提倡无现金社会，钱放在身边不安全，把钱存银行就是刚需，而去存钱时，长时间的排队等待则是痛点。

因此，好的产品一定是首先满足客户需求的，而那些不只是满足需求，更能优先解决刚需和痛点的产品，就会成为市场上的爆款产品。

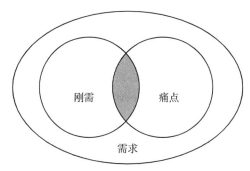

图 3-2　需求、刚需和痛点的关系模型

（二）好的品质

品质不只是产品质量，还包括产品颜值、功能、服务等内容。比如客户买台冰箱，他会考虑质量是否过硬，售后是否便利，功能是否齐全，操作是否简单方便，摆在客厅是否高大上等。

在这里笔者介绍一下网易严选，这是 2016 年 4 月网易才上线的 ODM（原始设计制造商）模式的电商，不出意外的话，网易严选 2017 年将实现 70 亿元的 GMV，2018 年拿下 200 亿元。一个生活类的百货平台，为什么会来得那么凶猛？这是因为网易严选迎合了客户的不断升级的品质需求。

品质是产品扬名立万的基础，是产品区别于初级产品的关键因素。我们讲"中国制造 2025"，讲产业转型，要解决的核心就是产品的品质，产品的含金量问题。

（三）好的价格

我们在地产行业做了十几年的营销，最常说的段子就是"没有卖不掉的房子，只有卖不掉的价格"，价格很多时候成为楼盘竞争的决胜因素，从产品入市、蓄水、开盘、促销到最终清盘，都是通过制定有效的价格策略来支撑执行。

在信息相对透明的当下，我们最终能实现的价格，几乎都符合"理性经济人"的假设推定。我们经常说购房需求、说刚需、说房价高，这就是痛点，但房价无限高，那就没有刚需了。就像我们每年春节回家，买票就是痛点，但票价太高无法接受，那就不回家了。

好的价格一定是建立在保证产品品质的基础上，低成本、低毛利的价格，也就是通常所说的高质低价。我们研究的品牌中，有一个叫 MINISO（名创优品）的品牌，上升非常快，它就完全符合高质低价的特点，我们将在后面章节继续分析。

（四）好的体验

第一章讲过，体验是客户在接触产品、系统、服务后，所产生的反应与变化。最好的体验就是让客户接触产品时感到惊艳，在产品使用中不断尖叫，使用后的评价用一个字形容：爽！

好的产品跟随趋势，更好的产品引领趋势。贪婪是人的本性，仅仅只是满足客户需求是不够的，只有超出客户预期，让用户爽到极致，这才是真正的好产品。

相信很多人都有这样的感受，觉得有些产品好像有感应一样，会懂人。这不是对产品的神化，是因为这些产品背后的运营团队，有着对消费者和市场深入的了解，他们把心理学、人因工程、人机交互等专业学科的成果，在产品供应链上进行广泛应用。

未来，随着人工智能、传感技术、云数据、芯片制造等的不断发展，会有越来越多的产品将装备上智能化的元器件，这些智能"大脑"将会分析使用者的信息，然后自动对产品性能进行调整，产品会更智能，也更有适应性。

一个懂你的产品，肯定是一个最好的产品。我们倡导，企业要逐步转变产品导向，以及营销导向的理念，从关注产品上升为关注产品体验，努力优化产品的每一个细节，从而助力企业去赢取冠军奖杯。

打造差异化产品

前面说了很多关于产品的内容，这里说一下如何做出产品的差异化价值。

我们当下国内的中国制造，最大的挑战是同质化。由于缺少基础理论和基础技术的研究，产品的创新都是别人的，我们只是在思考如何做出同样的产品，并且做得比别人便宜，这样走性价比的产品路线是非常危险的。

从产品定位的角度看，你的产品要在客户心目中占据位置、占领客户心智，就要变得不同，就要找到产品的差异化价值。

那如何做到差异化呢，就是在把产品做到极致的同时，开创产品的特性，或者是开创新的品类。

特性是指除具有同类产品的功能外，还具有的其他特性。产品特性可以是有形的，如外观、材质、跑分等，也可以是无形的，如环境氛围、感知、体验等。产品特性是很有竞争力的武器，许多企业在寻求差异化的路径上，最先想到的是开创产品特性。

开创产品特性，才能直接抵达客户的心智。当行业没有冠军品牌的时候，谁能最先创造出客户需要的、有价值的产品特性，谁就可以率先开拓出辉煌的市场。

我们都知道，吃烤鸭就上全聚德，怕上火喝王老吉，困了累了喝红牛，小饿小困喝点香飘飘。当已经有了奥迪、奔驰的时候，宝马说给你提供驾驶乐趣，沃尔沃说它是安全的汽车。这些企业都突出重围找到了自己的市场。

你的差异化是什么？你能说出客户为什么选择你不选择别人的理由吗？

拍照手机用OPPO，小米是性价比最好的手机，时尚人士用苹果，商务人士用华为。

如果要在客户心智中留下一个印象的时候，你在客户心智中是什么印象？这个印象要是你独占的，只有能独占客户心智，才是最有价值的。西门子是油烟机之王，但西门子是德国品牌，是根据德国人的烹饪习惯设计的。中国人做饭，厨房油烟大，于是老板电器就做了大吸力油烟机，在中国市场卖得很好。

找到你的产品特性，就能找到你在客户心智中的位置，甚至改变你在客户心智中的位置。

而当整个行业陷入同质化竞争的时候，产品特性已经无法突围，这时，我们要思考的是你能否开辟出一个新的品类呢？

我们这里说的品类，不是传统的产品品种的概念，而是从客户角度，按照客户需求进行的分类，是客户购买产品的单一利益点。从定位来说，品类是大的功能、特性、利益的定位，是客户认为相关的一组特殊商品或服务。

比如宝马汽车主要有轿车、跑车、越野车三大品类。轿车品类有 3、5、7 和 8 四个系列，跑车品类用 Z 打头，主打车型有 Z3、Z4、Z8 等，而越野车品类用 X 打头，代表车型是 X5。而苹果公司，正是开创并主导新品类取得成功的最佳典范，苹果的品类分为 iPhone、iPad、Mac 及 Apple Watch 四大品类，在 2017 年苹果新品发布会上，苹果公司还推出了 Apple TV 新品类。

作为定位理论的最新发展，品类越来越受到企业的重视，营销界甚至还有品类为王、开创品牌不如开创品类的说法。

第二章说过关于海尔和格力的市值话题，从形象和体量的角度看，格力似乎远不如海尔，但从品牌竞争力角度看，海尔是不如格力的。格力为什么能够如此强大，就是因为格力专注于空调品类。

即便是无法通过特性和品类来实现产品差异化，企业也要另辟蹊径来让自己的产品有所不同。在酒店、餐厅等营业场所，都有给客户提供免费糖果小食。而其中，有一个叫宝路的薄荷糖，很多人应该都吃过，这个糖的特点就是有个圈。从糖本身讲，宝路和其他品牌没有任何区别，但宝路通过设计创新，把实心薄荷糖做成一个圈的薄荷糖。"宝路，有个圈的薄荷糖"，通过设计创新和广告宣传，迅速赢得了巨大的市场。

产品设计

伟大的产品成就伟大的公司，而伟大的产品则源于伟大的设计，唯有设计是通向完美客户体验的入口。

产品设计直接决定了产品的价值，一件产品的价值在它的设计阶段就已经确定了。通过对产品的设计可以更好地满足客户对产品功能的需求。

工业设计以产品设计为主，产品进入市场变为商品，消费者选择商品时会考虑产品的功能、形态、价格等因素，而这些都是在设计阶段就需要确定的。因此，如何在设计阶段提高产品的价值、提高产品功能、降低生产成本，是企业必须掌握的基本能力。

不论处在任何阶段，任何规模的产品设计，我们要回答的都是三个关键词：客户、问题和解决方案。

（一）客户

客户是产品设计的起点，更是产品设计的中心。客户是谁？他们在哪儿？他们向往什么样的生活？他们有怎样的心理动因？我们可以通过定性或定量的基础客户扫描，进行客户划分。

（二）问题

客户有什么问题？客户的刚需是什么？痛点是什么？从客户的表面诉求入手，洞察客户深层次的需求，以及产品可能的生活场景，最后提炼客户需求，找到真正的客户和产品功能需求。

（三）解决方案

解决方案是什么？有了解决方案，还需要进行客户验证，验证完成后，再去考虑这个解决方案是否可以规模化、平台化，供应链如何组织、成本如何控制、盈利如何实现。

很多企业一开始都是"一招鲜"起家，然后按上述的思路逐步扩大产品线、产品领域，最后形成平台化经营。无论何时、做何等规模的产品设计，都要回归本质，随时问问自己：客户是谁？解决了什么问题？

我们经常开玩笑说，今天销售流的泪，都是当时产品设计时脑子进的水。

如何实现优秀的产品设计？在当下互联网、手机、电子产品、汽车、消费品等已经趋于大众商品化的行业，有着太多成功的案例可以借鉴。我们综合目前市场上层出不穷的产品设计方法论，提出以客户为中心的体验导向设计六步法，如图 3-3 所示。

① 客户　② 客户需求　③ 产品属性　④ 设计创新　⑤ 原型测试　⑥ 整体方案

图 3-3　体验导向设计六步法

第一步：定义目标客户。如前所述，客户是产品设计的起点。首先我们要定义的是目标客户，目标市场在哪里，目标客群如何区分，然后进行客户调研。

第二步：定义客户需求。需要注意的是，我们经常获知的客户需求往往是表面的，甚至不是真实的客户需求，因此需要深入地了解客户，引导和挖掘客户的隐形需求，甚至全程让目标客户参与设计，才可能准确地定义客户需求。

第三步：产品属性梳理。根据定义的客户需求，进行系统的产品属性梳理，聚焦在客户的刚需和痛点上，还有产品的使用频次，是低频还是高频。只有高频、刚需和痛点的产品属性，才能直接影响客户的购买决定和支付价格意愿。

第四步：产品设计创新。对客户所关心的产品属性进行配置，通过设计和再设计从而达到客户感知价值的最大化。这里尤其要关注的是如何通过设计创新，开创产品的新特性，甚至是新的品类。

第五步：概念原型测试。在产品推向市场之前，设计创新的产品还需要进行目标客群的小范围验证和二次修正。现在有很多好的工具可以建立原型对目标客群进行测试，如建筑行业现在广泛推广的 BIM 技术，以及 VR 虚拟体验等。我们已经看到的是，像互联网、电子产品等行业，原型测试做的比较普遍。

第六步：完整解决方案。有了好的产品设计，最终还要有好的实施。作为企业来说，后续细化的工业设计、成本控制、供应链组织、生产等部门的通力合作，以及营销、销售、售后服务等客户界面的完整协调才能保证产品的顺利落地。

产品设计的重要性越来越被企业认识到，在内部组织保障、工作流程、激励机制上进行落实。我们希望众多的企业都能建立以客户为中心，体验导向的产品设计理念和文化，推动产品设计的创新和突破，在胶着的市场竞争中率先破局。

单品和大单品

你走进街边的小餐馆，只想快速解决一顿饭。老板给你一张菜单，上面密密麻麻写着各种盖饭：茄子炒肉盖饭、酸笋炒肉盖饭、木耳炒肉盖饭、回锅肉盖饭、青椒肉丝盖饭……

哪一个好吃呢？面对这一堆名称，要么去试吃、要么让老板推荐个好吃的。

这个身边常见的例子，就足以说明为什么很多公司靠单品爆款就能取得成功，比如专做一类手机，而不是采用机海战术。

所谓单品，是指集中在一个产品上。而大单品，就是集中企业大量的财力、人力和物力，集中于一个单品上。大单品往往是一家企业的主打产品、拳头产品，企业主要依靠它去占领市场，赚取利润。

在传统的渠道时代，企业为了占领有限的货架和经销商资源，常常开发出数十甚至数百的单品，造成经营重心的缺失，以及研发、生产、营销和库存的大量浪费。

而在 YOU 时代，客户需要高品质的产品，而且客户都比较忙，他们不愿意在选择上付出成本。企业需要专一、专注，集中力量把产品做到极致。少就是多，少就是美，只有聚焦才可能产生极致。事实上，今天很多成功的企业，都是靠大单品取得了骄人的业绩，像可口可乐、王老吉、红牛等。

我们认为，现在以及未来的很长时期，在产品层面，有且主要是两种产品形态：一种是大单品，另一种是个性化单品。而我们的企业，最终都是以经营大单品为主业，都是极致大单品企业。

YOU 时代经营的核心是客户的体验，而体验产生的充分条件是要把单品做到极致，让单品的价值超过客户预期，好到客户愿意分享，口口相传，形成口碑效应。只有口碑效应，才能最终实现单品爆发，把单品做成海量。

这种极致大单品的产品思维，要求传统企业从两个方面进行改变。

（一）单一单品

企业要改变从前那种数十数百的产品线，集中力量做单一单品并实现最终引爆。这是企业要做的第一个改变。

（二）极致单品

所谓极致，就是将产品的外观、性能、体验甚至更新换代的速度，都做到企业能力的极限。因为在产品信息全透明的时代，客户轻轻用鼠标就能剔除那些未做到极致的产品。而只有那些做到极致、超出用户预期的单品，才能让用户尖叫，并为之埋单。

除了产品思维的改变，企业还需要进行商业模式的改变。

以前，企业因为重资产、渠道、营销和广告的存在，都希望赢取高额利润。而在 YOU 时代、新时代要采用新的价格思维。一种是价格歧视，把价格定的比较高；另一种是"免费"策略，把性能做到极致的单品，按照几乎成本价卖出去。

至今还有很多人认为小米的成功是营销的成功，是电子商务的成功。其实，这些看法都是浮于表面。在我们看来，小米的成功在于两个方面，一方面是把单品做到极致，另一方面是商业模式。小米手机之所以敢"顶配＋成本价"销售，就是因为小米最初设计的商业模式，其本身就不是靠卖硬件赚钱，而是靠配件、软件系统和云服务赚钱，手机硬件仅是聚合用户的工具而已。

当然，不会是每个大单品都能成为爆款，拥有海量销售。要成为爆款，至少需要具备以下条件：

（1）痛点。产品要能够解决客户痛点，至少是一个痛点以上。比如充电宝的出现就是解决了用户的手机充电的问题，现在很多人都至少有一个充电宝。

（2）刚需。产品一定得是客户的刚需，是目标客户群中每个客户都需要的。

（3）高频。如果一个产品，客户一年才使用一次，甚至是一辈子才使用一次，是不可能成为爆款的。因此，高频使用很重要。

（4）快消品。产品消耗速度快，复购率就高，这给了产品无限的发展可能。比如饮料，喝完了，下次口渴时还要喝，还要再买。

（5）简洁。产品傻瓜化，不需要教育，也基本无须售后服务。简洁，如今已经是对每个产品经理的基本要求。

（6）低客单价。真正的物有所值，客户就不会有决策困难，也就容易形成冲动消费。客户源源不断的增长，也就节省了开发新客户的成本。

微笑的价格

在产品4P中，价格看似是最简单的，只需要一支笔在标签上写个数字就可以了。但价格也是最复杂的，价格的复杂性在于，它更多时候是作为一种策略，在产品营销上具有决定性的影响作用。

传统的产品定价方法，大概有三种：

（1）成本定价：企业把所有生产产品而发生的耗费都计入成本，按单位产品进行合理分摊，再设定一定的目标利润率来决定价格。在特定市场中以相同价格出售时，成本低的企业就能获得较高的利润率，回旋余地也比较大。

（2）市场定价：企业通过研究竞争对手的生产条件、价格水平、服务状况等因素，参考成本和供需状况确定产品价格。比如密封投标时，企业采取的定价。

（3）需求定价：这是随着现代营销观念产生的定价方法，以客户对产品价值的感知和需求强度来进行定价。在需求定价中，企业首先要估量产品的功效、质量、信誉、品牌等多项指标在客户心中所构建的认知价值，然后计算出综合的产品认知总价值。

在产品定价过程中，高价格未必能获得高利润，而低价格也未必利润就一定少。低价薄利多销，增加总利润，高价厚利精销，限制部分需求，单位产品盈利率上升，利润增加。高价策略与低价策略都需要综合考虑各种制约因素的影响。

在 YOU 时代，信息越来越透明，产品相关的成本和竞品的价格，客户都能通过各种渠道比较容易地得到，因此企业要想通过信息不对称继续维持高价格是不可能的。拥有主权的客户需要高品质的产品，但价格也要合理，因为他们更理性，面对高价格的产品他们是不会埋单的。

因此产品要取得成功，不只是把产品的性能做到极致，也要把产品的其他属性做到极致，尤其是价格。但很多企业没有很好地认识到这一点，因此经常陷入很痛苦的境地。以开发商为例，楼盘上市时，前期价格一旦定高，后面就很难降价，降价对已成交客户进行补偿，而且还会产生负面的楼盘形象，导致后面的销售长时间停滞。

在产品价格这方面，优衣库、ZARA 等都是在价格设计上非常优秀的企业。我们把它们对产品的定价定义为微笑的价格，什么意思呢？就是企业通过深度的消费洞察和精益的供应链，为客户提供满足需要的产品，而价格也是在客户普遍接受范围内的。客户看到产品时，他们的决定就是买买买，而不是把价格标签翻来覆去地进行比较。

作为定价的关键，不是企业的成本，也不是竞争对手的价格，价格的设定是为了满足客户的需求或是反映他们愿意支付的溢价，更多的时候是要以客户的需求和市场的变化制定价格。

名创优品是我们关注得比较多的一家公司，之前我们也有讲过这家企业。这里我们再详细地分析一下，名创优品是如何打造高质优价的产品。

名创优品创始人、CEO 叶国富豪言：名创优品被无印良品、优衣库、屈臣氏列为全球最可怕的竞争对手。面对这些成名多年的国际品牌，名创优品有什么资格"叫板"？

名创优品以生活休闲时尚百货为主，囊括创意家居、健康美容、潮流饰品、办公用品、文体礼品、季节性产品和数码配件等多个品类，涵盖生活所需的方方面面。优质的产品源自对生活的感悟，名创优品师从自然，在追求品质的同时，兼顾到自然资源、环境保护，让简约、清新、设计精良的产品融合自然、贴近生活。

我们去名创优品的实体店体验过，货品类型琳琅满目，很像无印良品，日化、电子等小物品类很多，质量也不错，价钱也很便宜。有点像早些年的10元店。

不过明显不同的是，除质优价廉外，名创优品的店面选址大都在城市繁华之地，装修讲究，有明显的设计风格。另外，商品分类比较细致，销售服务流程也相对完善。笔者去的几家店人流量都比较多，都出现了排队的现象，同行的朋友都对名创优品表示称赞。

作为一家2013年才初创的零售品牌，名创优品能够在短短4年时间，全球开店1000多家，年销售额达到100亿元，着实令人惊喜。

从叶国富的观点来看，产品是企业的第一战略，如果产品做不好，其他什么战略都是白搭。名创优品的快速发展，就得益于质优价廉的产品，准确来说是高性价比的产品。

在国内，雷军的小米把一个个数码电子产品的暴利打破，把移动电源、智能手机、电视机、空气净化器的价格全部"打到地板"上。而名创优品的梦想是要把化妆品、香水、太阳镜等日用商品的暴利打破，让名创优品真正做到一分价钱一分货。

如何打造极高性价比的产品？名创优品的方法论是四个字："三高三低"。"三高"是指高颜值、高品质和高效率，"三低"是指低成本、低毛利和低价格。实现"三高三低"，是以产品为核心，以设计、渠道和工厂三点为支撑。

名创优品总是找每个品类全球数一数二的供应商，规模化采购，买断制供货，从工厂直接到店铺尽可能做到短链供应。同时，管控到每个细节，不乱花一分成本，加上7%~8%超低毛利，这就让名创优品真正做到优质低价。

无疑，高品质和微笑的价格就是YOU时代通行全世界的护照。希望更多的企业加入，共同成为全球生活优品消费市场的开创者。

也说新零售

2016 年 10 月 13 日，杭州云栖大会上，马云提出未来的"五新"发展趋势，其中第一个就是"新零售"。马云在演讲中称，纯电商时代过去了，未来十年是新零售的时代，未来线上线下必须结合起来。物流本质是消灭库存。

"新零售"一词抛出后，迅速引起了大众热议。近来，很多线上品牌、线下实体，以及制造商、服务商都在进行有关的尝试。新零售一时成为众多企业转型的不二法门，各种新概念层出不穷。

其实在此之前，业界就出现了新零售的说法，但为什么马云这次的提出，业界会有那么大的震动呢？甚至有人说，马云慌了。

国内电商的风生水起，与传统的零售业发展落后有关。与美国的电商相比，中国线下渠道覆盖水平较低，每千人零售营业面积仅为 18 平方米，与美国的 1105 平方米相去甚远。除了覆盖率低，53%的线下零售为独立零售，并非连锁，营运效率低下。

我们都知道，传统零售业的高毛利，养活了难以计数的渠道商，遍及大街小巷的实体店，并支付了高昂的房租。高毛利让最终的消费者承受了高价格，随着互联网，特别是移动互联网的普及，消费者恍然大悟，原来自己以前的东西买贵了。

但随着互联网红利的消失，电商发展的黄金时代已经不在。经过多年的电商价格打压，线上线下的价格已经趋同，电商的价格撒手锏没有了。

笔者多年前也通过加盟形式，开过一个知名女装的专卖店，后来由于高房租和高库存，最后关店清仓了事。笔者当年的感受是如果不是不断攀升的房租和人工成本，实体店是没有问题的，因为实体店给客户带来的现场仪式感和体验感是网店永远无法比拟的。

从商务部发布的《中国零售行业发展报告（2016~2017 年)》可以看出：2016 年，便利店、购物中心、超市的零售增长速度分别达到 7.7%、7.4% 和 6.7%；而网络零售增速则持续下滑，从 2015 年的 33.3% 降至 2016 年的 26.2%，比 2010 年下降了 70.7%，呈现出明显的缓中趋稳态势。

零售业的未来在线上还是线下？这个曾备受争议的话题在今天看来答案已经明朗，以往电子商务冲击传统产业的说法也被否定。现在已经确定的是，电商只是零售业的一部分，线下和线上再也不是独立与对抗的关系，线上线下融合与协作的新零售才是大势所趋。

新零售的未来，我们的理解是线上线下相结合，而电商与线下实体商业，将由原来的独立、冲突，走向混合、融合，通过精准化、体验为主的模式，去了解消费者，满足并引导消费需求，以达到消费升级。对零售商而言，也能通过预测消费数据，把控生产，达到零售升级。

从国内当下的零售环境与业态现状来分析，以下四个趋势或许是值得大家关注的：

（1）线上线下趋于统一化、专业化。

（2）购物中心、商超等大型零售体或将面临整合重组。

（3）体验式消费、个性化服务融入我们的生活。

（4）大数据下企业生产更加智慧、科技化。

在新零售的场景下，粗暴的价格模式彻底失效，我们的聚焦还要回到产品本身，只有极致的产品才能给客户带来好的体验，才能真正打动客户，最终让客户乖乖奉上钱包。

我们企业要做的是，纵向整合从研发、设计、生产、物流到终端的价值链，提升运营效率，创造更大价值的产品。同时，利用互联网和人工智能等新技术，为客户提供优质的产品体验和高性价比的购物体验。

好产品让客户尖叫

2017 年的暑期，有一部国产电影曾红遍各大院线。很多人都看了好几遍，自己看了觉得好看，就专门拖着朋友去看，陪着父母去看。不用说，大家都知道，那就是吴京自导自拍的《战狼 2》。

《战狼 2》只用了 20 多天时间，总票房就突破了 50 亿元大关，成为一部大片，最终拿下华语票房第一的宝座。看多了好莱坞超级英雄争霸荧幕，感慨优秀国产大片稀缺的中国观众，却如此追捧《战狼 2》和吴京塑造的中国英雄，《战狼

2》票房数字背后的故事更值得我们挖掘与分析。

为什么是《战狼2》？媒体给出了很多的解剖，我们从产品的角度也表达一下自己的观点。

首先，《战狼2》是一部匠心之作。尽管《战狼2》和好莱坞一流工业水准还有一定的距离，但这是一部演技、剧情、制作、价值观都很正的作品。电影市场不是由脑残粉承包的，市场需要的是更优质的文化和作品。

其次，《战狼2》满足了国内电影观众的痛点。当下的影视剧太多依赖小鲜肉和流量IP，形成观众的视觉疲劳，缺少真正的本土动作英雄来让观众支持。同时，不断增强的中国国力与更加复杂的国际环境，让国人有太多的爱国情绪需要释放、需要爆发。就在这时，吴京这个接地气的中年人，给我们带来了足够简单、足够直接、自信满满的《战狼2》，彻底点燃了观众的情感，大家看的热泪盈眶，集体起立鼓掌。

最后，《战狼2》开创了中国电影市场新的产品特性和品类。《战狼》2015年4月上映，是国内首部3D动作战争电影，让堪称"东方之狼"的特种兵战队及高能战士首次登录大银幕。而《战狼2》的上映，更是把动作战争表现得淋漓尽致。"犯我中华者，虽远必诛"等《战狼》系列的台词走红网络，燃烧起了广大民众强烈的爱国热情。《战狼》系列带给我们的不只是激情和精彩的体验，还传递着家国情怀、民族大义。

电影是商品，也是工业化的产品。抛开艺术，就产品而言，《战狼2》就是一部让观众尖叫的好电影，就是一个让客户尖叫的好产品。

我们说，好产品让客户尖叫。如何让客户尖叫，那一定是以客户为中心的，以体验为导向的。

（1）深度感知客户痛点并提供满意的解决方案。

（2）挖掘并引导客户的隐性需求。

（3）客户充分参与下的体验反馈和设计创新。

让客户尖叫产品，赋予产品功能与应用场景之间的情感连接，让产品人格化。当产品的使用成为客户的心愿时，消费的欲望就将立即转换为真实的购买行动。

2015年，万科率先在行业内推出案场CSO（首席惊喜官）的尝试，解决客户在咨询、购买、使用过程中的问题，以更近的距离打动客户，引发客户触点，让客户体验从满意升至尖叫级。

产品的真实意义，在于它是连接企业和客户之间的载体。企业之所以能够进入市场，是因为能提供满足消费者需求的产品。所以理解产品需要回到产品本身，而不是价格本身，如何让产品得到客户的认同，如何在细分市场上与客户互动，如何呈现客户的价值等，这些都要求产品需要理解消费者，并能够真正代表消费者。

在客户主权时代，消费需求的改变，环境的变化，使得企业必须要踏实地去做好每一款产品，还要在客户的产品体验上花心思，别无依仗，也别无选择。

卡萨帝的高端产品之道

在新中产阶级不断崛起的大背景下，布局高端成为很多家电品牌寻求产业转型升级的突破口。然而时至 2017 年底，家电品牌高端化之路已经走了 10 年。10 年商海沉浮，大批"高端"家电品牌遭遇了销量上的滑铁卢，而卡萨帝（Casarte）却成功实现登顶。

2017 年卡萨帝在全球的经营业绩非常耀眼：在高于行业平均单价 3 倍的情况下，卡萨帝仍保持高端份额持续增长，实现高端冰箱市场占比 31.1%，高端滚筒洗衣机市场占比 69.2%。

而在中国，卡萨帝更是多年占据高端家电市场第一的位置，呈现出全方位和垄断性的优势。在万元以上洗衣机市场，卡萨帝的市场份额达到了 65%，在 1.6 万元以上空调市场，卡萨帝的占比高达 80.8%。事实上，高端家电领域冰箱、洗衣机、空调、酒柜、冰吧等产品销量第一的称号都已经归属卡萨帝。

Casarte，来自意大利语，La casa 意为家，arte 意为艺术，两者合二为一意为家的艺术。作为海尔旗下的高端家电品牌，卡萨帝成立于 2006 年。2010 年，卡萨帝从海尔完全独立出来，所有视觉识别设计和品牌传播中都不再出现与海尔相关的品牌信息。借助海尔资源所积累的品牌资产，经过 10 年的探索和实践，卡萨帝在产品技术、设计、价格等方面已完全能够与西门子等国际品牌相媲美，甚至在很多技术方面还走在了世界前列。

卡萨帝的成功肯定不是偶然的，它是中国从制造向创造转型的一个缩影，是工业 4.0 时代智能制造体系的产品典范。分析卡萨帝品牌在全球行业引领背后的原因，有两个关键因素是非常显著的，那就是产品的高端制造和产品的极致体验。

卡萨帝基于高端家电全流程体系的商业模式与传统高端家电品牌最大的不同在于，它整合了一系列竞争要素，将技术持续创新、产品快速迭代与对客户需求的洞察紧密连接，形成基于整个经营链条的综合竞争力。一方面，卡萨帝从科技、设计、品质和趋势引领四个维度进行创新；另一方面，卡萨帝以客户需求为原点，通过互联工厂、工艺、智能化硬件、交互软件、线上线下精心策划的活动给客户提供更美好的产品体验。

（一）产品的高端制造

研究卡萨帝高端家电全流程体系，其实对应的是一个全球化高端制造体系。首先是用新技术支撑高端品牌，通过创新技术也就是"从 0 到 1"的原创技术驱动，抢占未来发展的制高点。其次是立足改造提升传统产业，通过跨界融合、智能制造，将传统家电制造业打造成高精度和高效率的现代制造业，依靠产品迭代升级带动品牌高端化。最后是依托海尔集团的互联网转型，从"互联网+"衍生出众多新产品、新技术，开拓出更多新的高端细分市场。

可以说，卡萨帝用一种全新的模式完成了对全球高端家电业的引领，这背后的驱动力，是由企业一流的资源、一流的能力和一流的匠人来强力支撑的。

（1）一流的资源。全球资源的整合能力被视为卡萨帝重要且独特的筹码，卡萨帝身后是全球最大的家电品牌集群，借助内外部的协同，更有利于在全球范围纵深展开战略布局。如今卡萨帝不仅整合了斐雪派克、恩布拉科等顶尖科技资源，还拥有在业界享有盛名的宝马、法拉利等顶级设计团队。

比如，引起行业争相模仿的双筒双子云裳洗衣机，其负责平衡操控的控制模块是卡萨帝与玛莎拉蒂共同打造的，之前仅用于顶级跑车和机场物流管理，实现极致降噪的直驱电机则来自斐雪派克。而 F+自由嵌入式冰箱，聚集了巴西、日本、中国、德国等供应商的核心资源，首次尝试将气悬浮无油动力科技应用到家电行业并取得成功。这些都是卡萨帝将自身优势与全球研发智慧相结合的缩影。

（2）一流的能力。从技术引领到占据市场话语权，从产品迭代到行业标准的全面领先，卡萨帝从本土走向世界高端家电之巅的竞争力内核是潜藏于高端家电全流程体系内的科技创造力。

纵观卡萨帝的发展脉络，不断刷新和摸高的原创科技形成了与其他品牌的区隔，也构成了模式代差的基石。在这份长长的名单上，可以看到被行业集体"模仿"的法式对开门、意式抽屉式、F+格局的冰箱，具有物联网识别技术的洗衣机，以及世界首台实现智慧冷暖感知的空调等。其中，作为全球首台能"读懂"衣物的物联网洗衣机，卡萨帝"纤见"实现了物联识别与纤维洗护两大科技的跨界融合。在卡萨帝内部，原创科技这个词是动态的，不只在于快速迭代，更在于为行业和产品变革不断带来新思路，注入新动力。

（3）一流的匠人。卡萨帝现有的制造体系分为七个层级，位于顶端的是匠师、匠人和工匠，其中还包括由斐雪派克和欧洲匠人组成的外籍匠人团队。无论哪一层级，卡萨帝都致力于在每个环节培养专注、执着、精益求精的工匠精神，将苛刻的标准和追求完美的精神融入工业自动化生产中。

值得一提的是，卡萨帝对于工匠精神的打造架构于工业 4.0 时代的智能制造体系之上，通过互联工厂将高精度、高效率的制造方式与用户需求直接相连，实现了用户既是消费者，又是生产者和设计者的"产消一体"。这种独具特色的工匠精神有力地推动了卡萨帝的产业升级和全球化引领。

（二）产品的极致体验

生活是人一生最大的事业。卡萨帝通过超前精准的客户需求抓取，对精英生活进行全新定位，卡萨帝通过遍布全球的前沿研发力量，使卡萨帝不只是简单解决生活所需，而是优雅格调的生活态度，畅享艺术生活。

作为艺术生活的创造者，卡萨帝不只是优秀产品，还有更多精彩纷呈的体验等着客户去感受。比如卡萨帝的生活馆，提供实景的体验和深度的交互，为每一类高端群体量身定制一体化的家电生活解决方案。卡萨帝的官网、公众号、微博，不只是产品的 3D 体验中心，还是和客户沟通互动的平台。卡萨帝还通过建立"思享荟"、举办家庭马拉松等基于多平台、线上线下联动的活动展开客户的深度体验之旅。比如 2015 年在卡萨帝的高端生活方式体验活动中，卡萨帝首先通过线上精准传播，从美食、旅游、时尚、教育四个方向为起点发起"首席体验官"报名活动；其次通过圈子领袖、传播渠道以及其他品牌合作，表达精致匠心"家的艺术"以及"为爱而生"的家庭关爱；再次是配合线上活动，邀请明星大使、各相关领域嘉宾和达人参加线下活动；最后通过扩散"首席体验官体验报告"形成口碑放大与影响力升级。

卡萨帝不仅通过产品带给客户高端生活体验，还用开放式的生态圈体系为客户带来全流程、可视化体验。每一件产品都是围绕客户需求而生，作为生态圈的核心，客户可直接参与产品设计、生产的全过程。在卡萨帝原创的流程化执行方式和开放式交互模式中，客户既是消费者，又是生产者和设计者的多种职能，让客户将所需求的、直接享受的体验买回家，从而达到供需匹配。

卖产品不如卖生活方式，卖产品不如卖体验。卡萨帝通过一系列从0到1的原创突破，实现了从卖产品到卖体验的转变，将卡萨帝式的格调生活带给千家万户。作为释放新需求、创造新供给的品牌，卡萨帝为我们当下供给侧的产品创新提供了新的道路方向，也将继续引领行业实现中国制造向中国创造的转变。

第四章

最好的服务

本章体验要点：

服务是全世界最贵的产品，尤其是人工服务。最好的服务是没有服务，而好服务都是设计出来的，针对服务的设计是一套全新的客户体验设计方法，越来越受到重视。

◇ 服务期望

◇ 精益消费

◇ 服务设计

糟糕的服务

不知道大家有没有这样的体验？

你泡方便面，顺手把前几天买的榨菜拆一包放在面里面，突然发现有一块黑色的东西，仔细一看是一块布条。你打包装袋上的电话，就是没人接。你上网找了经销商的电话，终于联系上了，经销商让你拿着吃出来的东西去找他，不然就得等他一周后过来。最后一个业务员找到你说，布条是农民卖菜的时候不慎掉进去的，商量说赔你 10 袋同样的榨菜，然后把你吃出来的布条拿走。你爆发了，要是你食物中毒了怎么办？包装袋上不是写着"三清三洗"吗。这么多工序怎么还有布条在里面？

你和客户去吃饭，这是一家很有格调的餐厅，服务生很养眼，背景音乐很舒服，菜品也很可口。突然你有点内急，想上卫生间。进到卫生间你发现有些破还有点脏，更要命的是，你打开纸盒，里面居然没有卫生纸。

你去逛购物中心，金碧辉煌，装修得非常高大上，各种名牌琳琅满目。你在一个专柜买到喜欢的衣物，结算的时候，营业员告诉你收银台位置左转再右转，你花了半天才找到，刷卡的时候收银员告诉你不能用信用卡。

你去加油站加油，加油站员工严格按照所谓的"加油十三步曲"，清零、加油、收枪、报表，你像欣赏杂耍般看这样规范的流程，觉得很不错，可是却告诉你需要去室内付款，付款时你前面还排着几个人，打发票时，加油站用的那个专用打印设备，半天没打出来。

你在某旅行 APP 上订酒店，你是他们的 VIP。你花半天时间终于找到心仪的酒店和房间，房费显示 323 元。恩，还不错，那就下单吧，可付费后你发现价格怎么不对呢，怎么变成 339 元了？你折回来看，原来搭售了一个因故取消险 16 元。你不高兴了，要退订，可找半天没找到退订按钮。你打客服热线，通了，告诉你房费可以退，但因故取消险 16 元退不了。你心里犹如万马奔腾，你再也不要用这个什么 VIP 了。

你坐飞机出差，买了某航空的机票，空客 320，自助选座位，按时登机，飞机滑行出登机口，一切正常。延时 15 分钟，空乘语音播报排队等起飞，那就等吧。40 分钟后，你感觉有些不妙了，机长语音告知飞机有故障，需要返回登机口检查，然后就返回了。1 小时后，乘务长通知大家下飞机，说飞机故障一时无法处理，大家下机等待通知。数小时后，本次航班取消了，机场给出的政策是安排酒店住宿，改签。有的行程打乱了、有的商务洽谈得取消、有的上班得请假，200 多名乘客全炸锅了，吵架、爆粗，各种不文明行为都出现了。最后，夜也深了，机场也没人了，航空公司电话也没人接了，更多的乘客选择了妥协，身心疲惫地上了酒店大巴。

诸如此类，非常差劲的服务体验，就在我们身边不断发生着。上面几个案例，服务提供方都不是小公司，反而都是很大的企业。大的企业如此，其他的中小企业就更不要说了。

我们不禁要问，为什么服务如此糟糕？这些企业怎么啦？

客户的服务期望

这些糟糕的服务体验怎么来的呢？在全竞争时代，这是我们每一个企业人员要正视并积极解决的问题。

毋庸置疑，经过几十年的改革和发展，各行业服务水平和服务能力都有显著的提升，甚至有很多企业标榜自己的服务已经做到最好，但和我们本章所要探讨的最好的服务及客户的服务期望还有很大的差距。

瓦拉瑞尔·A.泽丝曼尔在《服务营销》中，把客户对服务的期望水平划分为五个层级：

（1）完美的服务。

（2）规范化的服务。

（3）基于经验的服务。

（4）可接受的期望。

（5）最低容忍度期望。

如果把客户期望得到的服务称为理想服务，把客户能容忍的最低水平的服务称为适当服务，就形成了两个期望标准，也就是服务期望的上限和下限。如图4-1所示。

图 4-1　客户的服务期望水平

而我们要做的是努力做到客户期望的理想服务，也就是最好的服务。

当然，客户的服务期望是因人而异的，这里更多有超出服务范畴的期望，属于客户体验的期望。我们说，客户期望得到的，已经不满足于产品和服务，而是体验。

就加油站服务来说。我们在交流这个案例时，很多人都觉得国内加油站服务都比以前改进了好多，有加油卡，可网上充值，服务相对规范，态度也不错。但大家还有很多意见，有的说以前不用下车，直接把钱或油卡给加油员就好，现在要去站内付款，还要排队；有的说有些加油站是让你先去付钱，给你一张标签，用标签刷码才能加油；有的说移动支付那么发达，但好多加油站都不支持啊，甚至还有不能刷卡的；有的说每次加油，那个小哥都要推销新产品，真想缝上他的嘴。

本章我们不讨论产品，只说服务。关于付款就能引发如此多的吐槽，作为信誓旦旦打造精品加油站的中石化和中石油高管们，不会不知道，客户在加油站加油，最期望得到的是方便、快捷。这些高管们会认识到糟糕的服务正在摧毁他们的品牌和信誉吗，那为什么他们依然没有头绪呢？笔者认为不外乎两方面原因：一是服务的改进涉及比较复杂的系统和流程，需要时间；二是服务的改进会增加成本，影响利润。甚至更要命的是，整个行业内的服务都低下时，大家更没有改进服务的动力。

垄断性的领域，比如政府、事业单位、国企，我们很难用市场的尺子量衡其提供的服务，只能希望其从上而下建立起完整的、关于客户满意度的绩效考核指标。这些年，它们也推出各种类型的测评打分，但都形式化了。

对于我们更多的企业而言，满足客户的期望，甚至超越客户的期望，带给客户惊喜的服务体验，则是企业生存发展的基本法则。

因为今天的客户，他们比从前，哪怕是五年前都要精明。他们通过百度搜索、浏览网站、关注企业公众号来货比三家，他们可能比你的销售人员更熟知你的产品，如果他们对你的服务不满意，就会转身走进你的竞争对手大门。情况更为失控的是，在 YOU 时代以前，一个不满意的客户只能将他失望的经历告诉 10 个人，但是在 YOU 时代，这位客户最后能够将他的不满传达到数百万人。

什么是服务

首先要厘清的是：什么是服务？

我们在这里讨论的服务，不是三大产业中和农业、工业并立的服务业，也不是以服务为核心产品的产业和企业。

我们所说的服务，是企业为支持产品而提供的服务。

这种服务没有实物形式，它可能是行动、过程和表现，由一方向另一方提供或合作生产。这种服务可能是有偿的，也可能是无偿的。

还有一个更广泛的定义是，服务是包括所有产出为非有形产品的全部经济活动，通常在生产时被消费，并以便捷、愉悦、省时、舒适或健康的形式提供附加价值，这正是其第一购买者必要的关注所在。

服务和产品一样，是客户体验的入口，也是客户体验的起点。

在产品和服务越来越商品化的今天，我们已经很难区别出哪些是产品、哪些是服务。我们购买产品的时候，同时附带着服务，我们购买服务的时候，也常常伴随有产品的提供。服务和产品已经高度融合，甚至你无法把服务与产品分开。就像三一的挖掘机、星巴克的摩卡咖啡、迪拜的旅行、网上的投资服务、家庭医生的建议，你已经很难说清楚你是买服务还是买产品。而且更让我们兴奋的是，现在很多产品的公司都是服务型的。

中国改革发展研究院院长迟福林认为，无论是企业还是地区，往往不是赢在起点，而是赢在转折点。在他的《赢在转折点》一书中，他指出产业变革正处在由工业主导转向服务业主导的转折点，消费结构正处在由物质性消费为主转向服务型消费为主的转折点，对外开放正处在由货物贸易为主转向服务贸易为重点的转折点。

服务如此重要，但国内的服务水平和服务质量确实还有明显的差距。可喜的是，许多企业已经主动在服务上进行投资，着力提升服务质量和服务水平来形成差异化和竞争优势。确实，这些高品质的服务提升了企业形象，带来了更好的业绩，同时帮助这些不同行业的企业成功做大做强。

我们有看到，全球销量第一的大型家电品牌——海尔一直在服务上不断变革创新，海尔 2017 年推出的家电业首个"全程管家模式"，再次提升了家电服务领域的标准。海尔的服务，贯穿于售前、售中、售后，乃至设计生产的全过程，为客户提供一站式、可视化的服务。海尔通过完善的服务流程，提升服务质量，达到让服务促进销售，用服务带动销售，从而达到销售服务的目的。

还有万科，作为国内地产第一品牌，万科的物业服务也是一直为大家称道的，万科物业的"睿服务"以客户视角对物业服务进行岗位支持划分，通过 IT 支撑，为企业带来更高的工作效率，更透明的服务体系也为业主带来更好的体验。经过多年的实践，万科的"睿服务"已经升级到了 3.0，真正践行了万科物业"安心、参与、信任、共生"的核心价值理念。

毫无疑问，服务就是以客户为中心的，围绕一切让客户满意，直至客户惊喜的体验之旅展开。

以客户为中心

华为在2016年编发了《以客户为中心：华为公司业务管理纲要》一书，其由中信出版集团出版。

这本书更像是华为的企业内训教材，可读性不一定好。不过任正非在这本书里说了一个观点很重要，值得我们每一个企业人思考。他说："客户是唯一给我们钱的人，我们要服务好他们。"

就像郭德纲经常在演出之前调侃说：感谢各位前来捧场的衣食父母，是你们支撑起我的梦想，让我有了今天。

有人说，客户是上帝。但我觉得"给钱的人""衣食父母"更通俗易懂，很直白地说明了我们和客户的主顾关系。我们的价值在哪里，我们为什么而存在？笔者认为服务客户就是我们的价值，我们的存在价值是因为服务客户而得到体现。

彼得·德鲁克说过，企业存在的目的是创造顾客。

如何吸引客户，我们能做的，就是产品和服务。产品和服务是我们和客户之间的连接，我们只有持续生产满足客户需求、符合客户价值主张的产品和服务，才能吸引客户、留住客户并建立起客户关系。

有个问题我估计很多企业都不敢问自己：客户真的需要你提供的产品和服务吗？

答案是残忍的，NO！客户既不需要你的产品，也不需要你的服务。

客户真正需要的，是解决问题。客户购买企业的产品，需要的是产品的功能，而不是产品本身。同样，客户需要的不是企业的服务，真正需要的是企业的服务和解决方案以解决客户的问题，为客户带来价值。

如同前文所述产品时所说的，客户需求排第一位，而刚需和痛点则是最需要满足的。客户没有需求，你再优质的产品和服务，客户也不感兴趣，白送也不要。

以客户为中心，首先要建立起的是客户思维。我们必须最大程度地满足客户需求，解决客户问题，最大化创造客户价值，从产品设计、研发、原型测试、生产、包装、上市，以及售后所有环节都要贯彻客户思维。

以客户为中心，关键在于要把客户的需求落地，我们要研究客户需求，明确客户的问题是什么，创造什么样的价值才是客户需要的，创造客户认可的价值，建立以客户为中心的企业生态体系。

笔者记得还在运营商的时候，数据业务正开始大发展，网络设备供不应求，价格都很昂贵。华为的设备也开始进入我们的机房，他们的产品那时候确实不太稳定，但华为有一点是运维部门公认的，就是服务好。交换机出了问题，系统宕机了，那几家国际厂商反应是迟钝和傲慢的，有时候没有备件，核心模块还要从国外发过来，一拖就是十天半月。而华为不一样，技术人员迅速赶到现场，和我们一起讨论故障原因，一起想解决方案，如果是设备坏了，就第一时间换上新设备。作为运营商，恢复系统正常运行是最重要的，那时我们就认定，这样的华为肯定会赢得市场、赢得世界。

客户的感知是第一位的，为客户解决问题是第一位的。只有用心的服务才能赢得客户，只有迅速解决客户的现实问题，用心满足客户高层次的诉求，才能最终满足客户需求，给客户感知最佳体验。

我们时刻要提醒自己的是，客户是唯一能够解雇我们所有人的人。企业所从事的一切活动，最终都需要客户埋单。从产品设计、研发到生产制造，人工工资、各种管理费用，甚至物业费、水电费等，这些费用最终都要通过产品和服务价格分摊到客户头上。客户不是傻瓜，客户心甘情愿为产品和服务付费的底线是能够给他带来价值、能够解决他的问题。

客户价值的数学公式是，客户为产品及服务支付的价格要小于或等于他所获得的实用价值及心理价值的总和。所以需要我们始终站在客户的立场上，以客户的思维角度看企业的生产经营活动。我们的产品和服务在设计时是否以客户需求为导向，我们的流程、供应链组织是否围绕创造客户价值来持续优化完善，我们是否及时剔除那些不创造客户价值的流程及环节，最终我们的产品和服务是否能够真正满足客户的需求，是否给客户带来价值以及价值增值。

国内的企业，大多数都是靠技术起家的，从以技术为中心转为以客户为中心，需要经历非常痛苦的管理和业务再造。尽管痛苦，为了企业的永续发展和经营，是值得的。

绝大多数把"为客户服务""以客户为中心"当作口号的企业，实际上都离客户很远很远，根本不重视客户需求，最终的结局是被客户抛弃，被市场无情淘汰。

以客户为中心，无有他想，只想客户。凡事都以客户的需求为第一目标，以客户的满意度为最终衡量标准。做产品是为客户提供极致的体验，做渠道是为让更多的客户能够买到放心的产品，做宣传是为让更多的客户了解产品，做品牌是为了让客户去口碑传播产品。

如此，则披荆斩棘，无往而不利。

服务在于细节

服务虽然不是万能的，但没有良好的服务却是万万不能的。在产品的品质与价格相当的情况下，拼的是服务。良好的服务能够满足客户对产品的心理需求，甚至为了更好的服务，客户情愿选择价格高昂的商品。

当我们远距离看服务时，服务是抽象玄妙的，这时的服务仅仅是一个概念。当我们近距离看服务时，服务是细碎且细节的，这时的服务需要填充真实的内容。

"天下大事，必作于细"。我们说，没有破产的行业，只有破产的企业，这就是细节造成的差距。现代主义建筑大师密斯·凡德罗，在被要求用一句话概括他成功的原因时，他只说了五个字"魔鬼在细节"。不管你的建筑设计如何恢宏大气，但如果对细节把握不到位，就不能称为一件好作品。细节的准确、生动可以成就一件伟大的作品，细节的疏忽同样会毁坏一个宏伟的规划。

没有一个企业是仅靠战略、仅靠商业模式就能成功的。我们不缺少雄韬伟略的战略家，缺少的是精益求精的执行者，我们也不缺少详尽规范的各种管理流程制度，缺少的是对条款不折不扣的执行。在全竞争时代，谁关注细节，谁就把握了创新之源，就能在竞争中抢得先机。

在市场的大潮中，国内涌现出了一大批诸如华为、海尔、联想、屈臣氏、海底捞、阿里、京东、滴滴等顶尖企业，这些优秀企业之所以能脱颖而出，一个很关键的因素就是它们无一例外地关注细节，把小事做细。

细节决定成败，用这句管理名言来说明屈臣氏今日的成就，也许再恰当不过。1989 年，屈臣氏在北京开了第一家店，如今在全国开店数量超过 3200 多家。短短 20 多年，屈臣氏已经发展成为个人护理用品商店的一哥，引领保健及美妆潮流的旗舰品牌。但如果我们走进屈臣氏，就会发现，无论是品牌定位、产品研发、店面拓展、促销推广，屈臣氏到处体现出惊人的细节管理。

（一）屈臣氏细节之一：收银台

收银台是客户付款埋单的地方，也是客户交易的最后一个环节，这里的服务直接影响客户是否会放弃已经决定购买的货品，也会直接影响客户是否会再次光临，重复购买。对于任何一家购物中心、零售卖场来说，收银台的重要不言而喻。

屈臣氏的收银台除了付款功能，还有服务台功能，包含开发票、广播、投诉接待、商品退换，同时还是一个商品促销中心、宣传中心。这样一个多功能的枢纽之地，屈臣氏有一套完整的独特操作方案。

经过几代店铺的实践分析，屈臣氏的收银台如今都设置在店铺的中间，高度为 1.2 米，这是客户在付款时感觉舒适的高度。在每个收银处有个凹槽，专门方便客户在埋单时放置购物篮，在收银台上装置了一些小货架，摆放了一些轻便货品，如糖果、香口胶、电池等一些可以刺激顾客即时购买的商品，非常人性化。

客户购物中最怕的是排长队等待付款，由于现代城市白领更是讲究效率，所以屈臣氏规定收银员与付款顾客数量比例是 1：4。在收银台前，出现超过 5 个顾客排队埋单，就必须马上呼叫其他员工帮忙，其他员工无论在忙什么，都会第一时间赶到收银台，解决收银排队问题。为了满足这种要求，屈臣氏要求店铺的所有员工都要熟练操作收银机。

在屈臣氏，经常会举行商品的销售比赛活动，这是一种非常成功的促销方式，这些商品也会在收银台范围内销售。在收银台的背后靠墙位置，还会陈列一些贵重、高价值的商品，或者是销售排名 TOP10 的商品。

我们研究过不少卖场和网点的收银台，屈臣氏的收银台无疑是最复杂的，也是学问最多的。

（二）屈臣氏细节之二：价格标签

认真研究屈臣氏的商品价格标签，你会发现与其他卖场的很不一样，除了常规的商品价格、名称、规格、产地外，还有一些屈臣氏特有的内部商品信息。

屈臣氏对店内的商品陈列有非常严格的要求，每个货架上的商品陈列都是按总部的要求执行的，所以这就要求有一套严谨的识别系统。我们一般的客户可能不会太注意，但任何屈臣氏的员工都能从价格标签中，清楚地知道该商品的信息，以及该商品在店内的陈列位置。

比如在屈臣氏店内有两种颜色的价格标签，一种是黄色，另一种是绿色。黄色标签是指正在促销的商品，标示的是促销价格，而绿色标签则是指正常售价的商品。促销商品中标示字母"R"的，是长期促销商品，标示"W"的，则为当期促销商品。短期促销商品中，还会标示一组日期，明确本商品促销价执行的时间。

（三）屈臣氏细节之三：办公室管理

在屈臣氏的办公室你会发现，几乎所有店的办公室都非常一致，而且整洁。屈臣氏对办公室布置、物品摆放，细到每一个文件的位置都有规定。屈臣氏的办公室除了可以摆放烟、洋酒于上锁的柜子中，不可存放其他任何商品，而对于文件的管理更是有一套完善的标准。

在办公室桌面上的三层脚架上，第一层存放当天收到的文件，第二层存放每天的工作计划，第三层存放区域经理/主管巡店记录，留言簿、黄簿（记录商铺验收的本子）。所有经上级批示的文件存档，其他部门往来文件存档，每一类文件都有固定的编号并按编号存放在固定位置。

屈臣氏每个店的办公室墙上还设有7个挂钉，这些挂钉按要求挂7种日常管理中最常用的7种文件资料，方便所有的员工查找、使用。在屈臣氏的货仓，都有一张桌子，上面有12个文件夹，里面是供员工日常需要使用的文件。

老子说："天下大事，必作于细。"一个好的细节给企业带来的变化可能微乎其微，但一个糟糕的细节却可能败坏整个企业的声誉。做好每一个小细节，日积月累，把每一个良好的服务细节变成企业工作的一部分，才能真正提高企业的存在价值，最终得到客户的认可和相信，由细节取胜。

科技让服务更享受

2017年5月，北京外国语大学丝绸之路研究院发起了一次留学生民间调查。来自"一带一路"沿线的20国青年评选出了中国的"新四大发明"：高铁、支付宝、共享单车和网购。

毫无疑问，这"四大发明"都是满满的科技。

支付的兴起，尤其是支付宝、微信等移动支付手段的出现，提供了方便的界面和丰富的使用场景。当美日等发达国家还以信用卡消费为主时，中国消费者已经快速接受了移动支付所带来的便利。在卖煎饼果子的大妈都提供扫描二维码支付的今天，大家已经越来越无法忍受那些排队点餐、排队付款的生活场景。

科技让服务更享受。作为企业，除了关注产品的功能，为客户提供的服务解决方案，更要关注产品和服务的科技创新，给客户带来更享受的服务体验。

值得肯定的是，国内的金融业是受科技的推动而实现效率变化最为明显的行业，科技从银行、货币、支付、证券、保险和电子化交易等多个方面对金融产生了不同程度的影响和渗透，比如证券，通过技术的进步，从 PC 到移动终端，不断提升交易速度，从秒缩短为纳秒。随着芯片速度越来越快，并发量和 IC 集成度更高，金融业交易的处理速度将更快，从而使成本越来越低，包括客户的成本。同时，大数据的积累和开发让整个服务生态发生了变化，客户满意度也越来越高。

为了提高服务效率和服务质量，让客户得到更好的服务体验。近年来，很多企业都尝试用呼叫中心替代电话，这还不够，我们还应该采用在线客服、论坛、短信、邮件，以及微信、微博等即时通信软件缩短和客户的距离，要从客户的角度考虑，让客户可以随时随地，选择任意方便、经济的方式和我们沟通。

国内的建材家装行业，参与企业众多，竞争也最为激烈。同时，也是在营销手法和服务创新上做的最好的行业之一。如今基本上有点知名度的品牌企业，都设置有产品体验展厅，比如卖瓷砖的马可波罗，卖地板的圣象，卖墙漆的多乐士等。而最近这几年得益于计算机和应用软件的发展，纷纷推出产品定制，以科技技术推动传统店面的转型升级，以独特的"设计＋服务"理念打造差异化的客户消费体验，提升了终端的销售力。

像尚品宅配，于 2004 年成立，十年时间从无到有，一跃成为中国定制家具领域的知名品牌。尚品宅配从诞生之日起，即全面引入定制软件专业性解决方案，全力实践独特的服务经营模式，在传统家具企业零增长和负增长的市场环境下，尚品宅配连续保持 60% 的高增长势头，被誉为商业创新的"C2B 中国样本"。

如何保持高增长？洞察客户的真实需求是关键。

尚品宅配在客户提供户型图后，会安排设计师到实地进行量尺，并摸清承重墙、梁柱、插座位置等情况，然后用软件模拟出一个等比例的房屋结构。接下来，根据客户喜好、空间特征等，免费为客户设计个性化的产品和解决方案。在整个设计过程中，客户都可以完全参与，并即时看到 360 度的漫游效果。客户看着效果下单，系统自动生成精准报价，然后根据设计方案生成专业图纸，指导工厂生产和上门安装过程中的各种误差，形成了高效的前后端一体化管理。

在 YOU 时代，客户越来越注重个性化体验，更热衷于亲身参与家居方案设计，亲身打造自己的未来之家。因此像 3D、VR 等前沿科技技术的应用，为我们产品的展示提供了创新的手段，更好形成与客户的有效互动，让沟通更有效率，让服务更享受。

服务解决什么

精益生产的创立者，詹姆斯·P.沃麦克，他和他的团队成员，一直致力于精益思想的传播和应用。如今，低成本、零缺陷、持续改善的精益思想已经深深影响了我们很多的企业和企业家。

在本章节，我们想专门分享一下从精益思想延展出来的精益消费体系。

作为服务，要解决的是什么呢？我们一起看一个常规的消费体验过程，这样的体验图大家都应该非常熟悉。如图 4-2 所示。

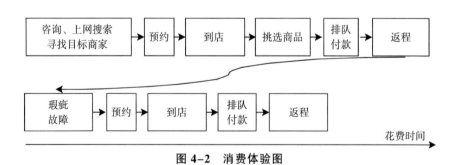

图 4-2 消费体验图

为了直观，我们把每个节点花费的时间通过矩形的长短来简易表示。在这个消费体验图中，企业能对比看到自己企业的供应流程还有哪些需要提升？

现在的客户，进行首次消费的话，通常都会咨询身边的人，更多的会上网搜索，那么问题来了，你的企业有网站或专题网页介绍吗？百度等搜索引擎能找到你吗？你有在线客服，有企业公众号吗？你有呼叫中心，24小时电话接听吗？你在地图导航上有位置标识吗？

客户预约到店，你是如何迎接，引导消费的？整个的服务过程，客户的体验感如何？客户还会再次来消费吗？会推荐他的朋友来消费吗？

上面所展示的只是一个简单的消费体验，我们经常碰到的问题，远比这个要复杂得多。开车的朋友都应该有这样的经历，车有问题，开到4S店，委托进行修理，然后就是等待。等4S店告知车修好了，把车开回家，车又出问题了，于是又把车开到4S店维修，然后又是等待。其中的烦琐，令人极度厌恶。

而精益消费提出的，就是要企业重新思考消费，把消费当作一种流程，从消费端往前倒推，在客户需要的时间和地点，向他们提供真正需要的产品和服务，同时不增加客户的成本负担，从而使客户的消费体验更满意。从企业来说，这样的精益供应也能让企业和企业的合作伙伴受益。

在"以客户为中心"的章节中，我们就厘清了客户要的是解决问题。站在客户的角度，客户有什么样的需求，就是我们服务要实现的目标。

客户的需求如下：

（1）减少客户需要解决的问题数量。客户的问题也许很简单，也许很复杂，甚至客户自己都无法准确描述他需要解决的问题，但我们企业提供的解决方案，至少要能做到帮助客户解决一部分问题，减少客户需要解决的问题数量，让客户减轻负担。

（2）不要浪费客户的时间。时间是宝贵的，现在的客户最想要的就是有大量自己的时间去获取价值。我们要做的是花最少的时间和精力，高效地解决问题。比如排队这个烦恼的事情，如果企业必须为客户的等待时间埋单，企业会如何来应对呢？比较积极的是，我们很多企业在这方面做了尝试，看上去客户的体验还不错。

（3）给客户真正需要的产品。最好的产品就是最好的服务，没错，客户希望买到能解决问题并完全符合所需的产品和服务，他们不需要替代品，更不希望空手而归。

（4）在客户需要的时间、需要的地点提供服务。在YOU时代背景下，客户的消费越来越个性化和定制化，而且他们的需求实际上要复杂得多。就说网购，客户需要的是线上线下一个价，他们要求的是随时随地可以享受到优质的产品和服务，客户似乎越来越挑剔，越来越在意服务带来的体验感。

（5）彻底解决客户的所有问题。当然，彻底解决客户的所有问题，还不浪费客户的时间，是客户和企业都希望得到的。这看上去有点难，充满挑战，也充满机会。

最好的服务是没有服务

服务是根据客户的需要来提供的，如果客户需要的你都考虑到了，客户哪里还会有什么服务要求呢。

所以，最好的服务就是没有服务，最好的服务就是不需要服务。

服务是全世界最贵的产品，尤其是人工服务。服务追根究底，就是以提供劳动的形式满足客户的某种特殊需求。我们都知道，只要有人工介入的，成本必然很高。

除了成本高，人工服务还有很多不稳定因素。比如一个系统的维护，可能让一个员工做得很好，换一个员工服务质量就要大打折扣。我们的企业，要依靠人去创新，但不能依靠人去服务。我们认为，服务的最高境界是不需要人去服务，我们的服务是通过产品、通过智能系统甚至是机器人来完成。

微软全球技术支持中心亚太区，是一支900余人的庞大团队，主要负责亚太及大中华区的客户服务与支持。其前任总经理柯文达在媒体会上就常说，没有服务才是最好的服务。过去支持中心专注于如何很有效地、快速地去解决客户所有的问题，如今他们力求打造的是如何不让问题产生，把更多的资源放在前台，把问题都消灭在萌芽状态。

具体到服务工作中，一改过去的产品导向为客户需求导向，主动拓展服务链前沿的在线自助修复服务，加强在线自助和社区服务，推出自助修复功能，改善微软帮助和支持网站，力图将被动的人工远程或到场的支持服务最小化。在组织的内部资源调整上，也将后面的这些资源一直往前拉。支持中心的这些工作努力，极大地改善客户的自助诊断并解决使用中可能遇到问题的体验，同时也大大减轻了电脑厂商等合作伙伴的技术支持工作量，当然最终受益者还是广大的微软系统使用者。

就说产品"三包"吧，很多企业把这个作为产品的附加值，更有将其作为产品缺陷的补救措施，"三包"成了一种幌子或缓兵之计。殊不知，你的竞争对手早已经更新理念了：把产品的品质做到最好，根本不需要"三包"。

在这里不得不说一下格力电器。格力是我们这些年特别关注的企业之一，成立于 1991 年的珠海格力电器股份有限公司是目前全球最大的集研发、生产、销售、服务于一体的国有控股专业化空调企业。

在十多年前，国产家电质量水平参差不齐，售后服务是消费者普遍担心的问题。那些年，空调行业兴起"服务概念战"，许多企业纷纷推出诸如星级服务等举措并大肆炒作。格力却反其道而行之，提出"没有售后服务的服务才是最好的服务"的服务观。格力认为，空调服务更重要的是售前和售中服务，这是一个全新的服务理念。在格力人看来，只要把售前的设计和生产质量、售中的运输和安装质量控制好了，售后维修服务就没有存在的必要，而且售后维修服务实际上是对消费者的一种麻烦和骚扰。

一石激起千层浪，格力的这一服务理念得到了众多理性消费者的赞赏，在这一理念的基础上，格力还提出"8 年不跟消费者见面"等服务观。2005 年，格力直接宣布实行"整机 6 年免费包修"的举措，也就是说，只要你买了格力空调，6 年使用过程中发生任何问题，格力都会免费包修。格力此举可谓石破天惊，不仅大大超越了国家标准，还超越了国际标准，并意味着要承担巨大的风险。

而在格力看来，这只不过是顺理成章之举。因为格力多年来形成了完备的质量控制体系，掌握了核心科技，空调的品质已经完全可以达到 6 年不用维修的水平。也正是建立在对自己产品拥有充分信心的基础上，格力才敢于提出这样的承诺。另外，格力此举也大大提升了行业的竞争门槛，促进了空调行业的洗牌和健康有序发展。

一个好的企业提供给客户的最好的服务，不应该是去探讨员工的服务方式和服务态度等，而应该是在产品的易用性、易维护性、可拓展性等上下功夫，让产品本身去服务客户。最好的产品就是最好的服务，同样，最好的服务就是最好的产品。

如今全竞争市场环境下，各行各业都在谈服务、谈优质服务。服务没有最好，只有更好，服务的核心在于更好，我们必须要学会换位思考，像客户一样去思考，去提前想到客户在每个场景需要什么样的服务，进而提供给客户这样的服务。这样，客户就一定会被感动。而事实上，客户就是在一次次被感动的过程中，产生了对我们的信任，进而相信我们的产品，并最终购买我们的产品。

当然，我们最希望看到的是，企业推出的下一代产品和服务足够优秀，完全不需要提供任何服务。服务，企业永远在路上。

好服务是设计出来的

大家思考一下，如果你想喝咖啡，街上就有两家咖啡店互相挨着，口味和价格一样，你会选择哪家消费呢？服务设计会使得你迈入一家的大门而不是另外一家。

作为一个地产策划人，踩盘是我们的必修课。每到一个地方，笔者最爱去逛的就是购物中心和大卖场，我们去过很多城市，去过很多新开的购物中心，感受最深的就是硬件一个比一个好，装修设计的都比较独特，也都能做好符合自身气质的个性化设计，比如业态分区、交通流线、卫生间、休闲区、儿童区等，服务模式都差不多。我们就思考，难道这些卖场服务都不需要设计吗？答案当然不是，如果大家的服务模式都一样，差异化从何而来，竞争优势又如何建立呢。

和建筑装饰设计一样，购物中心也要有一套服务设计方案，针对目标客户，从服务定位、服务文化、服务模式、服务体系、服务团队等各个维度进行个性化的设计。如老年人，我们应该提供什么样的服务设计；针对商务客人群体，我们应该提供什么样的服务设计；针对女性，还有儿童群体，我们又应该提供什么样的服务设计等。比如餐饮区，针对儿童，安排在出入方便和不打扰别的客人的位置上。服务过程中不要忽视孩子喜欢的松软、甜食、易消化食品；专门提供儿童座椅和围兜、儿童餐具、儿童画报；还可以帮助客人照看孩子、讲故事、送小礼物等。同时，规定斟倒儿童饮料不要太满，易碎的物品移到孩子够不到的地方，不在孩子面前摆放刀叉等。

我们对目标客户进行群体个性化服务的设计，然后把这样的服务设计内容信息对员工进行培训规范，大家就知道如何针对不同的客户群体进行更好的服务，从而进一步赢得客户的认可，提高客户体验满意度。

好服务都是设计出来的，针对服务的设计其实也是一套全新的客户体验设计方法。最近两年，服务设计方面的理论和应用越来越受到重视。应该说，服务设计是一种更全局的产品设计思路，在服务设计每一个环节中都应该遵守以客户为中心的设计理念。我们不能片面地将设计局限于界面的美观和流程的易用等单一媒介，还要考虑产品使用前中后的每个场景都能让客户满意。

在服务设计的过程中，以下几个因素是最关键的：

（1）以客户为中心。我们在本章已经反复强调，要培养客户思维，服务需要从客户的视角看世界。因此，在服务设计过程中，用户的参与是必须的，而且大部分的服务都需要有客户的参与才能形成闭环。我们要说客户听得懂的话，做客户看得见的事。

（2）共同设计创造。服务设计需要流程中所有的参与者都加入到设计中，而且我们还应该激发客户、设计师、企业员工、高管、合作伙伴的创造力来一起设计这个服务。只有经过多方共同设计创造的服务才能帮助企业和客户更好地交流，同时提升客户的体验满意度和企业员工、合作伙伴的工作满意度。

（3）触点序列和节奏控制。服务过程中和客户的每一个触点，都是需要重点关注的。同时，服务是在一段时间内的动态过程，服务的顺序和节奏也很重要。比如在银行存款排队，等久了客户会不舒服，那叫号机就是一个好方法。等叫到号办理业务时，催促客户快速办理，也会让客户不舒服。所以服务设计要考虑好每个触点给客户带来的节奏，把客户与服务互动起来，一起讲一个漂亮的故事。

（4）实证式的服务展示。服务很多时候是在后台默默地进行的，用户无法感知。例如住酒店期间，你的房间被清洁的过程你是不清楚的。但如果我们把那些无形的服务通过技术展现出来，比如我们把保洁整理房间的过程拍成视频，地板打扫干净后用白衬衣去擦，白衬衣没有一点污痕。把这些客户无法感知的状态适时展示出来，客户将会更放心，也将会得到一个优质的体验效果。

（5）系统性的思考。服务设计过程中要注重系统性的思考，要注重系统的每个部分和整体之间的相对的关系，服务很多时候是无形的，虽然顾客看不见这些，但这些才是支持系统工作的基础。要为每个客户创造出一系列好的体验，这些必须要作为一个系统运作，必须是客户体验的连贯想象和经营模式，使每一部分相互适应，成为有意义的系统。我们要从不同的维度去思考用户使用服务的各个环节，并在原型测试中追踪体验流程，确保没有遗漏的场景和故事。

准确地说，服务设计是一种新的管理思维，贯穿需求、设计、选择、购买、使用、售后及重购的全流程，要求我们的组织架构从服务口出发去设计、去改变，最终在企业和客户之间串联起环环相扣的一系列交互触点，打造出完美的客户体验。

服务设计现在还算是一个新的学科，所以各个企业和组织都有不同的解释，但大家都认可的是，好服务是设计出来的。在全球化、全竞争市场背景下，任何一个企业，它们提供的产品、技术能力、内容等都很难拥有远超整个行业的优势，所以围绕客户体验进行的服务设计会慢慢成为这些公司必争的核心竞争力。

有关好服务的设计和思考，大家都在路上，而且一直在路上。

服务，还是服务

在传统的企业经营中，主体是产品，企业与企业、与员工、与客户，几乎都是围绕产品展开。然而随着产品同质化竞争越来越激烈，消费者的选择也越来越多，即使仍然是以产品为主体，依然需要更多的服务关系为企业发展开路。对于这些传统的企业经营者来说，迫切需要解决的是如何促进服务关系的建立，如何处理产品与服务的互换。

以前企业关注的核心是质量和成本，而今如何面向客户，满足客户的个性化需求则成为企业建立核心竞争力的关键。

把握客户需求，就要站在客户思维的角度，企业首先要洞察客户需求、提炼客户需求，尤其是客户的高频、刚需和痛点，然后将客户需求转化为解决方案定义，最后对客户进行服务，进行服务生命周期的客户需求管理。

也许比起小米手机，小米手环在市场占有率变得更有竞争力，2017 年小米手环市场占有率登顶全球第一，成为全球最大的可穿戴设备厂商。小米手环，与其说是卖产品，更不如说是卖服务。作为一款高性价比的产品，小米关注用户需求，首先在外观设计上打造差异化，做高逼格；其次在功能上能够记录用户全天的活动，包括走路、睡眠等；最后是功能强化，能提供深度健康报告及服务。

我们正在提供的服务，其实提供的是解决方案，产品成为解决方案的完成手段。

如今，IBM、GE 等企业已经从销售型制造企业转型为全球服务供应商，中国 IT 巨头联想也在向设备+智慧服务、从硬件销售转向服务成就客户的战略转型。

与许多国际公司在中国只是扮演销售的角色不同，联想从端到端的角度形成价值链，构建不同产品技术研发与解决方案服务互相协同的良好生态，为国内客户提供最直接、最迅速、最适用的服务，实现资源的进一步整合，为客户在数字化变革时代、人工智能浪潮中，提供更多的价值。

联想的服务主要分为三个大板块，面向三个客户群：大企业、中小企业和个人。

对大企业的服务，比如 IT 外包服务，因为大企业的整个 IT 建构水平较高，需要更专业的团队以及更高效率，它们更愿意把整个 IT 部门外包给联想这种专业的团队。

对中小企业的服务，由于中小企业远没有大企业那么成熟，它们更需要有专业公司提供咨询，由咨询开始，逐步建设 IT 环境，从起初办公环境的 IT 部署搭建到运营维护。但中小企业发展很快，需要不断地升级换代，而联想可以提供可定制、灵活多变的一站式 IT 服务。联想服务还提前布局双创企业 IT 服务市场，推出针对初创企业需求的定制化服务产品。

面对个人用户，联想提供类似于定制服务，但又不是一个人一个人地去定制，因为这样成本太高，联想往往根据一类人定制一个服务，相当于在人群内的标准化，但能满足一类人的需求，这是未来的大势所趋，针对各类细分人群，联想推出对应的精准产品和服务。

除了产品的服务化，如今还有一个趋势是正在进行并迅速蔓延的，那就是生产的服务化。我们发现，服务对制造业的收入和利润的贡献越来越大，在制造业产品生产加工的链条中，设计、研发、销售、广告、售后服务部门的地位越来越高，而具体的工艺处理、生产过程的地位和作用则相对降低。

服务，还是服务。我们知道，服务和产品一样，是客户体验的入口。

企业追求最好的服务，就是要通过极致的服务，给到客户美好的体验，感动客户，最终实现销售。

海底捞你为什么学不会

海底捞这个名字，无疑成了最好的服务的代名词。尤其是在国内餐饮业激烈竞争的背景下，海底捞在火锅这个细分领域里，靠优质服务建立起了自己独有的竞争优势，成为行业的冠军企业。

尤其是 2011 年，黄铁鹰教授的《海底捞你学不会》，这本书至今销售超过 100 万册。此后，《海底捞你学得会》《海底捞的经营智慧》《海底捞管理精粹》《海底捞店长日记》等各类书籍一哄而上，媒体也跟风报道，大众点评网、微博上的评论跟帖爆棚，加上专业公司的介入传播，海底捞被塑造成了神一样的存在。

有一段时间，海底捞通过网络推手写的所谓"顶级服务"小段子更是爆红网络，最流行的一句话就是"人类已经无法阻止海底捞了"。

我们印象最深的一个段子是：我妈催我去相亲，无奈只好骗说找到女友。这周放高温假，我妈知道，逼我把女友带回去给她把关。没办法，我咬牙豁出去，请同事阿倩到海底捞吃饭，求她装女友陪我回家，谁知她和人约好去玩，我悲催了。结账的时候，服务员说先生请您等等。过了一会儿，女服务员换了件白色衣裙出来说：先生我陪你去见令堂吧，海底捞的服务无敌了！

这些刷屏的评论和段子，有些是客户的真实评价，有些是网友的恶搞作品，有些应该是海底捞找专业公司做的口碑营销。无论怎样，不可否认的是，海底捞特色的服务确实给客户留下了深刻的印象，还有美好的体验。

国内的餐饮酒店业这些年在产品标准化方面一直走在前面，服务方面也比较规范。笔者在不同城市的海底捞店体验过，平心而论，就店面的硬件以及菜品方面，只能说还行，价格也不便宜。但店内能提供到的服务和给到我们的感受，是要细节一些。

应该说，很多企业做的都很好，只是产品的标准化在对接服务的个性化时不够灵活，甚至有些教条主义和死板。比如我们在本章开篇糟糕的服务中的那些场景，都是服务过于按规范执行，不灵活，给了客户比较差的体验。

海底捞做的好的，主要有以下几个方面：

（1）优化设计服务流程。海底捞的服务流程，肯定是在多年的运营管理中反复总结改进的，有非常明显的服务设计，而且都充分回应了就餐客户的痛点。比如带小孩的，店内设计有儿童娱乐区，服务员也会为孩子提供很多个性化服务；比如排队等待时，服务人员会送上水果、豆浆、柠檬水等饮料；就餐过程中，会有一个服务员全程关注，及时提供客户需要的服务等。最好的服务就是最好的产品，准确地说，海底捞虽然作为餐饮企业，它卖的产品其实是服务。

（2）授权。对一线员工适度放权是非常重要的，有人说自己在海底捞点餐时，7个人要点烧饼，上一打12个觉得多，点半打6个有一个人吃不上，服务员就说，我加一个给您，还按半打算如何？客户当然很满意。这就体现了授权的重要性，一个烧饼事小，放权事大，如果企业不对员工授权，服务员是不会自己埋单来讨客户欢心的。

（3）服务好员工。只有对你的员工好，员工才会发挥主观能动性，员工才会对你的客户好。海底捞很重视企业文化建设，关心员工实际困难，改善员工住宿、伙食等福利，努力营造阳光快乐的工作氛围。我们的服务，不只是服务客户，对员工、对团队也是服务。服务好员工，超出员工的期望，员工就会以主人翁的心态积极发挥，才能根据客户的不同需求，给出适合的解决方案，最终给到客户美好的体验感受。

所以，从外部看，海底捞服务做得好，做得很细节。从内部看，其实是海底捞管理做得好，管理得很细节。

海底捞你为什么学不会？这个问题也许是个伪命题。

海底捞的成功，不是偶然的。首先是这些年来整个国民经济的快速发展，中产阶级大量涌现，国人的消费理念已经变化，不只是满足于优质产品，还对服务提出更高的要求，也愿意为服务溢价埋单。在这样消费升级的大背景下，海底捞率先把服务做到极致，自然就赢得了客户的喜欢。这些年冒出来的餐饮新生代有很多，而且做得都很成功。其次海底捞的口碑营销、新媒体营销是做得很强的，海底捞在新媒体上的投入一定不少，正是这个自媒体爆发的时代，让海底捞火遍整个网络。笔者问过很多到店的消费者，相当一部分都是冲着海底捞的名气来的，口碑营销的威力可见一斑。

海底捞你学不会，并不是你学不会。就餐饮业而言，海底捞通过多年的打拼，已经在火锅这个领域做成了冠军企业，建立了一套完整的运作体系。同时，在消费者心智已经钉上了"海底捞就是最好的火锅"这样的符号，形成了竞争优势。后来者要超越，就需要付出更多的努力，通过匠心产品和最好的服务，以及有效的营销，一步步赶上来。

| 第五章 |

品牌相信

| 本章体验要点 |

品牌是客户体验的终点，我们的品牌，必须解决有品的问题。大家应该已经了然，你的品牌是没有意义的，成为客户的品牌才是我们的终极目标。

◇ 品牌

◇ 客户品牌

◇ 专家型品牌

◇ 品牌体验

傍大牌，可以休也

如今中国的黄金珠宝界，姓周的占了半壁江山。

周大福、周六福、周百福、周生生、周大生、周金生、周大金、周福生、周莱福、周大发、周生福……

笔者是最怕逛街的，有一次陪着媳妇去买首饰时，就被满街的"周××"珠宝店给弄晕菜了，最后果断决定在国字号的店下了单。

作为一个营销人，我们自然就想搞清楚，为什么满街都叫周××啊？

于是，我们就找那些店员聊，咨询我身边做珠宝行业的朋友，还查阅了相关资料，最后得到的结论是：这些姓周的，只有周大福和周生生是真正的大牌。

顺便在此说一下这两个大牌的故事。

周大福称得上珠宝界"周××"的鼻祖，因为它的历史是真的悠久。周大福的历史可以追溯到1929年，前身是位于广州河南洪德路的"周大福金行"。创始人姓周，叫周至元，是广东顺德人。1931年因为日本侵华，为躲避战乱周大福迁到了澳门。1946年，创始人的女婿郑裕彤把周大福开到了香港。

真正让周大福在业界成名的是1956年郑裕彤大力推行的9999金（即含金量99.99%的黄金）。当时市面上黄金成色都是99金（即含金量99%），而且许多商家会以次充好，拿94、95金当99金来卖。周大福的9999金，去当铺可以抵到

105

300 港元，而别家的只能抵 270~280 港元。这样一来，顾客都知道周大福的黄金品质好，周大福在黄金珠宝行的良好口碑和品牌效应就树立起来了。

后来，周大福在梳理品牌文化时，把企业名引申于"周礼传承、大德载物、福祉共享"，英文名用粤语的英译 "CHOW TAI FOOK"。

图 5-1　周大福店面形象

周生生同样是很有历史的品牌，成立于 1934 年，创办人也姓周，叫周芳谱。不过他和周大福的创始人周至元并不是亲戚，因为周芳谱是湛江人，而周志元是顺德人。

图 5-2　周生生店面形象

"周生生"的品牌名也很讲究，源自《易经》里的"周而复始 生生不息"，意境非常的美。

同样为躲避战乱，1938 年周生生也迁到了澳门。1941 年创始人的儿子周君令、周君廉和周君任三兄弟继承了家业，在 1948 年转到香港开了分店。后来周生生在许多珠宝设计大赛中屡次获奖，品牌形象开始趋于高端，生意自然也是越做越好。

珠宝业的"周××"现象，在其他行业也普遍存在。

为什么企业都爱"傍名牌""傍大牌"呢？主要是先创立的品牌有一定的市场基础，品牌认知度比较高，后来者利用类似甚至近似的名称，让消费者产生品牌联想，利用消费者既有的消费习惯，对消费者形成引导，从而容易打开自己产品的市场。

而我们很多的先创立的老牌企业，缺乏知识产权保护意识，没有把相关性的商标字眼都注册，从而给竞争对手留下机会。

这些"傍大牌"的土鳖、山寨，再怎么做广告、洗白、请水军，也是洗刷不了山寨基因的。如果消费者都被蒙蔽，分不清楚好坏，指鹿为马，那山寨品牌的目的就达到了，劣币驱逐良币，那这是消费者的悲哀，市场的悲哀了。

笔者建议大家都应该自觉抵制这些行为，用钱包和脚投票，让真正良心的品牌发展得更好。当然，在体验经济时代，这样的品牌企业是存活不长久的，消费者的唾沫都能把它们"淹死"。

傍大牌，可以休也。至于那些伪劣假冒，更是会死无葬身之地。

中国品牌迷思

傍大牌现象折射出来的，实际上是整个国内企业的品牌迷思。

从国家竞争层面看，中国的经济总量已经稳居世界第二，并直逼美国，但从全球 100 强最具价值品牌排行榜中，却看不见中国品牌的身影。直到 2014 年，华为才首次进入这一精英俱乐部，2015 年，联想也开始入围该榜单。2017 年 9 月 25 日，Interbrand 发布的 2017 全球最具价值品牌 100 强排行榜，全球 100 家知名品牌上榜，排名前十的品牌分别为：苹果、谷歌、微软、可口可乐、亚马逊、三星、丰田、Facebook、奔驰、IBM，中国的华为排名第 70 位，联想排名第 100 位。

我们正处在一个至关重要的十字路口，中国经济发展初期野蛮的"三高＋三低"（高能耗、高污染、高产量和低效率、低质量、低附加值）运行模式如今已经面临很大的挑战，能源短缺、原材料涨价、劳动力成本增加等多种因素的制约，很多企业的发展都出现了瓶颈。

如何实现突围，除了产业结构升级，从中国制造到中国创造，还有一个更重要的路径，就是品牌的塑造。

虽然品牌一词出于西方，但中国也从没缺席品牌的实践，老字号就是中国的品牌，也是世界的品牌。同仁堂始创于 1669 年，全聚德开张于 1864 年，在这些老字号中，我们看到有对产品质量追求极致的工匠精神，有对顾客坚持信誉至上的服务意识，更有对合作者信守承诺的契约精神，这些正是今天现代品牌所追求的产品品质、客户服务、社会责任意识和思维。应该说，品牌是中国古代历史与文化的重要载体。

中华人民共和国成立之初，中国还有 1 万多个中华老字号，然而 1978 年以后，西风东渐，中国本土品牌纷纷陷落。而更触目惊心的是，90% 的中外合资合作企业，使用的都是外方的品牌，"消灭式合资"已经成了跨国公司"铲除"中国品牌的典型惯用手法。同时近年来，大量的优秀自主品牌被收购，像乐百氏、大宝、小护士、中华牙膏、华润涂料、南孚电池、小肥羊、徐福记、银鹭等。

随着改革开放，国门的打开，跨国公司纷纷抢滩中国市场，这些全球品牌展现出的巨大诱惑力，令众多中国消费者十分迷恋。年青一代几乎是在耐克、宝洁、肯德基、可口可乐、雀巢、百威、苹果、大众等国外品牌中长大，"三鹿奶粉事件"后，有人开玩笑说，国人已经丧失对自己后代的"喂奶权"了。

还要特别鄙视的是，某些国内企业、国产商品竟然换一身"洋马甲"粉墨登场，鱼目混珠充斥于市场之中，从自诩意大利血统的达芬奇家具，号称"源自德国"的欧典地板，再到美国加州牛肉面，不胜枚举。伴洋牌、假进口，甚至到日本豪买电饭煲、马桶盖等现象不能简单地说国人崇洋媚外，更多的是对国内产品的不放心，深层次原因则是中国品牌的普遍弱势和信任缺失。

大国寡品，这就是我们目前制造大国、品牌小国的困境。和全球跨国企业相比，以下这些问题，中国企业不同程度的存在：

（1）品牌意识淡薄，短视现象严重。很多企业都是技术起家，认为只要产品做好了，品牌慢慢就会起来，更加关注的是销售，忽视品牌的建设，他们宁愿做年薪百万元的销售总监，不愿做月薪几千元招聘品牌的经理。其实，企业最大的敌人不是竞争对手，而是自己贪图眼前利益的短视行为。

（2）品牌缺乏战略管理。不重视品牌定位，也不重视品牌形象，有时企业品牌和产品品牌都理不清楚。品牌模糊，没有故事，没有文化内涵，品牌与战略之间也缺少互动，品牌承诺与战略两张皮，品牌承诺了的战略层面做不到，战略层面做到了的品牌表达缺失。

（3）品牌缺少创新。创新是品牌保持活力的源泉，很多企业不重视品牌的动态调整与提升，一个品牌形象用数十年，随时随地不分场合用同一品牌符号、形象。

（4）忽视企业责任和品牌承诺。企业社会责任是评价品牌的重要因素，很多企业都忽视了作为一个企业的社会责任。还有就是品牌的承诺，这是对消费者的所有保证，一个品牌向消费者承诺什么，反映出一个企业的经营理念，这里的品牌承诺包含产品承诺，但又高于产品承诺。

上述问题的具体表现就是，企业产品卖不动，企业经营困难。套用一句广告词：这是病，得治！

在全球经济艰难复苏的背景下，中国企业正面临着更为惨烈的竞争，品牌对于企业的意义不言而喻。而对于政府部门来说，除了"中国制造2025"，品牌对中国的经济发展尤为重要，中国已经到了发展品牌经济的时期。

一些经济专家曾指出，发达国家"入侵"发展中国家市场有"三步棋"：第一是输出产品，第二是输出资本，第三是输出品牌。输出品牌是最为厉害的一步棋，利用发展中国家的人力和物力，在发展中国家市场上进一步打响它们的品牌，俘获消费者的心。同时，利用自己品牌的影响力压制和吞没发展中国家的品牌，以便一劳永逸地占领该国市场。

工业立国，品牌强国。品牌已经不只是企业的生命所在、灵魂所系，更是一个国家竞争力和国际地位的核心体现，中国品牌必须做出改变，中国成为品牌强国之日，就是中国成为经济强国之日。2017年5月2日，国务院批复国家发改委的《关于设立"中国品牌日"的请示》，同意自2017年起将每年的5月10日设立为"中国品牌日"，品牌已经上升到国家竞争层面。

与发达国家和跨国公司相比，我们是后来者。中国经济转型仅有 30 余年，中国本土企业真正意义的品牌建设时间则更短。通过不断的学习和实践，像华为、联想、海尔、腾讯、淘宝、苏宁以及招商银行等一些中国本土优秀品牌开始崭露头角，且这个队伍还在不断发展壮大，但这还远远不够。

品牌是什么

奥美前全球 CEO 夏兰泽 2005 年在北京接受《商业周刊》记者采访时曾说："联想是品牌吗？海尔是品牌吗？不是，它们还只是商标名称而非品牌。迄今为止中国还没有真正的品牌，还不懂全方面贯彻始终如一的主张，以便在知性和感情两方面与人们建立关系。"

夏兰泽的这番快言快语在中国引起了轩然大波，媒体把此事报道出来后，奥美中国总部的电话被打爆了，大家纷纷质问夏兰泽说中国企业没有真正的品牌的依据是什么？

后来奥美中国不得不在官方网站上登出公开信，对夏兰泽的"无心快语"做了解释，奥美中国认为《商业周刊》的记者在采访时，误解了夏兰泽谈话的本意，才引起了诸多困惑与争论。

争论记者是否误解了夏兰泽是没有意义的。但夏兰泽的话，足以引发我们对什么是品牌，中国品牌如何追赶全球品牌等一系列的思考。时隔多年，这样的思考还在进行。

那么，品牌是什么？

在营销学发展的过程中，很多营销大师都对这一问题进行了特有的回答。简单总结一下，主要有三种观点。

（一）菲利普·科特勒的符号论

菲利普·科特勒，名至实归的现代营销管理之父，《营销管理》一印再印，风靡全球，成为营销学的教科书。以菲利普·科特勒为代表的传统营销理论认为，品牌是一种名称、术语、标记、符号或设计，或是它们的组合运用，目的是借以辨认销售商的产品或服务，并使之同竞争对手区分开来。

（二）大卫·奥格威的形象论

现代广告教皇——大卫·奥格威则提出创新的品牌形象论，认为产品具有它的品牌形象，消费者所购买的是产品能够提供的物质利益和心理利益，而不是产品本身。因此，广告活动应该以树立和保持品牌形象这种长期投资为基础。

（三）杰克·特劳特、凯文·凯勒的关系论

定位理论开创者杰克·特劳特和艾·里斯认为，品牌就是某个品类的代表或者说是代表某个品类的名字。建立品牌就是要实现品牌对某个品类的主导，成为某个品类的第一。当消费者一想到要消费某个品类时，立即想到这个品牌。

营销沟通和战略品牌管理的先驱凯文·凯勒，于 1993 年提出了著名的 CBBE（基于消费者的品牌价值）模型，对品牌与客户的关系、品牌资产的来源、建设路径等进行了系统阐述。

从符号、形象到关系，在营销这个不断发展的学科领域，关于品牌的认知也在不断深入和完善。目前，营销界普遍接受的观点是：品牌存在于消费者心目中的稳定、一致、积极的认知，消费者对品牌的反应不仅是功能性的产品和服务，同时还包括感觉和体验。

我们精练总结一下，品牌到底是什么？品牌就是客户的认知和体验。

客户的认知和体验，虽然只有短短 8 个字，却包含着很多关键的内容。

第一，品牌是以客户为中心的，品牌不是企业想当然的，它存在于客户的头脑之中，存在于客户的体验之上。

第二，品牌是一种经过客户验证的，是对产品或服务的价值信赖与认可。对于任何企业来说，只有在其提供的产品或服务满足客户的需求，得到客户的认可后，才谈得上品牌的建立。

第三，品牌是基于客户的"认知和体验"，这要求我们的企业必须把品牌管理放在重要的位置，把会影响到客户"认知和体验"的触点和细节精益设计，持续创新。

第四，时代在发展，市场在变化，客户也在升级，品牌只有不断更新，才能满足客户的需求变化。企业品牌要保持活力，对品牌策略、品牌识别、品牌符号、品牌文化、品牌故事、品牌共鸣等进行系统有效的工作，丰富品牌内涵，提

升品牌价值，顺应客户消费行为日新月异的变化，才能自如应对国内及国际上无处不在的竞争。

品牌就是相信

蓝色光标发布的《2016中国品牌海外传播报告》中，针对美国消费者对中国品牌进行调查，消费者对中国产品质量给出了合格分数，但超过一半以上的受访者认为中国品牌在诚信透明、客户互动和情感联系方面表现得比较差。

这确实是我们正在面临的挑战，对于正在迅速发展的中国品牌而言，笔者想和大家分享这样的一个观点：品牌就是相信。

在中国，我们选择品牌，是因为我们相信这些品牌企业，它们提供的产品和服务应该是靠谱的。尤其在这个快消费的时代，品牌二字给了我们安全感。那些没有品牌力的产品，无论它们说得如何天花乱坠，我们都持将信将疑的态度。

更让人沮丧的是，现在找工作大家都想进政府事业单位，感冒了要上大医院，买奶粉直奔进口货架，甚至买安全套也要买进口的，即使是中国最好、规模最大的500强企业，不论是中国移动，还是阿里巴巴，我们首先担心的是中国移动乱扣费，怕在天猫上买到假货。尤其这些年层出不穷的质量安全事件，让国人的消费极度缺乏安全感，甚至是焦虑。

由于中西方文化的不同，我们特别需要认识到，"相信"一词在中国市场语境中，有着性命攸关的重要意义。西方人是先有交易，然后产生关系，而中国人是首先建立信任，然后进行交易。在中国商业关系的建立和发展中，制度缺失和市场结构的不发达，使得交易成本增加、交易不确定性风险加大，建立在个人关系上的信任和声誉远比法律契约及外部仲裁来得重要。因此，"相信"这样一种感觉，在建立品牌与客户关系的过程中具有非常基础性的作用，是企业品牌建设要定的一个小目标，同时也是一个大目标。

品牌相信。没错，我们要努力做到的就是客户的品牌相信，要得到客户的充分信任和认可。

那品牌相信如何做到呢？我们总结出了建立品牌相信五步法，应该能为有志于品牌建设的企业提供一些现实的、可以选择的方法。

（一）品牌相信第一步：匠心产品

打造世界级的品牌，首先要有匠心精神，把产品做好。我们在第三章关于匠心产品明确指出，匠心产品体现在核心功能和性能指标上，而不是华而不实的修饰。产品就是人品，做质量如做人。匠心产品是建立品牌相信的地基，没有优质产品的支撑，企业再投多少的营销费用，都无法阻止品牌大厦的倒塌。

（二）品牌相信第二步：最好的服务

服务和产品同样重要，我们需要进行服务设计，贯穿需求、设计、选择、购买、使用、售后及重购的全流程，在和客户的各个交互触点，提供客户需要的服务。企业就是通过最好的服务，给到客户美好的消费体验，进而感动客户，达成品牌相信。

（三）品牌相信第三步：关注客户利益

客户购买一款健康产品，其实他们并非真想要一堆瓶瓶罐罐，他们想要的是健康、无病无痛的生活。同样的，客户购买相机，也并非真想要那个盒子，他们是在寻找能留住美好瞬间的乐趣。

因此，我们要关注客户利益，尤其是客户最终利益。我们要站在客户思维的角度，加强对客户的学习，洞察客户需求、提炼客户需求，只有这样，我们才能理解客户为什么购买。关注客户利益，关注客户在购买、使用时所获得的实际好处和有利条件，我们就和客户站在了一起，由 I 变成了 WE。

（四）品牌相信第四步：适度的透明

客户都很聪明，企业可能会凭一些小伎俩，得一时之意，但终究无法赢得客户持续的信任。企业需要向公众保持一定的透明度，不只是产品的参数指标，还包括企业的盈利能力与财务报表的真实性。企业应该尽量提供客户所需的信息，诚实地反映产品的缺点和不足。

同时，在出现品牌危机的时候，勇于承认错误，解决问题。2017 年 8 月 25 日，海底捞在北京的两个店出现卫生安全事件。说实话，遇到这样的事情，任何一个企业都会很棘手。不过海底捞的处理就比较值得学习，海底捞在事件爆发 3

小时后，发布了致歉信，接着两个多小时后，发布了处理通报。有自媒体将海底捞的这次反应归纳为三个词：这锅我背，这错我改，员工我养。金无足赤，企业把真实情况向公众公开，直面错误，并积极寻求补救方案，是诚信的表现，企业的品牌相信指数也会得到加分。

（五）品牌相信第五步：创新而非模仿

新浪网创始人王志东曾经批评腾讯说："马化腾是业内有名的抄袭大王，而且是明目张胆地、公开地抄。"确实，腾讯起初的众多产品，都是在"抄袭"既有模式，比如 QQ 抄袭 ICQ，棋牌游戏抄袭联众，门户抄袭新浪、搜狐。但腾讯无论抄什么，最后都能出于蓝而胜于蓝，把对手远远甩在后面。腾讯的成功，是因为腾讯一直在做产品的创新和技术的革新。

模仿并不丢人，但没有创新就丢人了。事实上，整个中国互联网的发展模式几乎都是在模仿中创新，腾讯不是唯一。只有围绕客户的需求持续展开产品的优化和创新，才能赢得客户，最终赢得市场。

坊间流传着一句话："天下乌鸦一般黑，只有万科有点灰。"不管你愿不愿意承认，尽管万科的房子有点贵，但很多客户在购买房子的时候，还是会尽可能选万科的产品，为什么？因为客户觉得买万科的房子比买其他品牌开发商的房子放心。万科这些年来在产品、服务、客户体验上的不断提升，客户是看得见的。

这就是品牌相信的力量，品牌相信是靠产品、靠服务、靠诚信一砖一瓦砌起来的，希望我们更多的企业，我们的管理团队都能认识到这一点，并全力以赴去塑造品牌相信。我们要做的就是努力在一群黑鸦中，飞出那只泛灰的。没错，只要我们去努力，哪怕只是"有点灰"，也是非常巨大的进步。

客户的品牌

有一种制造叫德国制造，无论是帐篷、钟表、桥梁，还是汽车、火车、轮船，德国制造总是那么耐用、务实、可靠、安全、精密。

和德国制造齐名的，还有德国品牌，8000 万人口的德国，竟然有 2300 多个世界名牌。大家肯定知道奔驰、宝马、大众、奥迪、保时捷、西门子、博世、安联、阿迪达斯、妮维雅、麦德龙、拜耳、巴斯夫等品牌，这些品牌也成为了享誉全球的高品质产品的代名词。

德国也产生了许多让我们推崇的管理和营销学大师，除了隐形冠军之父赫尔曼·西蒙，笔者给大家推荐一位营销学大师赫尔曼·瓦拉，他推出了一本书——《从 I 到 WE：卓越品牌力的秘密》，在本书中，赫尔曼·瓦拉提出了"我们品牌"的理念。

什么是我们品牌呢？就是让客户视你的品牌为"我的品牌"，出色的我们品牌拥有的不是买主，而是信徒和粉丝。

平成混媒 CEO 吴晓波提出的 ibrand 理念也有着同样的思考。传统的品牌塑造主要是依靠大众媒体提升权威和知名度，即所谓的 brand，而如今品牌的创建已由一个大时代迈向小时代，叫作 ibrand。ibrand 可以成为我们自己的品牌、粉丝品牌，小而亲切，没有很强的压迫感，移动互联网时代的品牌已经从知名度向透明度转变，从公信力向亲和力转换。

毫无疑问，无论是我们品牌，还是 ibrand，我们要建立的就是客户的品牌，一个让客户信任、认可的品牌。这个品牌和客户之间是平等的、有亲和力的、口碑的关系。从可口可乐到苹果，从海底捞到小米，从沃尔沃到京东，每个品牌都在强调和客户之间的"我们感"，大家都努力在客户之间建立一条亲密的纽带。

但为什么有些品牌可以成为客户的品牌，其他品牌则沦为一个标签和符号，要回答好这个问题肯定是很困难的。客户如果信仰某个品牌，奉之为"我的品牌"，那一定是企业和品牌全方位经营的结果，我们只能试图从大量的表象和数据中，梳理出一些可供尝试的途径。

第一，我们要做的就是客户的信任，品牌相信是第一位的。我们在每一个环节都要以良好的作风和端正的行为，赢得客户的充分信任和认可。

第二，我们要思考剔除产品特征后，还有哪些手段可以吸引客户，赢得客户的好感。比如通过定位传递清晰明确的品牌信息，洞察客户的感受，宣扬品牌和客户共同的价值观，有能打动客户的引人入胜的故事，企业对客户开放，推广倾听文化，让客户参与产品和服务的设计等。我们一旦确定这些方向是有效的，就要迅速做出行动。

第三，我们要通过各个接触点，提供客户始终如一的品牌体验。前文说过，品牌是客户的认知和体验，我们必须给客户形成统一的认知和始终如一的体验，不一致的体验太容易给客户带来负面的影响，继而通过互联网的各类平台扩散。我们要努力的是，在各个接触点上给到客户统一的、一致的品牌体验，而不是接触点的多寡。

第四，我们要建立诚信的企业文化。责任、信任和价值观是一个品牌的基础，品牌必须实至名归，我们负责、诚信的企业文化才是品牌最好的载体，我们必须在繁复的企业运营中对诚信做出无可挑剔的表达。

衡量客户的品牌最简单的标准应该是，当客户觉得"我就要喝这个牌子的饮料""我就要买他们家的化妆品""我就要用这种手机""我就要开这个车"时，这个品牌就真正成功了。

在这个产品和服务越来越相似的时代，只有那些能与客户成功对话，展现出共同信念和价值观的品牌得以生存。是的，品牌经营是我们的最佳路径，当我们的品牌成为客户的品牌时，我们的企业才能成为行业的"爱豆"，才能抵御竞争对手的饱和攻击，才能在激烈的全竞争时代顺利突围。

品牌还是品类

我们的生活之中，品牌无处不在。但大多数的品牌毫无价值，一些品牌有价值，而只有少数的品牌能跻身于最有价值的品牌之列。

2004 年，定位之父艾·里斯与他的女儿劳拉·里斯联手推出《品牌的起源》一书，艾·里斯参考达尔文的《物种起源》，提出品类是商业界的物种，是隐藏在品牌背后的关键力量，消费者"以品类来思考，以品牌来表达"，分化诞生新品类，进化提升新品类的竞争力量。

之后，里斯的中国伙伴张云、王刚出版了《品类战略》，对品类战略的方法进行了更为系统和细致的整理。作为定位理论的最新发展，品类战略无疑将给我们，尤其是中国的企业提供新的理解和实践方法。

关于品类的定义，我们在第三章已经有所涉及，这里不做赘述。

里斯和特劳特的定位思想告诉了我们这样一个事实，客户的心智是有限的且不易被改动的。"有限"体现在客户心智中的品牌容纳量是有限的，"不易被改动"则是客户对品牌的认知不容易被深化或移动，客户很少去深究他所使用的品牌，也不容易被灌输。因此，抢先进入客户心智，精简品牌内涵至关重要。

品类的意义在于，如果你的品牌是品类中的唯一的品牌，它就必定是领先品牌。当竞争对手加入时，领先地位就会为你的品牌建立更好的认知。同时，如果建立起了品类中的第一品牌，在客户心智中就意味着原创，意味着正宗，比其他竞争对手品牌好。

说到电脑里的CPU，大家第一个想到的，应该都是英特尔。英特尔公司于1968 年成立，是一家元器件供应商，当时客户对硬件不太了解，仅凭厂商品牌而决定是否购买，英特尔很难有话语权，CPU 的销量往往取决于电脑厂商。当时英特尔做出两项重要抉择，扭转了命运：其一是舍弃存储器，专注于微处理器业务；其二是从1991 年开始，英特尔发动了经典的 Intel Inside 推广运动，英特尔与戴尔、联想等各家 PC 厂商合作，只要他们在销售电脑和做广告之际，将 Intel Inside 的广告一起宣传，由英特尔给予销售折扣或是广告补贴。

由于英特尔产品线专一而明确，英特尔品牌很快在客户心智中建立了代表"芯片"这个品类的清晰认知。正是这一认知优势，使英特尔的竞争对手 AMD 长期生活在巨大阴影之中，即使 AMD 在产品科技上取得了领先优势，如第一个推出 64 位元，也没有让 32 位元的英特尔陈旧过时。原因很简单，在客户心智中英特尔才代表着芯片，就是要买内建 intel 处理器的电脑。

以数据而言，英特尔在实施 Intel Inside 的次年，英特尔销售额上升了63%，英特尔市值也由1991 年的 100 亿美元提升至 2001 年的 2600 亿美元。20 多年来，得益于 PC 和服务器两大支柱的现金牛，英特尔公司的风头一时无两。在2017 年全球品牌 100 强排行榜中，英特尔排名第 15 位，讲品类战略和定位聚焦，英特尔是当之无愧的成功典范，

不过，我们已经很久没有听到英特尔的 Intel Inside 宣传口号，还有那熟悉的"叮~叮咚叮咚"的音效了。因为英特尔公司的反应迟钝，如今的英特尔无法进入我们生活中最重要的设备，比如手机、平板电脑、无人机、机器人、智能眼镜、智能手表，英特尔正在被智能终端的飞速发展边缘化。英特尔开始对业务进行重组，2016 年 4 月 19 日，对外宣布裁员 1.2 万人，占总员工数的 11%。英特尔CEO 科再奇表示，公司的业务重心将转向云计算，而数据中心和物联网将成为主要的增长动力。

如今英特尔打出的口号是"Amazing Experience Outside"，从 Inside 到

Outside，英特尔正在推动品牌从 PC 组件向体验典范的转换。今天的消费者，选择的是体验而不仅仅是产品，英特尔目前在做的行动是贴近客户，通过将内在技术与外在体验相结合，不仅展示 Intel Inside 的一面，更要让客户体会到内在技术带来的外在精彩体验，让客户更加真实、直观、身临其境地感受英特尔融入和改变每个人的日常生活。

有一段时间，国内营销界为是品牌战略、供应链战略，还是品类战略好展开了激烈的讨论，但遗憾的是，大家竭力表达的都是自己正确和代表未来的营销方向，都恨不得一棒子把对方打死。

实践证明，没有哪一种思想是永远先进的，也没有哪一种理念是永远正确的，企业要做的就是，无论是品牌战略还是品类战略，都是营销的一部分，而不是全部。

分析英特尔当年成功的关键，除了顺应 IT 业发展之外，主要是英特尔洞察客户的需求为何，并且能制定出简洁且有效的品牌策略。今天的营销领域，无论是做品类还是打概念，都是希望给品牌的产品贴上差异化的标签。但我们根本要关注的还是品牌相信，只有站在客户的视角，关注品牌能提供给客户的利益，能为客户创造的价值，才能占领客户心智，达到客户优先选择的目的。

通才还是专家

我们在第二章中，讲到了通才型冠军和专家型冠军。在品牌塑造上，也有通才型品牌和专家型品牌。

通才型品牌不言而喻，它的背后一定是通才型的企业，通才型品牌往往品牌延伸过长，想用一个品牌打遍天下，征服所有客户。每个企业都想要成长，因此按逻辑思维就会把品牌扩张到其他品类中。这样的品牌太多，而且很多还是非常大型、知名的集团化企业，就不再一一分析了。

从定位思维看，品牌扩张不太符合定位逻辑。就企业的品牌建设，我们更主张走专家型品牌道路，把品牌保持狭窄的聚焦，如果有其他的市场机会出现，可以推出第二个甚至第三个品牌。

2002 年，是中国电信业发展中很重要的一年，为了打破垄断，那一年，笔者所在的电信公司合并网通公司，然后被一拆为二，北边成立中国网通公司，南边成立中国电信公司。移动 PK 联通，电信 PK 网通，同时移动和固网之间又通过移动座机，大灵通手机等方式交叉进入，竞争非常激烈。那几年，四家运营商广告投入都比较大，几乎是覆盖到全国所有主要城镇，当然，业务量上升也很明显。

至今还记得那段时间四家运营商主打的形象广告，中国移动打的是"移动通信专家"，中国联通打的是"技术、领先、专家"，中国电信打的是"用户至上，用心服务"，中国网通打的是"中国网、宽天下"。四家运营商的形象广告都非常准确地表达了自己的主张，非常明显，其身后都有专业的团队在进行形象定位、品牌战略和品牌管理。

影响最深远的还是中国移动的"移动通信专家"这个系列，由于那时移动和联通只能做移动业务，电信和网通只能做固网业务，"移动通信专家"以及全球通、动感地带、神州行等子品牌的大力宣传，成功地在客户心智中塑造了中国移动在移动通信领域的专家形象。再加上中国移动那时的基站布点最多，技术相对成熟，服务也做得好，中国移动率先确立了自己的专家型品牌，客户入网率非常高，短短几年时间，就在用户数、主营业务收入和利润上把其他几家运营商甩在身后。

后来中国移动又把"移动通信专家"更新为"移动信息专家"，以移动终端为载体，在全国规模推广集团信息化和行业应用解决方案，实现从单纯追求客户发展与话音收入指标向推进信息化解决方案方向转变。移动通信市场的飞速发展，让中国移动长期霸占中国品牌 50 强排行榜的头名，直至近年来才被 BAT 等赶超。

从"移动通信专家"到"移动信息专家"，中国移动的专家形象在全国广为传播，在国内引起一波"专家"风，被许多企业所效仿，大家纷纷在自己的品牌宣传中加入专家、领导者字样，比如喜临门的"健康睡眠专家"、雷士照明的"光环境专家"、方太的"中国高端厨电专家"、九牧王的"西裤专家"等。

为什么专家型品牌备受企业客户的推崇和追捧，因为我们的企业精神就是业精于专，在自己的领域内更专注、更专业、更专心，把产品做到极致，把服务做到最好，自然更值得客户的信赖。

首先，专家型品牌把企业的精力专注在一个细分领域，一种产品，以及一种利益上。这种专注性可以使企业在宣传推广时指出产品的某一强烈特征，使其很快渗入消费者的心智。

其次，专家型品牌拥有被视为专业或最佳品牌的能力。专家型品牌要么以产品品类为核心，要么以技术区隔为核心，像格力是以空调品类为核心的专家型品牌，华为是以技术区隔为核心的专家型品牌。

最后，专家型品牌可以成为同类产品的代名词。比如百度成为搜索的代名词，顺丰成为品质速运的代名词，加多宝成为凉茶的代名词，格兰仕成为微波炉的代名词，红牛成为功能饮料的代名词，老干妈成为调味料的代名词。

就品牌相信的本质而言，专家型品牌是最容易实现的。完全竞争时代，我们面临的是互联网的普及，产品的过剩，客户需求的个性化，未来活得好的一定是专家型品牌和企业。当然，观念的改变并非一日之功，我们的企业需要尽快展开行动。

通才型品牌和企业，虽然它们在很多领域都做得很好，但客户无法给予它们专家的称誉，反而那些专注于细分领域和产品的企业，客户更容易建立起专家级的信任。试想一下，在餐厅吃饭会有客户叫服务员来一瓶茅台啤酒或是一瓶加多宝矿泉水吗，这样的场景是不是很突兀？但茅台确实出了一款茅台啤酒，属于茅台系列酒，口感和品质都还不错，销售情况就很差了。笔者不知道茅台集团高层是如何考虑的，这样的品牌延伸肯定吃力不讨好，失败出局应该是可以预见的结果。

对于通才型的企业，建立多品牌、多专家型品牌战略应该是一个不错的路径。比如宝洁中国，是国内最大的日用消费品公司，宝洁的品牌战略很值得参考。宝洁拥有一大批品牌，但每个品牌都是以品类为核心，每个品牌对应的产品都个性明确，宝洁旗下的飘柔、舒肤佳、玉兰油、帮宝适、汰渍及吉列等品牌在各自的产品领域内都处于领先的市场地位。

有品还是没品

学过乐器的都知道，乐器分有品和没品。有品的乐器，各个音的标准位置都用条状木物或金属物镶嵌突出，用以支撑琴弦发出不同音高的乐音，也称音品。

没品的乐器则是没有固定好的音品，要求演奏者的把位要准，否则容易跑音。

品牌也一样。有品的品牌，有格调、有故事、有价值观，有品的品牌不只提供给客户最好的产品和服务，还常常让客户内心充满感动。反观那些没品的品牌，品牌空洞、浮躁、泛化、言行不一。

品牌如人品，品牌除了给到客户始终如一的美好体验，成为客户的品牌，还应积极关注品牌的人格。

人格，泛指一个人显著的性格、特征、态度与习惯。所谓的品牌人格，我们可以理解为品牌的价值观、态度、特点及风格的总和。品牌人格化就是把品牌进行拟人化、拟物化、情感化的沟通。

其实看中国的汽车市场，就会发现很多品牌人格有意思的现象：商业精英一般不选择奥迪，大学教授一般不选择奔驰，政府官员一般不选择宝马。为什么呢？因为这些品牌彰显的个性与客户群体的性格、气质不搭。在中国，奔驰就是身份的象征，奔驰"豪华、舒适"的品牌个性，深受成功人士喜爱。而宝马的蓝白标志象征着"自由、乐趣"的驾驭个性，深深地打动成功的年轻人。

所以，作为品牌要想赢得客户的芳心，就要赋予品牌人性化的特征，比如人的情感、人的个性，尤其是精神追求、价值观、性格特征，这个品牌是浪漫的还是稳重的、是冒险的还是保守的、是叛逆的还是温顺的。当把个性的概念运用于品牌的开发、传播及持续塑造上，就会形成品牌人格。

褚橙，就是一个非常有品的品牌，褚橙在品牌人格化上成功，完全可以进入MBA 的经典案例。

今天的褚橙热销了，大家可能不知道褚橙原来的品牌，褚橙原来叫"云冠"冰糖橙，是冰糖脐橙的一种，冰糖橙是云南的特产，以味甜著称。2002 年，75岁的褚时健保外就医，在云南新平县接手了一个经营不下去的国营橙园，褚老给自己的橙子品牌取名为"云冠"，寓意为云南的冠军之橙。"云冠"刚上市时，在激烈的水果市场中销售很艰难，后来褚妻打出"褚时健种的冰糖橙"横幅，很快销售一空。2012 年在本来生活网的介入下，褚橙进京成功，打开了全国销路，产品供不应求。随着褚橙慢慢地被叫开，云冠反而被淡化了。

我们来看一下当时本来生活网为褚橙做的品牌塑造：

褚橙定位：褚时健种的冰糖橙；

褚橙广告语：人生总有起伏，精神终可传承；

褚橙卖点：励志橙。

褚橙包装文案：85 年跌宕人生，75 岁再次创业，耕耘十载，结出 2400 亩累累硕果和 24∶1 的甜酸比，逆袭的喜悦，是中国人欣赏的甜。

看到这些，笔者相信即使是无动于衷的你也一定会被打动。事实也是如此，一时间，褚橙人人转发、分享、热议，王石等企业家自发回忆褚老的故事，韩寒等意见领袖和偶像也宣传褚橙的故事，许多社会精英发表吃橙感言，励志橙的消息席卷传统媒体和微博、微信等新媒体，用网友的话来说，这哪是吃橙，是品人生。很多人买褚橙并不只是想吃橙子，而是买褚老的励志概念，买健康的生活理念。

当然，分析褚橙的热销，品牌的人格化固然功不可没，但更主要的，还是褚老把管理原玉溪卷烟厂的工业化生产标准应用到了褚橙上，实现了褚橙的工业化生产，通过精细的管理做出了匠心产品。

一个好的橙子是什么样的？它应该有这些指标：皮薄，皮与肉能轻易分开，甜度，含水量，化渣度（就是吃在嘴里果肉纤维的嫩度），大小，整体味道的浓度。

上述这些指标，褚橙是严格按工业生产的标准控制的。褚老在含水量、果皮厚度、果肉黏度、化渣度、果肉的嫩度等因素上费了很大的劲，科研和试验上的投入很大，让褚橙的很多指标都控制在业内比较高的水平上。为保证褚橙的甜度更是讨论和调查了很多次，对比了世界上有名的橙子，最后量产的褚橙下调了一定的甜度，加入了适当的酸度，确保褚橙独有的甜味。

有品还是没品，对于品牌来说，产品品质永远是排第一位的。首先是有品质，然后才是有品位、有人格、有温度。

就像哈雷摩托车车主们将哈雷的标志纹在胳膊上或全身，哈雷摩托已成为车主生活的一部分，象征着一种自由、洒脱、叛逆的生活方式。正如《纽约时报》写道：假如你拥有了一辆哈雷，你就成为兄弟会一员。如果你没有，你就不是。

"当一条河伴随着你成长时，或许它的水声会陪伴你一生。"作家安·兹温格这样写道。

淙淙水声伴随着时光轻轻流淌，河就像一把弦琴，百转千回演奏着过去、现在和将来。与其说你是早已习惯了家乡河水的声音，不如说是熟悉了发生在河边的故事。

品牌就像家乡的河，被赋予了性格、态度、情感、意念，还有真挚动人的故事。被人格化的品牌，不再是冷冰冰的产品，而是演变成了一个形象丰满的人，甚至拥有自己的形象、个性、气质，以及文化内涵，成为一个风情万种、活生生的"人"，可以打动你、感染你。

YOU 时代，客户的消费行为已经发生改变，以前可能靠功能属性、靠品类筛选，但现在客户只要对某一个人、某一个价值观、某一种生活方式认可，就会购买，比如小米手机、罗辑思维、喜马拉雅等。

因此，我们的品牌，必须解决有品的问题。因为对于没品的乐器，在大师的妙手之下，一样能弹奏出优美的旋律，但对于没品的品牌来说，就不只是跑音的问题，而是会被市场集体喝倒彩，用脚投票。很多时候，客户没得选择，企业必须清醒地认识到，一旦客户有了替代的解决方案，那些没品的品牌就会被扔到路边的垃圾箱。

品牌体验

2013 年 4 月 15 日，BMW 品牌体验中心在上海世博园区开幕，BMW 上海品牌体验中心是宝马全球首家品牌体验中心，融入了宝马综合的、多渠道战略（BMW 品牌店、4S、5S 以及 BMW 展厅等），为客户和车迷提供独一无二的品牌体验。之后，BMW 上海体验中心进行扩建升级，并于 2017 年 3 月 25 日全新开放，新的体验中心成为国内最具开放性、参与性和互动性的汽车品牌体验中心。

2017 年 5 月，耐克兴业太古汇 KICKS LOUNGE 体验店、跑步体验店及耐克上海晶品体验店同时落户上海静安区，这个位于上海城市的"心脏"，有着黄金般的地理位置，充满了繁华现代的气息，是追求高品质和享受生活的人群的聚集地。这三家体验店除了丰富的产品线外，每家店铺均提供个性化定制服务以及专属特色服务，旨在为更多的运动爱好者带来丰富、专业的运动消费体验，同时满足消费者运动和休闲两方面的产品及体验需求。

我们面对的客户，他们正变得更加成熟、更有主见，他们渴求更高品质和创新的产品与服务，并由此获得高度个人化的独特体验。因此，不断创造和提升客户的品牌体验是企业的长期策略，品牌体验应涵盖产品、技术、服务和市场活动等各个方面。

如今一些企业已经很好地认识到这一点，它们以强大的品牌、创新的产品和服务立足于市场，努力追求在全价值链创造最佳的客户品牌体验。像上述的宝马、耐克，还有更多的品牌，它们在品牌体验店、旗舰店上进行大手笔的投入，就是希望能向客户充分展示有品的品牌文化，并通过品牌旗帜下的创新产品和卓越的客户服务，为客户创造深度的品牌体验。

而同时，在现实的市场中，很多的企业忽略了品牌体验的重要性。卖咖啡的店里闻不到丝毫咖啡的香气，面包房里也没有热腾腾的面包香味和刚刚烤好的焦黄的面包皮，你在服装店被一款时尚衣服吸引，刚刚伸出去的手却被"贵重物品，请勿触摸"的标志牌吓到。

相比品牌体验在管理实践中的广泛强调和应用，品牌体验的理论研究却欠丰富。近年来，有营销专家和学者开始着手品牌体验的系统化研究，对品牌体验的维度，品牌体验的驱动因素，有了实证的理解，为我们进行品牌体验管理和提升客户的品牌体验提供了明确的指引。

首先我们要强调的是，品牌体验要始终如一。因为不统一、不一致的品牌体验不仅会让客户伤心，还会给品牌带来难以挽回的负面影响，尤其那些知名的品牌，不一致的体验更容易被客户投诉和吐槽，颜面扫地。我们需要在品牌认知度、品牌形象、品牌表现、客户判断、客户感受、客户品牌共鸣上进行精益品牌管理，才能提供给客户始终如一的体验。

其次大家要清楚地知道，产品只是品牌体验的一部分。虽然物有所值的产品在市场中依然扮演重要的角色，但客户的需求也不再限于此，故事、态度、生活方式、价值观等，都是新的品牌需要。我们的品牌体验包括感官体验、情感体验、认知体验和关系体验多个维度，产品只是体验的入口，仅仅专注于产品诉求，已经无法满足客户的需求。

最后要注意的是，品牌体验是一个旅程。企业不是简单地做个体验中心、开个旗舰形象店，就自认为是做好品牌体验了。品牌体验是非常广泛的，可以发生在购买之前、购买过程和购买以后，品牌的无形性和传播性让品牌体验可以发生在任何可以与品牌发生接触的节点。因此，必须建立贯穿于生产、产品、科技、渠道、服务的全品牌体验链，在适合的时间、适合的地点，用创新的内容和客户沟通，唯有做到如此，品牌才能与客户产生真正的连接。

以笔者从事的地产行业为例，随着市场的日益成熟，强者恒强，开发商的品牌形象已经成为客户认知的第一要素。而地产品牌的价值，本质上来源于客户的品牌体验，按客户对产品的认知与接触的过程，可以简单分为入住前、入住后两个阶段：

（1）入住前的品牌体验。客户根据各种媒体宣传、DM、楼书、VR的介绍，案场置业顾问、技术人员的讲解，以及楼盘工地现场、样板间的实地考察，结合自己的经验和主观判断，从而形成产品的综合印象，进一步形成对未来产品的预期品牌体验。客户根据这种预期的品牌体验，作出对于品牌的初步判断。

（2）入住后的品牌体验。交房入住后，客户真正身临其境，开发商的全部品牌承诺直接经受客户严格的考验。产品质量、人车分流、绿化景观、安保设施、物业服务、社区文化，入住前的预期与入住后的现实是增值还是落差。入住后的品牌体验不仅是对产品的验证，更是对开发商承诺的完整验证。这一阶段对于地产品牌的意义不仅在于客户购房过程的完成，更在于客户的口碑传播从外围形成对品牌的舆论引导，这比任何广告的影响力都要大，而且是难以控制的。

所有这些，都说明品牌体验的重要性。如何带给客户创造性的品牌体验，让客户生活在你的品牌中，是企业必须立即开始思考的一个问题。总之，记住一句话：品牌可以被抄袭，但独特的品牌体验是永远无法抄袭的。

重新定义品牌

麦肯锡发布的《2016中国消费者调研报告》显示：消费升级正呈现出旺盛的势头和活力，消费品类正从产品到服务、从大众产品到高端产品转变，高端产品的增速超过了大众产品和廉价产品。在高端产品市场，国际品牌依然占据着主导地位，而在大众产品市场，本土品牌商凭借更优的产品定位赢得市场份额。

该报告中提出，品牌商要想在消费升级中获得成功，首先要理解并驾驭的是提高品牌忠诚度，越来越多的中国消费者开始只关注少数几个品牌甚至某一个品牌。例如，在服饰品类，愿意选择自己关注范畴之外品牌的消费者比例，已经从2011年的约40%降至2015年的不足30%。

市场就是这样的残酷，随着消费者越来越成熟，越来越挑剔，普遍性的市场增长时代已经走向尽头。当今变化已经成为新常态，世界各个领域都在发生巨变，速度也在不断升级，对社会产生了深刻的影响。对于品牌而言，创新与速度将成为制胜关键，我们的企业需要建立清晰准确的品牌战略，以及创造卓越的客户体验，主动适应消费升级的新态势，助力业务加速成长，顺利从过去的旧模式突围。

所以，是时候重新定义你的品牌了！作为企业，永远不能停止提升你的品牌，因为你的竞争对手们，总是在创新着它们的产品和服务，随时准备突袭你的品牌。

改变的过程是很痛苦的，但没人能够替代。不过，我们还是尽可能梳理出一条品牌重新定义流程，希望能给到行进中的企业以参考的方向。

图 5-3　品牌重新定义流程

首先，重新给你的品牌进行定位。大家应该已经了然，你的品牌是没有意义的，成为客户的品牌才是我们的终极目标。品牌是什么，品牌就是相信，是客户的认知和体验的总和。所以我们最先要做的，是市场细分、消费者细分，找到最有价值的客户群。然后洞察客户需求，全方位了解你的客户，接下来的品牌定位就水到渠成了。

其次，丰富你的品牌，塑造一个有温度的品牌。你的品牌有品吗？现在开始重新设计、管理你的品牌吧，它不只有符号，能识别，还应该有故事、有文化、有内涵，它甚至应该拥有自己的形象、个性、气质、态度和价值观。这样的品牌，丰富而又有温度、立体而又有层次、熟悉而又有温暖，自然赢得你的客户的爱戴。

再次，贯穿所有触点，给到客户始终如一的品牌体验。我们反复说到，品牌体验需要统一一致，我们身边因为品牌体验不一致出现的客户危机比比皆是。企业应该在内部强化品牌体验管理，推广体验文化，员工也是客户，我们要保持员工的激情，因为正是他们为客户提供卓越的体验。我们必须在售前、售中、售后，所有可能与客户接触的节点，都给到客户始终如一的品牌体验，这是我们的最低目标，也是最高目标。

最后，保持和客户的沟通，让客户参与到你的品牌中来。客户沟通不只是与消费者对话，而是要有透明度，有实际的交互，要让客户对品牌产生积极的情绪、持续的情绪。我们还应该让客户参与到品牌中来，参与产品和品牌的设计，甚至参与一些决策。只有客户的积极参与和分享，才能形成品牌和客户的连接，真正让你的品牌成为客户的品牌。

中国的品牌不能再走传统的老路了，那些动辄几十万甚至上百万元的 CIS、VIS 的教训不能再重演，时至今日，我们还能看到企业在讨论品牌打造时总是把标志、形象挂在嘴边，这是相当危险的。品牌的塑造是一个系统的工程，体验才是品牌的核心，客户不会为你漂亮的标识、高大上的口号付费。客户主动掏腰包是因为你高品质的产品和服务，以及卓越的始终如一的品牌体验。

重新定义品牌，可能会很困难，也会有很多阻力，还会有意想不到的成本和机会成本，但收益是可以预见的。

你的品牌准备好了吗？那就行动吧。

新生代品牌江小白

"我是江小白，生活很简单。"

作为一个传统白酒行业的新生代品牌，江小白却一点也不简单。白酒行业连续几年都是隆冬期，而江小白却实现了逆势增长，自 2012 年江小白面世以来，每年销售同比增长翻一番，成为红遍全国的酒类黑马。江小白入驻京东电商超市后，仅在京东年货节期间销售额就突破 1000 万元。

江小白是谁？为什么总是频繁地听到这个名字？是哪个新晋的小鲜肉吗？和很多的消费者一样，笔者刚听到这个名字时，笔者也有同样的疑问。

从传统的眼光看，这太不像一款白酒品牌了。白酒也是中国国粹之一，它渗透于哲学、礼仪、文学、社交、美食等领域，被视为一种传统礼仪关系社交的特殊饮料。我们整理一下中国的白酒名牌，有茅台、五粮液、剑南春、泸州老窖、沱牌、郎酒、古井贡酒、洋河大曲等，江小白和它们一比较，总感觉好像哪里有些不对。

但实际上，不对的是我们陈旧的品牌观念。随着年青一代崇尚简单生活，以及对白酒辛辣口感的恐惧，如今年青一代正越来越远离白酒，国粹也面临着过时的危机。事实上，我们很多优秀的传统文化都因为年轻人不理解不接受而断代，我们的传统产品面临着消费者升级的挑战。

江小白意识到，年青一代喝白酒总体来看比例不是很高，关键的问题在于口感和品牌两方面。一是传统白酒口感太辛辣，刚刚接触酒饮料的年轻人初体验都不太美好；二是传统白酒的品牌让年青一代感觉太沉重和老气。当然，这也是可以改变的，江小白就是行业里率先定位和践行新生代口味高粱酒的企业。

江小白是如何做的呢？

首先是进行市场的细分。江小白的目标客户就是年青一代，江小白提倡年轻人直面情绪，不回避、不惧怕、做自己。简单纯粹既是江小白的口感特征，也是江小白主张的生活态度。江小白是清香型重庆江津的高粱酒，它的优势在于这种单一的原料以及的味道的清淡，更加适合年轻的消费者。同时，这种酒可以与果汁、饮料以及其他酒类调制混饮，迎合了消费者喜欢 DIY 的特点，满足了消费者的个性化需求。

其次是产品的创新。高粱酒其实是一个传统的品类，江小白在传承传统工艺的基础上，针对年青一代消费群体进行产品创新。江小白将白酒利口化标准总结为"SLP 产品守则"，即白酒应当适宜于消费者口感，向"Smooth、Light、Pure"的方向努力。

（1）Smooth，即入口更顺，减少辣感、刺激感和苦味。

（2）Light，即低度清爽，低醉酒度，醒酒快，不口干，饮后无负担。

（3）Pure，即指纯净，无杂香、杂味。

为实践"SLP 产品守则"，让消费者体验更适宜的口感，江小白还从高粱酒的原料、工艺、度数等方面进行了一系列的优化。

再次是品牌的创新。江小白的创始人陶石泉业余喜欢卡通漫画，江小白的最初形象就是他亲手塑造的，一个长着大众脸，鼻梁上架着无镜片黑框眼镜，系着英伦风格的黑白格子围巾，身穿休闲西装的帅气小男生。江小白的团队在市场营销中不断赋予这个小男生鲜明的个性：时尚、简单、我行我素，善于卖萌、自嘲，却有着一颗文艺的心。江小白的形象，其实就是像我们千千万万年轻人一样的特征。

在江小白的团队和消费者自发的推广下，打造出了丰富的江小白品牌人格。"我是江小白，生活很简单"的品牌主张已经渗透进年青一代生活的方方面面，并繁衍出"面对面约酒""好朋友的酒话会""我有一瓶酒，有话对你说""世界上的另一个我"等文化活动。随着时间的发酵，江小白简单纯粹的品牌形象逐渐演变为具备自传播能力的文化 IP，越来越多的年轻人借江小白抒发和表达自己，对于这个复杂的世界而言，或许人人都是江小白。

最后是营销的创新。客户在哪里，我们就在哪里。江小白非常注重用微博、微信等社交媒体推广品牌，像 2016 年江小白表达瓶，就取得很好的成效，江小白的瓶身成了超级自媒体。江小白 CMO 叶明半开玩笑说，以前江小白有百人以上的专业团队在生产文案，从 2016 年开始，江小白品牌团队已经不自己生产文案，而是优秀文案的搬运工。

同时，江小白的推广也可以说是地毯式的，从酒吧、餐馆、烧烤店的贴墙运动，到《从你的全世界路过》《致青春》《好先生》《小别离》等影视剧的场景植入，以及《我是江小白》《青春的酒》《重庆的味道》《顶两口》等动漫、音乐 MV 的表达，还有青年艺术、街头文化、嘻哈现场、朋友社群的参与，江小白几乎无处不在。江小白的营销，与传统的酒类营销很不一样，但却都很有效，因为江小白的营销，都紧贴着目标客户群。

这个 2012 年才推出的年轻酒类品牌，先后荣获国际葡萄酒暨烈酒大赛（IWSC）卓越银奖和布鲁塞尔国际烈酒大赛金奖。2017 年，中国质量检验协会还授予了江小白酒业有限公司"全国质量信用先进企业"荣誉奖项。

江小白，已经成为这个时代的标签和文化印记。研究和分析江小白，对于我们正在崛起的中国品牌来说，有着非常强的参考意义。当然，江小白还在不断努力创新和发展，江小白还在路上，我们的中国品牌也还在路上。

| 第六章 |

广告走心

| 本章体验要点 |

广告不是广而告之，也不是到达，广告是要建立客户的体验期待和品牌偏爱。无场景，不广告。广告走心，这不只是一个理念，还应该是企业的策略。

◇ 广告

◇ Social 广告

◇ 原生广告

◇ 广告体验

讨厌的广告

在当下的商业社会，广告是无处不在，各种户外、网络、社交媒体、报纸杂志、电视、广播、海报、传单，甚至电影院、公交车、地铁、出租车、电梯间，到处都是广告。

我们从来没有像现在这样烦恼，广告以各种形式挤入各个空间，无微不至、无孔不入。广告干扰了我们的生活，打断了我们美好生活的体验。

2014 年《变形金刚 4》上映时，有媒体统计植入广告高达 71 个，中国品牌伊利舒化奶、周黑鸭、乐视、剑南春、华润怡宝等都在里面成功亮相。2016 年热播的电视剧《欢乐颂》，每集平均有 10 个广告。广告是很正常的，但很多广告植入与剧情毫无关系，只是让人感觉突兀怪异。尤其是许多电视台、视频网站在节目和影视剧的播放中直接插播广告，更是让消费者吐槽。而更加过分的是，竟然有广告商在学生考试试卷中植入广告，2016 年媒体曝出南京秦淮区小学统考试卷的阅读题中，围绕一段某品牌沐浴露的材料，设置了 5 个选择题，总分值足有 10 分。这广告也太嚣张了，连小孩子也不放过。

每天大家还会接到一些莫名其妙的广告电话和垃圾短信，工商注册的、考试教育的、保险的、卖楼的、装修的，还有什么股票期货的，烦都烦死了。但苦恼的是，怎么没有客户的电话和咨询短信啊？

真是讨厌的广告!

诚然，适度的广告无疑是消费者需要的。但无处不在、粗制滥造、狂轰滥炸的广告的确让消费者吃不消，最终让消费者自动开启广告屏蔽功能。有自媒体统计过这几年最令人恶心的十大电视广告，脑白金、哈药等品牌赫然在列。说实话，这些品牌的广告给我们带来的不是美好，而是恶俗，很难想象是什么样的客户在看到这样的广告后会去购买他们的产品。

成熟的消费者，已经很了解广告的展现模式。大家在看报纸杂志时，自然就把广告页翻过去；电视插播广告时就会换台，或者是上洗手间、看下手机；上网站时，习惯用鼠标点广告上的"X"进行关闭。就是因为广告过度、信息过剩，大量无效的信息刺激大脑，屏蔽功能就会自动开启了。

在 PC 端，随着互联网用户想方设法消除广告带来的干扰，广告拦截、广告屏蔽方面的软件已成为浏览器上最热门的免费软件。以 Adblock Plus 为例，这款广告屏蔽软件在全球被下载逾 3 亿次，每个月拥有 5000 万活跃用户。其官网的宣传词可以说会让投放广告的企业们吐血，它是这样说的：广告，再见! 屏蔽95%以上的网页广告，还您一个清静。

而在移动端，手机管家等软件的盛行，更让广告主们苦不堪言。一个很尴尬的事实是，像谷歌、亚马逊、微软等互联网巨头们，为了自己的生存，不得不悄悄地给这些广告屏蔽软件背后的企业一笔钱，换取不再屏蔽它们网站上的广告。

广告怎么就那么令人讨厌了呢，甚至达到要使用软件来屏蔽的地步。有学者专门进行了消费者广告回避的研究，像广告混乱、刺激强度不够、可信度低、感知目标阻拦、负面知觉、无兴趣需求等，都会让消费者做出清除、忽视和跳过的广告回避反应。

2013 年，《哈佛商业评论》刊文说，传统广告已死。定位大师艾·里斯也出版了专著《广告的没落，公关的崛起》，提出公关第一，广告第二。

一时间，这些讨厌的广告居然要死了，是不是很美好？可兴奋不起来的，除了广告从业人员，还有我们大量的消费者。实际上，现代社会的人根本就离不开广告，虽然在很多时候广告是比较烦，也比较讨厌，但没有了广告的传播，消费者甚至都不知道该怎么消费。

我们的广告怎么啦

曾几何时，广告是多么成功啊，那些优秀的广告、绝妙的创意引领了时代的潮流，改变了消费者的行为，增加了企业的财富，甚至改变了社会的文化。而广告人也是一份光鲜亮丽的工作，社会精英们都争先恐后地挤进去想混口饭吃，曾经热播的美剧《广告狂人》就是一个真实的写照。

而今我们的广告怎么啦？

一方面是广告的泛滥、饱和攻击，成本高企；另一方面却是广告的效果大打折扣，企业的广告投入打了水漂。

当年约翰·沃纳梅克说："我知道我的广告费有一半被浪费掉了，但我不知道是哪一半。"沃纳梅克的困惑，被誉为广告营销界的哥德巴赫猜想。

沃纳梅克的困惑，至今无人能解。互联网广告刚出现的时候，有人曾为此欢呼，终于可以按点击量、按浏览次数付费了，还出现了像 Doubleclick、AdMaster、秒针这样的第三方网站广告数据监测公司，但结果怎样呢？我们都很明白。而阿里、京东等网购平台上的刷单，以及微信、微博等社交媒体上的刷流量行为更是让人深恶痛绝。

2015 年 1 月，腾讯开始发布微信朋友圈广告，腾讯的微信团队在朋友圈这样写道：它无孔不入，你无处可藏，不是它可恶，而是它不懂你，我们试图，做些改变。和其他广告相比，微信朋友圈广告的打扰要轻微得多，体验感也更好一些，因为它采用更智能的技术，不是所有好友都会看到同样的广告，同时，微信朋友圈的广告位不是固定的，在首次刷出广告后，会和其他朋友圈内容一样，往后流动。

我们想问：广告真的那么可恶，消费者真的那么讨厌广告么？

答案当然是否定的。他们不是不喜欢广告，只是不喜欢和自己无关、无趣、打扰性的广告。

因为广告从来都不是垃圾信息，对于客户来说，有效的广告信息能够提升客户的信息体验，从而获得生活和工作的帮助。

没错，如同前面腾讯的微信团队说的，不是广告讨人厌，是你的广告讨人厌，是你的广告不懂客户。时代已经向前发展了，可你的团队、你的广告、你的乙方广告公司还在原地踏步。

是开始改变的时候了。

首先需要改变的是甲方，是我们的企业，我们的团队。不可否认，很多企业在激烈的竞争环境下摸爬滚打，已经有了丰富成熟的市场经验，知道如何建设渠道，如何与经销商打交道，如何制定促销政策，如何打造终端，但很多企业还不善于做广告，不知道如何更好地把品牌和产品信息传播出去。尤其是近年来社交媒体蓬勃发展，技术更新得非常快，我们的企业都还不适应，也不太掌握这些新的技术。有实力的企业，我们建议应该有自己专门的团队，负责市场、客户的研究分析，以及企业品牌、广告的维护和管理。而中小企业，应该选择专业的合作方，有效进行广告的设计与传播。

其次需要改变的是我们的广告。无论媒介如何变化，广告的本质是不变的，广告就是要向客户传递有效的信息。广告是跟着客户走的，客户的喜好变了，客户的信息接收途径变了，广告也要跟着变化，无论是内容，还是表现形式。当客户的控制、选择权被不合理剥夺时，就会产生心理抗拒，继而形成广告回避。我们的广告，一定是和客户站在一起，与客户进行亲密的沟通和互动，最后达成共识。

最后是传统广告公司。之所以说传统，是因为面对市场的变化、新技术的发展，这些曾经很优秀的广告公司没有及时跟上来。广告公司要能给到企业和客户的，不只是平面、TVC，还要有新技术的表现能力，不只是了解消费者，还要了解产品、业态、渠道、产业链，通过每个环节的优化创新、通过广告去帮助企业塑造品牌。

有些广告公司甚至还在用"50理论、60理论、70理论"忽悠我们的企业，怎么形容呢？比如这两年企业微信公众号比较流行，主流人群对这个公众号的认知是50分，企业的营销团队是60分，广告公司比企业的营销团队高一点，就说这个公众号应该怎么弄、怎么玩儿，做到70分就行了。有些方面广告公司了解的可能还没有我们的企业多，但它们还在通过一些过时的方法论来教育、引导我们的企业。

很多时候，我们都觉得是企业在倒逼着广告公司进步，产品、服务、品牌、媒介、公关、策略、创意，现在很多企业都已经过河了，有些广告公司还在假装摸石头。

什么是广告

回到广告的原点，我们来问一个问题，什么是广告？

如果我们的企业还停留在认为广告就是广而告之的阶段，那就真的 OUT 了。今天的广告，已经不再是一个宣传物，或是一系列的活动。当我们提到广告，我们思考的是如何通过不同的平台，以高相关性的内容影响更多的客户。而这些内容，可能是一段文字、一张图片、一个视频、一个 APP 应用，甚至是一个线上的工具，也可能是任何一个和客户生活相关的事物。

我们观察过，不管通过什么样的平台，户外、纸媒、电视，还是电商、社交，所有的广告，尽管表达方式不一，但大致都是围绕以下四个目的展开：

一是介绍新产品或服务；

二是各类限时促销，鼓励客户进行尝试；

三是提醒产品或服务的独特或差异化，获得客户的认同；

四是展示与客户共通的态度或价值观，赢得客户的品牌偏爱。

从价值论来说，广告的核心价值是能引发客户的认同并使其产生购买的愿望。然而很多广告并没有真正理解到这一点，它们总是从产品出发，从企业的利益出发，它们总是在自嗨，在自说自话。如果我们把这类广告称为坏广告的话，它们就像邻居家的坏孩子一样，让你非常讨厌，却又无可奈何。

因此，好的广告一定是和客户站在一起，知道客户的处境，深刻理解客户需要什么，以及那些客户难以表达的痛点。也只有如此，客户才不会对我们的广告开启自动屏蔽，我们的广告才能触及客户的心智，才能使产品、服务的信息进入客户的心里，从而使客户认知并接受品牌价值，最终形成购买和品牌相信，甚至是品牌偏爱。

多芬就是很多客户偏爱的品牌，笔者也是多芬忠诚的客户。多芬，不用多说，是联合利华的女性品牌，世界第一清洁品牌。多芬的成功，在于以其"简约而真实的美丽理念"带给消费者真实可信的承诺，并始终如一地保持这个承诺。

来看看多芬的广告是如何打动我们的吧。40 多年来，多芬一直用真人来做广告，在多芬的 TVC 中，都是真实的拍摄多芬真实的客户，反映她们真实的问题，从而提出多芬的行动。其中，"你比想象中更美丽"这支 TVC，就感动了无数的女性，本片讲述多芬聘请 FBI 画像专家默画女性心目中的自己和外人看来的自己，发现别人眼中的自己比心目中的自己更加漂亮。和很多致力于塑造一个难以企及的、非常典型的、美丽形象的女性品牌不同的是，多芬一直通过广告和"多芬自信养成计划"，不断对女性强调，你的真实就是美丽，你的美丽由你定义，让更多的女性认识到自己的美丽，而不是让自己变得更美。最终，多芬的品牌好感度和品牌偏爱指数也就自然达成。

广告不要一上来就想引诱客户，就能说服客户，推销产品和服务，那是不可能的事情了。和客户站在一起，我们就要像客户一样地思考，你这个广告说的是什么？它有何不同？还有谁觉得它不错？我为什么现在需要它？

而如何能诚实、简洁、有趣地回答上面这些问题，就是广告的文化和广告的艺术了。

现在，我们不妨来做个小结，什么是广告？

笔者的理解是，广告不是广而告之，也不是到达，广告是要建立客户的体验期待和品牌偏爱。不论是通过何种媒介、何种表现形式，传统还是 social，广告的任务是达成客户对我们企业的产品或服务的体验期待，是要让客户在纷繁杂陈的竞争品牌中，相信我们的品牌，偏爱我们的品牌。

确实，我们现在面临的阻碍比以往任何时候都要大，而且更多的阻碍还在源源不断地出现，这些阻碍不只来自于客户的消费升级，还有竞争对手的精准阻击，以及新媒介、新技术的涌现。但我们相信，那些志在冠军的企业，会有精彩的创意，甚至是大创意给到我们。

传统广告死了吗

其实，要界定传统广告是比较困难的。

20 年前，我们在信息港网站上招徕 Banner 横幅广告时，就自豪宣扬新的互联网广告诞生了，传统广告落伍了。为了吸引客户，Banner 广告从静止的 JPG 到会动的 GIF，后面发展为比较炫的 Flash。时至今日，网站 Banner 广告已经成为一种很传统的广告形式了，不是吗？

从报纸到杂志、从广播到电视、从路牌到灯箱到电子屏、从影院贴片到电梯电视、从出租车公交到地铁、从 PC 到移动终端、从浏览器到 APP，从人工智能到 AR，每一次新的技术和应用场景的出现，都会引领传播和广告出现新的表达形式。

所以传统是相对的，只是与新出现的媒体形式相比，它受关注程度可能要弱一些，它的流量可能要少一些。

我们所说的传统广告，更多是指在传统媒体上呈现的广告，像报纸、杂志、广播、电视就被称为四大传统广告，其他的像户外、灯箱、POP、传单等也常常被归入传统广告。而像电梯电视、电梯海报、影院视频、交通类视频、互联网媒体等则被称为新媒体广告或场景化广告。

这些年来传统媒体的日渐式微，是大家有目共睹的。广告不是做公益，广告是跟着消费者跑的，流量在哪里，广告就在哪里。互联网特别是移动互联网的飞速发展，完全改变了客户资讯的获取方式，截至 2017 年 6 月，中国网民规模达到 7.51 亿，手机网民达到 7.24 亿。数字技术正在加速与经济社会的各个领域深度融合，成为推动消费升级、构建企业竞争新优势的重要推动力。

现在中国有将近 2000 种报纸，300 家电视台，运营着 4000 多个数字频道。有的一个地方电视台就开办了七八个频道，实际上办一个频道就足够了。随着越来越多的人上网，传统媒体已经出现严重的产能过剩，广告额也在出现衰落和断崖式的下滑。2015 年，中国传统媒体业发生革命性的变化，互联网媒体广告的收入首次超过电视、报纸、广播和杂志四家传统媒体广告收入之和。数据显示，2015 年中国互联网广告达 2096.7 亿元，同比增长 36.1%；而 2015 年电视广告收入为 1219.69 亿元，同比下跌 4.6%；报纸为 324.08 亿元，同比下跌 35.4%；广播为 134.30 亿元，同比上涨 1.1%；杂志为 65.46 亿元，同比下跌 19.8%。2015 年四大传统媒体的广告之和为 1743.53 亿元，低于互联网广告的规模，而 2016 年、2017 年，互联网广告和传统媒体广告的规模差距还在被无情地拉大。

但一个有意思的现象是，广播这两年的广告收入却是稳定和增长的，这得益于广播在广告结构方面的优化，当然根本的原因还是广播在电台节目内容上的提升，以及汽车收听人群的增长，吸引了企业主们的广告投放。

传统广告死了吗，这肯定是个伪命题。只要有流量，肯定就有广告的价值。

传统广告的有效性，往往来自于其覆盖率，消费者在不断的广告信息曝光中，自觉地接收广告的信息，从而产生购买行为。

不知大家有没有发现，越是知名的品牌，传统广告投放得越多。甚至说，投放传统广告的，几乎都是知名品牌。这是为什么？我们分析过，由于 PC 和移动终端的限制，互联网广告很难给到消费者像传统广告一样的视觉冲击。比如电视，画面与音效结合，更容易让消费者记住企业的品牌。同时，广告是被动的，比如电梯电视，你不得不看。传统广告的投入一般都很大，而且还不可控，这些知名品牌都在投放传统广告，不是因为它们的企业营销预算雄厚，而是因为传统广告的展示效果更好，更容易让消费者记住，更容易快速占领客户心智。

这里需要指出的是，要死的不是传统广告，死了的也不是传统广告，而是我们所说的传统的广告模式。

那些手段单一、宣读口号式的简单广告，凭借电视、电台、报纸等传统媒体吸引消费者注意，换取广告关注，推动产品销售的好日子一去不复返了。就像脑白金的广告，那是传统广告时代的产物，那个时代正在结束，那样的广告形式也正在走向尽头。

随着媒介数量的发展和种类的丰富，那些单向的、简单的、粗暴的、灌输式的广告，效果越来越差，它们成了消费者感觉中的"坏孩子"，是令人讨厌的广告。取而代之的，是以客户体验为导向的、互动性的广告传播和公关，这些创新的、整合的传播，注重客户的主动参与、体验和扩散，才能真正赢得客户的品牌相信和品牌偏爱。

谈谈 Social 广告

随着国内微博、微信、知乎等社交媒体的崛起，Social 广告攻陷了几乎所有人的手机。由于信息屏蔽的缘故，很多优秀的国外社交媒体，我们是体验不到的，这里就国内的社交媒体和我们能接收到的 Social 广告做一些探讨。

Social 广告准确来说就是通过社交媒体传播的广告，也许叫社交广告或者互动广告会妥帖些，但目前国内的 Social 广告正在快速发展和变化中，相关的理论研究和技术方法也不成熟，所以我们还是用 Social 来分析这类广告形式。

Social 直译过来就是社交、社会的意思，是和 Social Media（社交媒体）伴随出现的广告形式。我们说过，流量在哪里，广告就在哪里。微博 2017 年第三季度财报显示，截至 2017 年 9 月，微博月活跃人数达到 3.76 亿，微博第三季度营收同比增长 80%，达到 21.26 亿元。腾讯公布的 2017 年业绩报告显示，微信和 WeChat 的合并月活跃账户数达到 9.8 亿，社交及其他广告收入同比增长 63%，达到 69.20 亿元，主要来自微信朋友圈、微信公众号等平台的广告收入增长。而其他像陌陌等社交媒体，也交出了亮眼的成绩单。

我们也分析过 Social 广告的一些优点：

（1）Social 广告是互动的。和传统广告的单向传播相比，Social 广告和消费者之间是互动的、双向的，品牌可以更深度地影响客户。

（2）Social 广告启动门槛低。和传统广告动辄上万上百万元的预算相比，Social 广告的门槛就低多了。Social 广告成为很多中小企业以小博大的机会，有很多品牌，像小米、滴滴、饿了么、小黄车都是通过 Social 成功逆袭后，才有能力开始在传统媒体上投放广告。

（3）Social 广告能有效提升品牌形象。广告的任务就是要塑造品牌，而 Social 为品牌的沟通提供了直接而且快速的路径。尤其对于那些品牌的忠诚客户来说，可以和品牌进行有效和亲密的互动，并自觉形成分享和口碑传播，在这个过程中，品牌的文化、调性、态度等广告诉求就能自然达成。

当然，Social 广告的优点不止这些。Social 的出现，让我们的品牌内容更好地与传播媒介结合，让整合营销传播变得更有黏性，企业可以融合广告、公关、活动，更容易刺激客户参与体验品牌，从而让品牌传播得到有效的扩散。

Social 广告的成功案例更是数不胜数，像海底捞的"人类已经无法阻止海底捞了"，褚橙的"褚橙进京""励志橙"，江小白的"表达瓶"等都是很有代表性的。这些 Social 广告，获得了惊人的消费者关注和疯狂的转发分享，成功塑造了独特的品牌文化，并有效地转化为客户购买，带来了显著的销售提升。很多知名的品牌，包括华为、联想、海尔、格力、中国平安、招商银行、可口可乐、耐克、新百伦等，都在 Social 广告上进行了比较大的投入，同时也获得了很好的效果。

但一个不容忽视的现实是，越来越多的企业像当年盲目建设网站一样，大幅缩减传统媒体的预算，纷纷加入微信公众号等社会化营销中，花费了巨大的人力和财力，却收效甚微，一地鸡毛。

根本的症结在于，我们很多企业的广告思维，还停留在传统的广告模式阶段，它们还是没能和客户站在一起，没有深入洞察客户需求。

微博、微信等社交媒体和之前的互联网网站相同的是，它们建立起了企业和客户零距离对话的平台，但遗憾的是，这样优秀的平台沦为免费的黑板报。更多的企业，只是把在传统媒体上发布的内容，照搬到社交媒体上，内容没有创新，也缺乏和客户的互动和沟通，自然被客户无情地开启广告屏蔽。更糟糕的是，缺乏传统媒体严格的采编流程，以及软件技术有水准的应用能力，很多 Social 广告呈现给客户的是混乱，以及毫无美感的画面和内容，不仅无法走进客户心里，也无法很好地树立和提升企业品牌形象。

当下的 Social 广告更多的还是以技术的创新来吸引眼球，无论是 GIF 图、H5、直播、长图流，还是短视频，这些技术创新越来越困难，既有的套路又被消费者所熟悉，Social 广告可能也要被归入传统广告的行列。和 Social 广告的优点相比，其不足也是显而易见的，由于接收终端的限制，它无法像传统广告一样给到消费者有力的视觉冲击。同时它还依赖于客户的主动接收，以及二级、三级的分享和转发。

可以预见的是，简单的海报 PO 一 PO，帖子发一发，KOL 转一转，KPI 刷一刷肯定不是 Social 的未来。Social 再热闹，最终也会归于平静，曾经低门槛的 Social 广告，如今也因为资源的垄断而水涨船高。

所以，Social 也好，传统也罢，广告还得回到原点，要洞察消费者在想什么，需要什么样的体验，并针对性地展开行动。作为营销人，要思考的则是，要让传统广告学习 Social 的快速和反应，同时要让 Social 吸收传统广告上百年的优秀理论和实践。因为广告就是一个工具箱，我们最终的目的只是通过广告进行品牌传播，赢取客户的相信和偏爱。

原生广告才是未来

其实对于原生广告的定义，目前还没有一个统一的描述。通俗来讲，原生广告将广告变成内容，在不影响用户体验的前提下，将推广内容融入到产品环境和用户的使用习惯中，从而提高广告命中率。相对于传统广告，原生广告的意义在于它注重的是客户体验，它不会像传统广告那样干扰客户。

为了更好地理解原生广告，我们不妨回顾一下原生广告的发展由来。

（1）初级阶段：软文广告。软文是和传统的硬广告相对而言的，与硬广告相比，软文的精妙之处就在于一个"软"字，它将要宣传的广告信息和文章内容结合在一起，让读者在阅读文章时不经意间受到了品牌的影响。如今的软文已经被使用得非常纯熟，像我们熟悉的新闻通稿、新闻报道、人物访谈、观点交流等都是典型的软文。

（2）中级阶段：植入性广告。当消费者都已经明白原来那些新闻稿都是软文，都是广告的时候，广告屏蔽就自动开启了，软文的效果就打了折扣。随着电影、电视、游戏等的发展，更符合客户场景的植入式广告就出现了，在影视剧情、游戏中刻意插入企业的产品和服务，刻意达到潜移默化的宣传效果。但很多植入式广告是硬生生地在场景中插入广告，让成熟升级的消费者感受很不好，像前面所说的《变形金刚4》《欢乐颂》等影视剧的植入式广告，就遭到很多的非议。

（3）高级阶段：原生广告。随着互联网的普及，以及社交媒体的繁荣，诞生了原生广告这一个专业术语。最开始原生广告（Native Advertising）这个概念，是由投资人 Fred Wilson 于 2012 年提出的，他认为原生广告是一种从网站和 APP 客户体验出发的盈利模式，由广告内容所驱动，整合了网站和 APP 的可视化设计。简单来说，就是融合了网站和 APP 的广告，这种广告成为网站和 APP 内容的一部分，比如谷歌的搜索广告。

对于原生广告，Solve Media 给出的定义是：原生广告是指一种通过在信息流里发布具有相关性的内容产生价值，提升用户体验的特定商业模式。IDEAinside 给出的定义是：原生广告通过"和谐"的内容呈现品牌信息，不破坏用户的体验，为用户提供有价值的信息。

而今，原生广告的定义已经被宽泛化，原生广告并不指具体某一种广告形式，而是一种广告理念。和以前广告注重覆盖规模，投放精准性，提高知名度不同的是，原生广告更加关注客户对广告的体验感受，从而赢取客户对品牌价值的深层次认同。

因此我们理解，原生广告才是未来。

分析原生广告的特征，以下三个方面是最显著的：

首先是体验主导。原生广告强调客户体验，不对客户产生干扰。只有降低客户的反感和排斥，进行友好的广告表达，才能有效地促进品牌价值感提升。

其次是内容为王。客户喜欢有趣和有创意的广告，希望广告能和自己的需求直接相关，因此品牌要洞察客户需求，要推送对客户有价值的内容。

最后是界面整合。原生广告将广告形式、风格、内容等与展示平台或使用场景紧密融合，把广告建筑在客户的美好体验之中。

原生广告的形式也是多种多样的，可以是搜索结果、手机导航应用、游戏主题表情、Feeds 信息流，也可以是视频暂停、加载、结束后弹出的广告插屏，或者是影视剧中的广告牌、实物道具。

按易观智库的总结，把原生广告归为形式原生、内容原生和场景原生三大类。形式原生广告，广告与界面设计融为一体，客户能明显感知广告的存在，但视觉上不突兀；内容原生广告，广告成为产品或内容的一部分，客户能感知广告的存在，但广告内容与载体息息相关，不妨碍客户体验；场景原生广告，广告将人、时间、空间相结合，在对的时间、对的地点给对的人推送，广告给客户带来便利。相比较而言，场景原生广告关注客户在获取内容的场景，层次更高，客户愿意接受此类型广告，是未来原生广告的发展方向。

以我们上一章研究的白酒新生品牌江小白为例，江小白的表达瓶就是原生广告的一种形式。江小白的原生广告，在视频领域更是发挥得淋漓尽致，在电影《火锅英雄》中，江小白作为不可或缺的重庆符号进行收录；在热剧《好先生》中，家人共饮江小白的画面，感动了无数电视观众；热播剧《小别离》，更是直接将江小白的文案融入台词，把江小白的观点写入剧情；江小白在腾讯视频发布的《我是江小白》MV，点击率高达 2000 万次；2017 年 11 月，带有"江小白"自有 IP 的动画片上映。这些原生广告的精彩呈现，推动了江小白品牌和消费者之间的有效互动和沟通，最终赢取了客户对品牌的深度认同。

广告原生化是大势所趋，什么是原生化，即广告＝内容，内容＝广告。作为品牌，必须和客户站在一起，充分理解目标群体的消费心理和需求特征，在此基础上，进行广告的原生化包装。当你的广告不单单是商业性的广告，而是能提供给客户需要的内容时，客户才会愿意看，即使客户知道这是广告，他们也愿意继续看下去，因为你提供到的不只是广告，还有内容，而且是有价值的内容。

从到达到体验

无论是 Social，信息流，还是原生广告，我们强调的都是注重客户的体验，注重和客户的沟通和互动。

我们处在一个快速变化的时代，以互联网而言，电商、社交媒体、各种基于地理位置的应用，改变和颠覆了我们很多固有的商业模式及经营理念。各种新媒体的出现丰富了我们信息获取和传播方式，同时也让我们要达到的广告目的变得更加不可控，以前面对比较少的媒介，企业可以很容易统一品牌形象和声音。如今多元化的平台让企业的控制权被降低，同时消费者不再被动，他们拥有更多选择的空间，品牌塑造和营销传播变得异常复杂。

"幸福是什么？幸福，是新车的气味，是无所畏惧的自由，是路边的一块广告牌。"唐·德雷柏在美剧《广告狂人》中如是形容。但在今天，让人心动的广告牌越来越少，满街都是"我最好""选我""买我"的赤裸销售传递，很多客户更是进化到对广告产生抗体，无论是天上掉下来的林妹妹，还是大洋彼岸飞来的爱芙罗黛蒂，他们都视若无物，不为所动。

变革已经不可避免，我们要开始改变的，不只是产品、服务、渠道，还有广告。

（一）从到达到体验

那些还在高谈广告覆盖、到达率，要求无死角、做深做透的领导们，可以下课了，你的广告费不只有一半被浪费掉，而是可能全部打了水漂。

我们要思考的不是到达，而是体验。因为到达已经没有任何意义，即使你通过狂轰滥炸让客户不得不知道你，但客户也不见得会喜欢你，更多的只会是讨厌，讨厌的广告、讨厌的品牌。只有给到客户更好的体验，才能让客户认可、相信我们的品牌，继而才会对我们的品牌产生偏爱。

（二）从干扰到邀请

记住不要对客户产生干扰，别再追着客户跑了，我们要做的是吸引客户关注，从干扰变为邀请、请求。请把那些假大空的概念，转为通过 AI、VR 给到客户虚实结合的物体，这样你的信息才会具体并容易理解。还有那些无趣的文字、图片和视频，请用新的、流行的技术，进行艺术的表达。所以，我们才认为，原生广告才是未来，希望我们的企业在广告的原生化上，多进行有益的尝试。

（三）从单向到互动

消费者在新媒体的语境下，兴奋的不是海量的信息和多元化的表现，而是互动，是沟通的实时双向，企业何尝不也是如此。新的技术使得生产者和消费者终于能同时进入同一个互动场景。在这个互动场景中，双方不只是对对方信息的真实接收和实时响应，还有心灵深处的感知沟通，价值观的情感认同。从开口式的单向，到收口式的互动，这样构建起的品牌关系才是最牢固的，才经得起外部环境的变化和竞争对手的袭击。

（四）从推销强卖到解决方案

没有人愿意被推销、被强卖，这也是很多消费者对当下保险、理财等广告体验很差的原因。消费者需要的是什么呢，消费者需要的是解决问题和心灵的抚慰。因此我们不能再指望通过传播广告信息去影响改变消费者行为，而是洞察需求，提出客户痛点的解决方案。如果我们传递的是解决方案，并协助客户感受到这个解决方案能为他们带来的价值，客户就会主动接收，他们会关注你的公众号，下载你的 APP，并会在他们的社群内转发推广。

（五）全媒体和平台化

和过去不同的是，如今当消费者产生特定的需求时，自然的就会上网，找到电商平台、社区和微博、地图导航、垂直网站、即时通信和应用程序等。如今品牌和消费者之间的信息沟通，因为接触点的增多反而更走向模糊，清晰的声音需要经过多种媒体和工具的撮合，所以全媒体的整合传播是必然趋势。只有整合传统媒体和新媒体，并针对不同媒体进行不同的信息传送，比如信息的长度，在电视上就得短，不只是广告成本的控制，更主要是消费者不愿意听，消费者这时是被动的接收。但在京东电商平台上，就要尽可能长一些，图文并茂，甚至还要配上视频，非常详尽地提供给消费者，因为在这样的环境下，消费者是主动的，他可以挑他喜欢的、需要的内容看。

同时，异常庞大的信息量，以及品牌塑造和销售功能的混杂，对以往短期的、活动式的宣传也提出了长期的、平台化的需要。我们的品牌，首先是将信息输出到平台上，消费者再从平台上选择他们各自所需要的信息。

新的时代，机遇与挑战并存。从到达到体验，理念已经更新，路径已经画好。让我们充分利用大数据等科技手段，挖掘出更多消费者的价值，帮助品牌更懂消费者，在和消费者的沟通和互动中，给到消费者完整的、美好的品牌体验。

广告要走心

电视、纸媒、社交、电梯、影院，各种媒介渠道迭代出现，不同的平台、不同的形式，无论是企业，还是合作伙伴，都在忙于追赶，忙于用各种酷炫的技术去做内容，忙于往不同的平台去分发。但结果却是有些尴尬的，尤其是社交化的媒体，并没有大家想象中那么有效。

面对纷繁的世界，我们更多时候不应是盲目地跟风，反而经常要做的动作是停下来，甚至是往后退一步，认真思考我们为什么出发？我们的客户是谁？我们了解客户吗？我们的产品和服务能帮客户解决问题吗？我们为什么做广告？我们的广告客户会看吗？客户看了会有触动吗？

"消费者不是低能儿，她是你的妻子，别侮辱她的智商，不要推出一个不愿意你的家人看到的广告。"这是广告教父大卫·奥格威说的话，不管社会如何变化，这句话将一直有效。

在产品过剩和竞争同质化的当下，广告的作用更显得的重要，是要用文案和视觉建立品牌的形象。我们和消费者之间的沟通，不只是通过产品，通过我们的员工，更重要的是通过品牌。

我们一直想找一个词语来形容我们期望看到的、广告努力的方向，可至今还没找到最为准确的。最后我们用了一个相对接近的，"走心"来表达我们的这种期望。

广告走心。这不只是一个理念，还应该是我们的策略。

走心定义的是我们要和消费者站在一起，尤其是我们的目标客户，我们不但要了解他们，还要"懂"他们，我们的广告，是从到达到体验、从干扰到邀请、从单向到互动、从推销强卖到解决方案。我们的企业，还有我们的合作伙伴，选择的媒介渠道，新的科技和技术使用，呈现的广告内容等各个方面都要走心。只有走心，才能让客户不排斥，只有走心，才能让客户慢慢信任和认可。走心就像我们追求一个喜欢的女孩，给她买喜欢的礼物，说她爱听的话，在她孤单、情绪低落的时候陪伴她，用参与、真诚、温暖的方式让她接受你，最终才能在众多的追求者中突围出来，成为她的最爱。

（一）内容走心

客户都很忙，每个人的时间越来越稀缺，越来越碎片，我们广告的内容，应该是帮客户省时间而不是抢时间。走心对我们的内容提出了更高的要求，要有干货、有态度、有深度，还要有温度，同时不能太严肃，适当时候还需要一些有趣的、娱乐化的结合与包装。

好的内容自带流量，大家经常谈及和朋友圈里刷屏的，都是那些走心的广告。比如雀巢在 2017 年推出的一则广告，在一个 8 万人的场馆里，分区里站着男主认识的所有人，然后请不记得男主名字，不知道绰号，没看到过男主哭等情况的人坐下后，只剩下了 5 个人站着，当问及后来与男主断了联系的人请坐下时，场上没有一个人是站着的。如今社交泛滥，雀巢咖啡的这支广告，不是当下人们新的现象，而是当下人们需要去正视的现象，遇见很多人，但保持联系的人太少，别忘了再忙碌也要去保持联系，哪怕就只是一杯咖啡的时间。保持联系，这就是雀巢的卖点，雀巢咖啡，为重要的时刻而存在。

当然，内容走心但可不能走远。很多广告就有这样的问题，它们都很走心，都是可以打 100 分的内容，但可能不是一个优秀的广告。我们必须要清楚，内容与广告是有区别的，好的内容标准是充满创意、吸引客户、引起共鸣，而好的广告标准是解决了营销问题。

（二）视觉取胜

铺天盖地的广告世界里，能够让消费者注意和走进他们心智的，从来都是那些视觉取胜、执行到位的广告。

传递信息最丰富，也最能打动人的感官，肯定是视觉了。因为视觉的观察和体验可以跨越语言和文字的障碍，无论哪一种客户，不同语言、地域、性别、年龄的客户，都可以通过对图像、图形、图案的视觉共识获得理解与互动。

和传统的美工不同的是，除了色彩、排版、审美，视觉设计还需要有产品设计的思维、熟悉不同的平台规范，更好地与技术开发对接，能从客户的角度提出更人性化的方案，设计简洁而有交互感。视觉设计不只是更吸引客户，还有美学、艺术，对客户的引导，因此传递的信息更能走心。

人们普遍都患上了注意力缺乏症，大家在看网页的时候，几秒钟的等待都会很没有耐心，很多人都是希望一点击进去就能看到全部内容，而不是浏览那些长长的文字和拖沓的视频。所以只有简洁易懂的图像才能吸引他们的注意，引导他们进入我们的品牌体验。一个明显的现象是，无论是纸质的报纸和杂志，还是网站、APP 的页面都越来越视觉化，与文字和视频相比，新的社交媒体上最受欢迎的就是动图和小视频。很多被大量转发的 H5、长图流、视频，都是视觉设计的成功作品。

（三）广告体验

我们面临的现实是，现在媒体的声音都太嘈杂，消费者对广告已经熟视无睹，感官被调动程度很低。我们要转变的不是广告到达，而是广告体验。体验是人皆向往获得的美好感受，寻求与众不同的体验是消费者的天性，体验已经成为众多知名企业的品牌塑造战略，Social 广告、信息流广告、原生广告等的兴起，正是体验思想的营销践行。

像来自瑞典的家居品牌宜家，就找到了一条适合自己的推广之道。宜家通过设计家的实体空间吸引消费者前来体验，试图切割出用产品创造和拼贴的生活空间来感动客户，并帮助客户找到自己的需求。这样的广告，注重体验和口碑宣传，从扁平化转变为立体化，消费者不再是被动告知者，而是掌握主动权的体验者。

（四）无场景，不广告

人是有限空间、有限感知、有限传播的主体。有限性，决定了传播的所有不完美，有限的传播主题、有限的时空交集、有限的受众注意、有限的影响深度、有限的转化可能。

但是，人却又是一个场景化的存在，上班坐地铁、倒公交，下班逛商场、吃饭、看电影，晚上回家坐电梯。人的场景化存在，产生了相应的诉求和价值，为我们的广告提供了进入的机会。这里说的场景是指人与周围景物的关系总和，其中场所与景物构成硬要素，空间与氛围等构成软要素，共同组成场景的核心。像楼宇视频、影院映前视频、电梯视频、地铁广告、商超入口、停车道闸，手机中基于位置的导航信息、通知栏消息等都是非常好的场景触点。

场景，可以是现实实景的构建，给到消费者可进入、可感知的体验，也可以是想象性场景的构建，通过洞察消费者在特定场景中的需求，结合其行为习惯，提供相适应的个性化内容。以外卖平台"饿了么"来研究。2015 年是外卖乱战的一年，除了饿了么，还有美团、百度、淘点点等众多商家进场布局。就外卖订餐而言，快节奏的白领商务人群需求最大，这部分群体主动获取信息的模式是多元化、碎片化、粉尘化的，但他们都要上班和回家，饿了么就集中覆盖了写字楼和住宅楼的电梯视频和海报广告，在当年 6 月起两个月的时间里，在线下以饱和攻击的方式打通了 33 个主要城市。同时，在线上发挥饿了么代言人王祖蓝无厘头搞笑风强调品牌口号"饿了别叫妈，就叫饿了么"，通过微博、微信等社交媒体进行精准的场景推广。广告投放结束后，饿了么白领外卖市场交易额由 700 万人增长至 3400 万人，增长率超过 200%，新客户比例增长 81%。易观报告显示：2015 年 7 月，饿了么在白领外卖市场交易份额占比 37.60%，排名第一，饿了么成功占据了令他的对手们艳羡的庞大白领客户群。再后来的故事，我们应该也知道，2017 年 8 月 24 日，饿了么宣布正式收购百度外卖，百度外卖成为饿了么的全资子公司。

我们说过，好的广告一定是和消费者站在一起的，我们所构建的场景就是站在消费者的角度，想其所想。一方面，在这些特定的场景中，干扰的信息相对有限，消费者会愿意同时也不得不听我们讲；另一方面，我们应时应景的内容创意，让广告不仅是信息传送，而是在挑动消费者的心，消费者在无防备的信息接收中需求得到激发个满足，体验感也会更好。

无场景，不广告。从媒体创新的角度来看，广告投放是一种场景解决方案的整合思考，我们的广告，靠场景的解决方案才能精准到达客户，场景的本质是以客户的体验为中心，激发客户需求，引爆情感体验，让品牌与消费者真正地沟通和互动。

品牌是一个由此及彼的过程，新的媒介渠道不断涌现，但企业和消费者之间的沟通并没有因此变得简单，更多时候反而让企业和消费者的维系变得非常脆弱。广告走心，应该是一种有效的途径，因为真诚和善良，从来、一直是我们最终的选择。

产品才是最好的广告

无论通过何种路径，我们通过广告给客户建立的体验期待，最终还是要落到产品身上。

产品是客户体验的入口，也是客户体验的核心。只有产品真正立足了，才谈得上服务和体验，也才谈得上品牌的建立。木桶理论很多人都知道，是讲一个木桶能装多少水，取决于最短的那一块板。如果把企业比喻为木桶的话，我们认为产品就是木桶的底，如果产品不行，桶底就没有了，别的板再怎么补也无济于事。

我们的身边，有的企业广告做的很少，甚至几乎不做，可品牌依然响亮，销售稳健上升。像咖啡连锁店星巴克，国民辣酱老干妈等，消费者很难在媒体上见到它们的广告。而有些企业，广告铺天盖地，广告费用逐年递增，销量却很难突破，甚至是广告一停，销售就锐减，陷于破产边缘。究其原因，问题大抵都集中在产品身上。

更为残酷的是，互联网和社交媒体的兴起，带来了我们传播便利性的同时，也让负面消息的传播更加不可控，产品哪怕一点微小的瑕疵都有可能被放大，新的传播让不好的产品更快走向死亡。以前我们说"好事不出门，坏事传千里"，如今却是通过网络传遍全世界，像高田的"气囊门"、三星NOTE7的"爆炸门"，活生生的例子比比皆是。

我们讲要从"以产品中心"转为"以客户为中心"，不是说产品不重要了，而是产品比任何时候更加重要，是对产品提出了更高的要求，要求企业要洞察客户需求，理解客户痛点，都做走心的产品，注重产品品质，精益求精，把产品做到极致。

和好内容一样，好产品也是自带流量的，好产品会在消费者中形成主动的口碑传播。像华为手机的Mate系列，最开始是在商务人群中被互相推荐，形成口碑效应，继而成为热销的产品。其他的不论是知名品牌国酒茅台、中华香烟、云南白药，还是新生代品牌小米、褚橙、江小白，它们热销的背后，无一不是企业对产品品质、产品创新和客户体验的不懈追求。而我们大力倡导的隐形冠军，它们更不要说广告，很多的消费者连它们的名字都没听说过，它们长期专注于特定的细分产品市场，技术工艺领先，单项产品市场占有率位居世界前列。

除了高品质的产品质量、严苛的原材料管理、先进的技术工艺、完善的质量检测体系，从广告和营销的角度，还有如下要素也需要我们重点关注和努力创新：

（1）产品颜值。颜值不用多说，大家都懂，毕竟这是一个看脸的时代，消费者都希望买到高颜值的产品。因此，在产品的功能和质量之外，还要考虑视觉的设计。

（2）包装广告化。我们可以在门店装修、产品包装等方面，将品牌形象导入，通过包装广告化能够有效引导客户，降低传播成本。像星巴克、肯德基、7天酒店，它们的门店就是最好的广告，色彩突出，标识明显。对于那些快消、密集分销类产品来说，比如饮料、食品，有个性的产品包装本身就是一个很好的广告，消费者能够通过产品包装识别和心理关联。但遗憾的是，很多企业还没深刻认识到这一点，它们成千上万套的包装，还没有一个标准，甚至哪怕是一个能吸引人的标识。对于这样的企业，建议最好不要谈品牌、投广告。

（3）产品系列化和升级化。摩尔定律放在所有行业都是通用的，优秀的企业在产品策略上都是生产一代、储备一代、开发一代，同时不断通过技术和工艺改进和升级产品。这样才能保证产品的生命力和品牌的发展后劲。产品的系列化和升级化应该是比较好理解的，比如华为手机Mate7、Mate8、Mate9、Mate10就是产品的系列化，宝马汽车的2016款、2017款就是产品的升级化。

（4）渠道铺货和陈列。渠道铺货量和上柜率决定了产品在终端的传播效果，大品牌往往都有很高的上柜率，但也常常是有广告，找不到货的现象。以笔者装修新家买空调为例，开始笔者是决定买格力品牌的，跑了附近的苏宁和国美都没有格力的样机陈列，后来就听从销售人员的建议，买了海尔的。格力这样的一线品牌都会如此，更多的中小企业要解决这个问题肯定是更加困难的。

常言道，广告抓消费者的心，终端抓消费者的钱。从场景上来说，无论线上线下，销售终端是最好的广告场景，比如在超市，产品的陈列和生动化最能吸引消费者，并给到他们最好的体验，直接促成销售。研究表明，消费者提前计划好购买何种产品的仅占 30%，而 70% 的消费者是在销售终端体验后才决定购买何种产品以及数量的。

我们现在讲产品、讲广告，实际上产品和广告是经常在一起的，更多时候广告已经成为产品的一部分，已经很难把它们分开。就像我们说果冻的时候，就会想起喜之郎，想起果冻我要喜之郎的广告，想起喜之郎甜美的味道，想起喜之郎精美的包装，尤其是在商超糖果区看见喜之郎一长排诱人的陈列，吃货们没有几个是能做到视而不见的。

产品才是最好的广告，当然服务也是。我们在最好的服务一章中分析的海底捞火锅，就是通过把服务做到极致，利用社交媒体和口碑营销，成功建立品牌的优秀案例。

为什么是百雀羚

2017 年的双 11，天猫又刷新了纪录，天猫当日销售金额达到 1682 亿元，同比 2016 年增长 39.5%。在天猫美妆行业品牌 TOP10 中，百雀羚以 2.94 亿元的佳绩再次卫冕冠军，这是从 2015 年起，百雀羚连续三年登上天猫双 11 美妆品类冠军宝座。

众所周知，百雀羚是一个拥有 86 年历史的中国品牌，是国货中的国粹。在过去很多年的时间里，百雀羚曾被认为是"妈妈用的化妆品"，而这两年，我们惊喜地发现，百雀羚已经走入年轻人的世界，刷新了年青一代对于国货的认知。在外资品牌纷纷抢滩的美妆市场，中国品牌都在艰难突围，连续三年卫冕冠军，大家可能都要问，为什么是百雀羚？

百雀羚，上海著名的老品牌，由顾植民于 1931 年创立。每一个成功的品牌背后都有很多的辛酸过往，百雀羚也是如此。自 20 世纪 30 年代起，百雀羚成了名媛贵妇的首选，著名电影明星胡蝶、著名艺人周璇等都在用。不论是在抗战还是解放战争期间，百雀羚一直都未停产过，百雀羚无疑是当时国内化妆品的第一品牌，引领中国护肤时尚风潮。中华人民共和国成立后公私合营成了国企，百雀羚经典的蓝色铁盒，承载了几代人温暖的记忆。但因为经营不善，工厂濒临破产，百雀羚这个商品曾低价卖给了私企，后又被高价收回。有一段时间，百雀羚几乎在市场上销声匿迹。2000 年，百雀羚引入民营资本和生产体系，改制为民营企业。2008 年，百雀羚全面塑造新形象，通过扩充产品线的方式来调整产品定位。目前，百雀羚旗下有大众基本款的百雀羚、针对互联网年轻群体的三生花以及定位高端的气韵和海之秘，覆盖大型商超、化妆品专卖店等多个销售渠道。

从天猫双 11 的数据来看，2013 年百雀羚刚刚进入双 11 美妆品类前十；2014 年做到了 3800 万元；2015 年则做到了 1.08 亿元，排名第一，是当年双 11 唯一过亿元的美妆品牌；2016 年做到了 1.45 亿元，继续蝉联第一，2017 年更以 2.94 亿元翻倍的业绩，连续三年摘冠。而百雀羚公开的数据显示，2012 年百雀羚的年销售规模还只有 18 亿元，但到 2015 年，三年时间就猛增 6 倍到 108 亿元，2016 年则实现 138 亿元，2017 年百雀羚的销售再创佳绩。毫无疑问，百雀羚再次成为中国本土化妆品的第一品牌。

作为国货复兴的代表品牌，百雀羚的再次成功，不只是消费的升级和民族品牌的回归，其背后的核心力量还是产品。消费者从来都不是傻子，我们所有品牌的口碑和认可，均来自于产品本身的品质，来自于企业对产品极致的追求。只有匠心制造，实力才是王道。百雀羚自创立以来就坚持在产品研发上投入大量精力，视品质为第一生产力，强化产品核心技术，专注"草本护肤"的品牌理念，匠心打造"东方之美"。2013 年，国家领导人参访坦桑尼亚期间，就曾将百雀羚作为国礼相赠，由此可见百雀羚的品质。2017 年 3 月，百雀羚成为号称化妆品诺贝尔平台的 IFSCC 中国首家金牌会员，百雀羚能够入围，正是源于对匠心的推崇和产品的重视。用百雀羚高管的话来说，无论是产品配方还是包材及其他原材料，百雀羚都拥有比肩国际一线大牌的水准。

好的产品更需要好的广告传播，百雀羚签了莫文蔚做形象代言人，突出天然、好草本的品牌形象。2012 年浙江卫视《中国好声音》第一季，百雀羚便开始合作，并赞助了第二季到第四季的《中国好声音》。另外，百雀羚还赞助了湖南卫视的《快乐大本营》栏目。2016 年，百雀羚更是重磅签下周杰伦为品牌男性形象代言人，还签下了李冰冰为首席品鉴官，这两位都是具有国际影响力的明星，他们的代言将持续助力百雀羚民族品牌享誉全球。

好的广告都是走心的。我们说过，走心的前提是要和消费者站在一起，对消费者深入地了解和洞察是企业和营销人的必修课。2004 年，百雀羚做了第一次全国消费者调研，去了十几个城市，找寻百雀羚在消费者心中还有没有价值，价值在哪里？当时得到的反馈是，年轻消费者认为企业僵化，品牌形象太老，没有创新。但消费者对产品又很信赖，几代人用过，都觉得挺好。于是百雀羚花了整整 4 年的时间，升级产品配方，重新定位产品，改进包装设计。2008 年，百雀羚第一套草本系列上市，很快就得到消费者的认可。

和众多中国美妆品牌相比，百雀羚无疑是最懂当下的消费者的，百雀羚提出了弹性美学护肤新概念，在百雀羚以弹性美学为主题拍摄的四个短片中，分别从恋爱、闺蜜、社交及剩女四个与当下女性息息相关的维度，展开了一场与消费者的感性沟通，在离生活最近的位置提醒她们保持弹性的美好，比如"独处不一定酸楚，也可以和自己相处""较劲不一定是坏事，也可以是一起变美的本事"等。不仅如此，百雀羚还在知乎上抛出弹性活法的社会议题，在微博上联合 KOL 共同打造话题，百雀羚期望能唤醒女性内心优雅的自我，在忙碌之余给自己一段弹性的时间和一种 Q 弹的美丽。

近年来百雀羚走心的广告和创新传播，更是让我们惊艳。2016 年，百雀羚推出恶搞古代四大美女的营销视频《四美不开心》，接着推出《美人很忙》，都市女性 VS 古代美女。2017 年母亲节前夕，百雀羚推出的《1931》广告，以 7~8 米一镜到底长图，描述了民国背景下，性感女特工阿玲执行神秘任务，最后成功击杀凶手"时间"，引出产品口号——百雀羚，始于 1931，陪你与时间做对。创新、走心的创意和设计，让《1931》这则广告瞬间刷爆网络，仅微信平台的总阅读量就达超过了 3000 万，再加上微博、网页、论坛等平台，以及各大媒体、大 V 等蹭热度的跟踪报道及分析类文章，总曝光量超过 1 亿人次，被业界誉为 2017 年的神广告。

2017 年，百雀羚的短片更是高产，有和故宫文化珠宝首席设计顾问钟华大玩跨界营销，推出定制东方簪，拍摄影片《认真，让东方更美》，尽显东方大美；有和京剧名伶王珮瑜携手拍摄的《为了相信的事，一直认真下去》，传播中华精髓传承；有和美国达人秀的视觉魔法师 Will 联合摄制"一镜到底"影片《生活就像个盒子》吸引大众眼球。而百雀羚拍摄的正能量短片《韩梅梅快跑》，鼓励女性突破常规，做一个自信从容、坚持初心的自由女战士，宣导的价值观得到共青团中央、中国妇联、《人民日报》等官媒的肯定与竞相转发，并获得了"中国广告不输泰国广告，也可以很走心"的评价，是继《1931》刷屏长图之后的又一现象级广告力作。

综观百雀羚的广告，种类繁多，但都很走心，都准确传递了百雀羚极致的东方大美，和年轻人"认真你就赢了"的品牌态度。一个86岁的奶奶级品牌，在保持东方传统文化理念的同时，不断勇于创新，一步一步地改变老化、落后的既定国货形象，成功攻占了新一代年轻消费者的心。

以匠心致初心。作为一个已经有86年历史的奶奶级国货品牌，在20世纪物质极度匮乏的年代，让那时的女性可以更好地追求美丽，百雀羚是当之无愧的民族骄傲。进入新时代，百雀羚秉承"天然、不刺激"为护肤之道，努力地突破自己，不断创新产品，持续提升品质，给到消费者更好的护肤体验。更令人欣喜的是，如今百雀羚的营销越来越纯熟，广告也越来越走心，相信百雀羚会继续通过品牌的努力，成就真正属于百雀羚的时代。同时，也为我们更多的中国品牌，提供国际化、时尚化、年轻化的品牌塑造样板。

|第七章|

文案说话

|本章体验要点|

好的文案，能传达你想说的话。文案从来没有像今天这样被重视，对于企业来说，文案是竞争的利器，更是品牌的核心和灵魂所在。

◇ 文案

◇ 消费者行为

◇ 文案三段论

◇ 软文

◇ 内容电商

文案十八怪

在第六章中，我们说广告无处不在。伴随着广告的文案也是无处不在，无孔不入。报纸广告文案、电视广告文案、电梯视频文案、广播文案、网络广告文案、产品文案，我们每天接触到的，都是文案。

脑白金的文案大家应该都熟悉吧。"今年过节不收礼，收礼只收脑白金"，把很多电视观众的耳朵都轰炸起老茧了。撇开脑白金的饱和广告攻击不说，就文案而言，脑白金的这段广告文案还是不错的，首先对仗工整，容易上口，也好记。其次，抓住国人送礼成风的"礼"文化，让消费者容易产生购买欲。最后，将品牌名称直接放在文案中，更加深消费者对产品的认知，在消费者心智中烙下了脑白金是送礼最佳礼品，送礼送脑白金的概念。

脑白金的前身是脑黄金，这个产品品牌创立于1994年，是当时如日中天的巨人集团经营策略转型的产物，但品牌诞生没多久，巨人集团因为投资建设巨人大厦而陷入严重的财政危机。脑白金成为巨人集团赖以东山再起的支柱，从1997年之后，脑白金的销售一路上升，1999年末，销售额突破1亿元，依靠脑白金的成功，巨人集团填平了2.5亿元的负债，并不断扩大规模。在以后的时间里，脑白金成为国内知名度最高和身价最高的保健品品牌之一，年均利润可达3亿~4亿元，数据显示，2005年春节期间脑白金的销售额更是达到8.2亿元。其广告文案"今年过节不收礼，收礼只收脑白金"则成为中国知名度最高的广告语之一。

在 2016 年春节前夕，脑白金开始在各大卫视上推出了一部新的广告片。文案是这样的：脑白金如果让您睡眠改善，请为脑白金点赞一次！脑白金如果让您润肠通便，请为脑白金点赞一次！如果脑白金助您年轻态，请为脑白金点赞十次！如果脑白金对您没有帮助，请吐槽一百次！有效才是硬道理，请为脑白金点赞！

说实话，这个文案也没什么问题。遗憾的是，脑白金的电视广告一直以强烈的视听冲击、机械的传播而强化受众记忆，不客气地说，脑白金的系列电视广告，完全是在挑战公众的审美底线，把肤浅的广告硬塞给了公众。随着重复次数的增加，不但无法刺激购买欲，反而适得其反，让大家日久生厌。同时，也不利于培养稳定、忠诚的消费群体，甚至还会造成购买者和最终使用者某种程度的不信任。

脑白金的成功与其清晰的产品定位、渠道管控的创新以及整合营销传播是分不开，这其中，文案也贡献不小。尽管脑白金的广告让很多人讨厌，但应该说它的文案策略还是非常有效的。与脑白金的文案相比，很多企业的文案，直接让人看不懂，不知所云，有的甚至是没法看。

到过云南旅游的朋友，导游都会给大家介绍所谓的"云南十八怪"，描述云南独特的地理位置、民风民俗所产生的一些特有的，甚至是有些奇怪的现象或生活方式。因为不同的行业，不同的产品，企业的文案也是纷繁杂陈。我们曾总结过各个行业的文案，调侃地整理出一个"文案十八怪"，比如房地产文案总是尊贵高大上；微商文案上来就谈情说爱；IT 文案满屏的黑科技和专业术语；汽车交通文案最喜欢讲诗和远方；保健食品文案总喜欢说疗效，好像卖的不是食品，而是仙丹，能包治百病。

文案十八怪，一方面，是企业出于经营战略考量，需要文案传递既定的广告信息，因此这些文案变成了产品的炫丽包装，甚至是忽悠受众的有力工具。像 2017 年底被指虚假宣传，误导消费者的莎普爱思，其电视广告文案是这样的："预防治疗白内障，请用莎普爱思"，其他还有诸如"治白内障，要选对药，选好药，选莎普爱思""白内障，看不清，莎普爱思，滴眼睛"等。而权威专家指出，目前业内公认治疗白内障的手段仍然是手术，莎普爱思滴眼液并无治疗白内障的功效。但在充足的营销推广费用支撑下，莎普爱思主打的滴眼液产品，一年竟能实现 7 亿多元的销售额。在没有明显药效的情况下，过度宣传产品治疗白内障的功能，并以此实现巨额盈利，受到舆论的一致质疑。

另一方面，文案十八怪折射出来的是，很多文案人员没有站在客户的角度，没有深刻理解客户，洞察客户需求，他们尤其善于玩弄一些玄虚的文字，因此只是在自嗨，自说自话而已。还有的文案人员，没有很好地掌握与客户沟通的技巧，不太擅长说出客户喜欢听的话。因此，这些文案常常出现的尴尬情形是，大家不爱听，或是听不懂。

文案是做什么

是的，文案从来没有像今天这样被重视。

从纸质的报纸广告、杂志广告、海报、宣传单页，到电视广告、广播广告，以及产品说明书、软文、企业内刊，乃至公关活动方案、幻灯片，都是文案。

随着互联网和社交媒体的兴起，文案更是进入一个兴盛的时代，只要能够写文字的人，都能创造文案。文案几乎无处不在，网站栏目、标题、正文，我们给客户推送的微信公号、资讯、邮件，电商平台上的产品介绍、详情页，APP 应用，文案都在帮助我们更好地和客户进行沟通。

文案，已经不再单纯的是广告文案的范畴，文案已经和商务文书一样，成为我们每个职业人必备的工作技能。如今，你无论是发个短信、朋友圈、邮件，还是正式的方案汇报、工作计划，都尽可能再审核、优化文字。

广义上的文案也称广告表现，它的内容包括语言、文字、绘画、照片及布局等。如电视广告的文案，就包括有声的语言，以及广告中的字幕；平面广告中的文案，还包括色彩、绘画、照片、装饰等。不过在这里我们不打算扩大化去讨论文案，我们把关注点聚焦在广告文案上，我们研究的文案，是指有广告诉求的语言和文字。

今天，我们的文案对于企业品牌的推广、产品的销售具有越来越重要甚至是决定性的作用。在全竞争的商业社会，产品和品牌同质化现象严重，精彩的文案往往能够让一个品牌在众多竞争对手中脱颖而出。对于企业来说，文案是竞争的利器，更是品牌的核心和灵魂所在。而一个优质的文案，不仅可以更好地促进品牌推广，更能有效地吸引客户的注意力，提升品牌人气和影响力，进而提升企业声誉，让产品在市场竞争中具有竞争优势，获得更大的市场机会。

从客户的角度，文案直接给到了客户更为细节的内容，客户可以更容易理解我们的品牌，以及我们的产品和服务，让沟通变得简单，从而使客户的体验更好也更舒服。因此，我们很有必要开辟一个专门的章节来研究文案，以期给到企业一些有用的路径。

中国很多行业都相对还不够专业，分工也不够明晰，以文案来说，很多企业的理解是，文案就是策划，但其实文案和策划是两种差别很大，也是有着本质区别的工作。当然，一个很常见的情形是文案人员经常会和策划人员，或者是设计人员一起配合工作，策划人员也经常需要独立撰写很多方案，文案和策划的工作有时会混在一起，但这两者截然不同。

文案是做什么呢？

有资深文案人员总结过自己一天的时间构成：35%的时间在写各种文案，包括 PR 文章、论坛软文、微博、微信文章；20%的时间在冥想；15%的时间在进行产品调研、客户分析；15%的时间在进行内容制作；5%的时间在进行工作安排；10%的时间在开会。

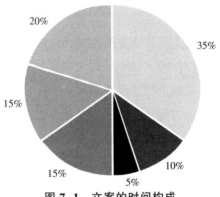

图 7-1　文案的时间构成

图 7-1 描摹出一个文案人员的工作日常。文案的工作基本涉及：画册主题、文字，平面广告创意、广告语，产品宣传语，TVC 广告创意、脚本等。但无论是创意、文字，还是广告语，都是基于品牌定位、产品定位、消费者分析，以及竞

品分析提出来的。

文案的最低要求是说的话能吸引人，当然，这也是文案的最高要求。文案必须会说话，因此一个好的文案，需要和客户站在一起，需要特别了解客户，这也是我们做任何事情的基础。

消费者行为

这个标题有点大，可以专门写一本书了。

第一章 YOU 时代中，我们尝试对当下的中国消费者做出一些简单的分析。在本章是无法展开的，只能提供一些观点，帮助我们更好地让文案说话。当然，这些观点对企业的所有业务口都是有帮助的，包括市场、产品、服务、渠道、终端等各个专业。

现在流行一个词叫洞察。和观察不一样的是，观察指看的这个动作，没有表明看的结果，而洞察则指看穿，了解得很透彻。从文案的角度看，观察是"别人都知道，但别人也早发现了的东西"，洞察则是"别人都知道，但是别人没有发现的东西"。洞察对很多业务口都很重要，尤其对于文案来说，缺乏客户洞察的文案都是苍白无力的，就像不谙世事的孩子，说的话很天真和无知。

这里我们一起探讨一下，作为文案应该重点关注的几个消费者行为。

（一）信息的接收

和计算机一样，人们的信息接收会经历不同的阶段，在此过程中，信息被输入、加工和存储。然而和计算机不同的是，我们不是被动地接收和加工眼前的信息。因为有太多的信息在争夺我们的注意力，尤其是在现在这个碎片化、粉尘化的信息社会，我们只能注意到很少的一部分。即使很少的一部分进入我们的意识，每个个体还会根据自己特有的偏见、需要而逐一进行过滤。

还有就是信息的多任务处理。我们的大脑本质上是一个并行任务系统，无时无刻不在同时处理着多个任务。互联网和新科技的快速发展，让我们的注意力更难集中，研究表明，96%的人在使用媒体时，有1/3的时间在进行多任务处理。大家可能是在开车的时候听着广播，玩电脑的时候开着电视，甚至是手里拿着手机，旁边还放着 PAD。即便是等候电梯的间隙，电梯视频广告重复的轰炸，还是有很多人在看着手机中的信息。

面临的挑战越来越大，要成功吸引消费者的注意，文案就应该从简洁、关联性、适应性、对比的刺激上下功夫。同时，通过建立品牌定位，包括品牌调性、生活方式、产品属性、品类、使用场景、价格竞争等，在拥挤的信息潮流中抢先驶入消费者的心理车道。

（二）记忆的干扰

我们经常在想，是什么让我们忘记？通常的理解，记忆只会随着时间的流逝而消失。但实际上干扰更容易引起遗忘，尤其是碎片化的记忆，我们获得的新信息会覆盖原有的记忆信息。媒体做过调查，只有 23% 的受访者能回想起一个月前宣传的新产品，这是多么让企业沮丧的现实。而更为残酷的是，竞争对手也没有歇着，他们一直在厉兵秣马，随时准备移除你留在消费者那儿的记忆。

如何让你的文案不是太容易被干扰，强化突出品牌通常是比较有效的，像我们讲的神秘文案，比如百雀羚在蝉联天猫双 11 美妆品类三连冠宝座后推出的《你应该骄傲》广告片，讲述几个发生在现实中的故事，阐述了低调谦逊文化影响国人的"真相"，原来内心真实的情感不仅受外界束缚，还一直被禁锢在自身的枷锁当中。整个文案直击痛点，点燃了人们为努力的自己、为强大祖国而骄傲的情感，最后带出百雀羚销售三连冠，是值得国人骄傲的国货品牌，使得品牌定位深入人心。另外，场景化的文案也是比较有效的，通过设计一些生活场景，然后带入产品，这样容易获得消费者的认同，当他们遇到相似的场景时，脑海里就能想到你的产品。

（三）消费者的参与

再没有比参与更能让消费者兴奋的了。参与是我们一直强调的，无论是产品的设计还是服务的设计，以及品牌的体验，我们都强调消费者参与的重要性，只有消费者的参与，才能更好地形成与产品和服务的稳定关系，才能让消费者有归属感。小米科技就是消费者参与做得很好的企业之一，为了让客户有更深刻的体验，小米一开始就让客户参与到产品研发过程中来，包括市场运营，客户扮演着小米的产品经理、测试工程师、口碑推荐人，梦想赞助商等各种角色，他们热情饱满地参与到小米发展的各个细节之中。基于群体、家庭、个体的水平，消费者有着现实自我和理想自我的两种角色，而参与能充分满足消费者"在场介入"，抒发"影响世界"的热情，让理想自我和个性得到最好的展现。我们倡导构建参与感的企业，就是要把产品、服务、品牌、销售的过程开放，让客户参与进来，可触碰、可拥有，和客户共同成长。

就文案而言，最好的文案就是客户自己创作的文案，客户的积极参与就是企业最好的口碑。像网易云音乐，直接把点赞数最高的乐评做成广告文案进行推广。还有江小白，他们的文案大都出自于粉丝之手，毕竟文案再好，也不可能取悦所有人，江小白的表达瓶让每个想露两手的人都可以参与进来，其瓶身文案已经成为白酒行业一道独特的风景。据说有人为了集齐江小白瓶身文案，还跑遍了全重庆的火锅馆和便利店。

（四）消费者行为是一个过程

尽管交易是所有消费者行为中的重要部分，但我们必须要清醒地认识到，消费者行为是一个全过程，包括购买前、购买中和购买后影响消费者的所有问题。很多体验做得好的企业，他们的目光反而是更加关注消费者购买后的行为，关注最终使用者的感受。

那些成功的企业，我们往往只看到它们优质的产品、满街的广告、火热的活动和令人羡慕的财务报表，我们更应该好好学习它们对消费者、对人性、对大众偏好的准确把握。未来，只属于那些真正洞察消费者的企业。

文案三段论

回到文案本身。很多教材式的书籍把文案定义为已经定稿的广告作品的语言和文字部分，其中，语言指有声语言和口头语言，而文字指书面语言（包括视频中的字幕形式），而文案的构成则分为标题、正文、口号、随文等。

为更直观地理解和执行文案，我们有必要在这里对文案进行整理。

关于文案的定义，我们认为，文案就是有广告诉求的语言和文字。

就文案的执行，落实到具体的标题、正文，以及口号上，我们经过多年的实践经验，提出一个文案三段论的操作方法。

三段论是亚里士多德首先提出来的一种逻辑推理理论，所谓三段论是指其中一个命题（结论）必然地从另外两个命题（叫作前提）中得出的一种推论。例如，凡是真理都是正确的，达尔文的进化论是真理，所以，达尔文的进化论是正确的。这就是一个典型的三段论。

这样来理解三段论可能过于形而上，还是凯撒大帝的三段论更直观一些，凯撒大帝公园前 47 年在泽拉战役中大胜后发给元老院的捷报中这样写道：我来了，我看见，我征服（VENI VIDI VICI）。

对于文案三段论来说，是从消费者购买决策过程推导出来的，消费者购买决策过程通常会经历这三个阶段：引起需求→价值判断→决定购买。在复杂购买中，消费者购买决策过程则是由引起需求、信息收集、价值判断、决定购买和购后行为构成。

有需求才会购买，需求可能是刚需，也可能是弹性的。需求这个词在今天看来是最为复杂的。马斯洛需求理论中，把需求分为生理需求、安全需求、社交需求、尊重需求和自我实现需求五个层次，随着中国经济的飞速发展，越来越多的消费者追求的已经不再是生理和安全需求，而全面上升到社交、尊重、自我实现和自我超越，个性化和理想自我是当下消费者的普遍特征。进入价值判断阶段，消费者会比较品牌、品质、价格，并在多个属性中进行个体的价值权衡。在消费者最终决定购买时，受价值判断的影响，他们会倾向于那些解决方案最好的提供者。

基于消费者购买决策过程，我们提出文案三段论：理解客户理想→洞察客户痛点→提出解决方案。

先说一下客户理想，好的文案不能只是回应消费者的简单需求，而是要理解客户的理想自我，满足客户的自我实现需求。这样，我们的文案出现在客户面前的时候，才能立刻抓住客户的注意力，让客户觉得文案说的就是他的理想。这一点，尤其对于企业的品牌理念、广告语是非常有效的。

痛点在第二章智慧产品中我们就有过探讨，只有真正洞察客户痛点，才能揭示、引起、创造客户需求，也才能让我们的解决方案有的放矢。而我们提出的解决方案，一定是以客观的品牌和产品价值为基础进行构建，这样，客户理想的实现就是可能的和可行的，而不是空洞或不切实际。

优秀的文案都具有三段论的明显特征，比如沃尔沃在 2015 款 XC60 上市时推出的广告，其文案是这样写的：别赶路，去感受路。沃尔沃 2015 新款 XC60 瞩目问世。现代人每天都在忙碌，每天都在"赶路"，很多上班族都处于亚健康状态。别赶路，感受一路的别致和精彩，这就是客户理想。客户的痛点是什么呢？赶路。而沃尔沃提出的解决方案是 XC60，人文科技豪华 SUV，带给你身心愉悦的驾乘感受。行有界，心无疆，跟随沃尔沃 2015 新款 XC60，释放内心，感受脚下的路。

近年来在酒类品牌中，文案做得很好的，除了江小白还有红星二锅头。像红星二锅头有一则广告：将所有的一言难尽，一饮而尽。这段文案将人生难言的无奈与辛酸表达得淋漓尽致，客户理想、痛点和解决方案全部一一予以呈现。我们在这样场景的时候，会如何解决？购买红星二锅头就会是一种倾向性的方案。在这样优秀的文案加持下，红星二锅头就引导了消费者的购买决策过程，它传递出来的不仅是一种酒，更是一种品牌烙印。

文案三段论，不论是对广告语、标题，还是正文，都是适用的，也可以简单地用客户理想写广告语、用痛点洞察写标题、用解决方案写正文。

当然，文案创作是一门艺术，抵达客户的路径也有很多种。但无论哪一种，都必须洞察客户问题，解决客户问题，只有这样，才能给到客户最好的体验。

Tagline 和 Slogan

要说一下 Tagline 和 Slogan 的区别，因为很多人，包括一些业内人士都会把它们混淆起来。

Tagline 是指品牌主张，或品牌理念。Tagline 是品牌价值和品牌形象的浓缩，用以辅助品牌 Logo 加强品牌的沟通力，通过语言的描述来帮助品牌区别于竞争对手，同时向消费者传达品牌的价值。

Slogan 是指广告标语，或广告语、口号。Slogan 和 Tagline 很相似，经常都是以很精练的形式出现一段话语，但它们的使用范围完全不同，Tagline 代表的是品牌，而 Slogan 往往代表产品，常用于一个单独的产品或者一次广告行为。

很多企业为了丰富营销活动，会经常更换 Slogan，还会同时存在多个版本的

Slogan。但 Tagline 却只能是一个，并且需要保持不变或者在很长的一段时间内不会变化。以江小白为例，"我是江小白，生活很简单"就是 Tagline，而经常变换的瓶身文案就是 Slogan。

弄清楚 Tagline 和 Slogan 的区别，我们就不再绕英文单词了，以下重点论述如何写出好的品牌主张和广告语。

先说品牌主张。品牌主张是企业向消费者传递的核心认同和价值观，品牌主张是我们企业品牌建设的核心，也是静态的品牌鲜活化和人格化的关键策略。品牌主张一旦确立，就要长时间的坚守，企业后续的品牌形象设计、产品和服务的开发、一切的营销传播活动都围绕品牌主张而展开。对于有的企业来说，品牌主张是企业愿景、使命和经营理念的概括阐述，指引着企业的经营和管理行为。

以宝马为例，它的品牌主张一直都是 JOY（纯粹驾驶乐趣），从未变过。为了更好地融入中国社会及文化的特点，能够更好地被中国人理解，宝马将"BMW 之悦"确定为在中国的品牌主张。从"纯粹驾驶乐趣"到"BMW 之悦"，并非 BMW 的品牌主张发生了改变，因为"悦"是对 JOY 的重新诠释。"驾驶的乐趣"突出的是驾驶、是产品，而产品的特点有其局限性，容易被复制。"悦"则突出品牌中的情感元素，更容易深入人心，同时具有不可复制性。"悦"是一种发自内心的喜悦，是带来更人性、更情绪、更有激情的品牌内涵。"悦"品牌主张让宝马从一个好车变为一个好品牌，一个有情感的品牌。

我们知道，品牌主张是企业品牌建设的核心，因此，如何让品牌主张有竞争力至关重要。我们研究了很多企业的品牌主张，并对那些消费者很认同的品牌主张进行了归纳，它们有以下特征：

（1）诚信化。品牌主张是真实存在的，它代表着对消费者的承诺，企业的产品和服务必须能支撑品牌主张，否则就成为空话，最终让企业走向衰亡。比如，小米的"为发烧而生"就是要把产品做到极致；格力的"好空调，格力造"就是要为客户提供最好的空调；顺丰的"承诺，为每一份托付"就是知道每件物品背后，都是一份托付，要全力以赴提升运营效率，准时将物品配送到指定地点。

（2）差异化。产品和服务日益趋于同质竞争，找到不同或是优于竞争对手的利益点，就成为确立品牌主张的关键。比如，农夫山泉的"农夫山泉，有点甜"；德芙巧克力的"牛奶香浓，丝般感受"；海澜之家的"男人的衣柜"。

（3）人格化。品牌主张应如人一样，有文化、有内涵、有故事，甚至还有自己的形象、个性、气质、态度和价值观。比如，褚橙的"励志橙"，百雀羚的"中国传奇，东方之美"。

（4）标语化。品牌主张必须简洁，让消费者一看就懂，我们建议最好不要超过 10 个字。比如，大众汽车的"车之道，唯大众"；百度的"科技为生活"；招商银行的"因您而变"；宜信普惠的"这个朋友肯借钱"；佳能的"感动常在"；滴滴的"滴滴一下，美好出行"。

品牌主张也是文案，所以，文案三段论肯定是适用的。但因为品牌主张往往要求简短，要在很少的文字里传递很多的信息是不现实的，而且也不允许，因此品牌主张的重点可以关注客户的理想自我上，这样容易获得客户的认同。从某种意义上说，相当于品牌客户的标签化，不是去传递品牌是谁，而是要去传递客户是谁。

现在说一下广告语，广告语是我们发起活动的口号，它更多地是面向产品的销售或者服务，因此好的广告语一定是有销售力的。

广告语的表现形式是不断地被重复，从而获得想要的效果。广告语到处都是，几乎塞满我们的生活空间，好的广告语也是经常见到的，打动和引导着我们的消费行为。比如，喜之郎的"果冻我要喜之郎"；红牛的"累了困了喝红牛"；自然堂的"你本来就很美"；今日头条的"你关心的，才是头条"；瓜子二手车的"去掉中间商，卖家多卖钱，买家少花钱"。

和品牌主张一样，好的广告语同样具有诚信化、差异化、人格化、标语化的特征。但和品牌主张不一样的是，不同的营销事件，广告语是要经常变换的，所以场景化是广告语的一个主要特征。我们可以以事件构建想象性场景广告语，利用节日、纪念日等进行场景化创新，并结合不同场景投放具有情感联系的广告语。比如，我们做的房地产广告，通常分告知、说服、提醒三个阶段。在楼盘刚入市时，以形象定位类文案为主，如"抵达你心中的庭院""南一环，地铁上盖物业"，对目标客户进行告知式宣传；在楼盘进入销售期时，以促销类文案为主，如"存一万抵两万""国庆中秋购房狂欢节"，对目标客户进行说服式宣传，催促客户尽快购买；而在楼盘进行尾房销售时，以提醒类文案为主，如"2018，欢迎回家""实景现房发售"，提醒客户有房在卖。

有销售力的广告语肯定都是洞察客户的，只有深度洞察客户问题，理解客户理想，提供解决方案的广告语才能引起客户注意，刺激他们的欲望，最终促成购买行动。所以，建议大家多尝试文案三段论，让它成为我们和客户沟通的有力工具。

软文营销

软文是很典型的一种文案，尤其是互联网和社交媒体的繁荣，软文成为众多企业营销的有效工具。

软文是和传统的硬广告相对而言的，所谓软文，是指企业在报纸、杂志、DM、互联网站、社交媒体等平台上登载的含有广告诉求的文章。与硬广告相比，软文就妙在"软"上，好的软文，旁敲侧击，含而不露，比较巧妙地将企业要传递的信息与文章融合，将文字的营销价值发挥到极致。

我们说，原生广告才是未来。而软文就是非常好的原生广告，软文的"软"，强调与媒体的融合，因此软文能够很好地融入到各类媒体的版面以及内容页，消费者在阅读在这些文字的时候不会很排斥，体验感相对来说是较为舒适的，而不是像广告页那样直接跳过。

软文的形式多样，有新闻报道、对话访谈、故事分享、付费短文、专业测评、产品体验、案例分析等。这些软文通过宣传性、阐释性或叙述性的文字，平等地和消费者沟通，而软文中的广告信息，随着文章进行传播，会给受众的生活和消费观带来潜移默化的影响。

和硬广告相比，软文都有完整的主题，传递的信息也更丰富。好的软文甚至还会被广泛地分享，为企业带来硬广告投入根本无法实现的宣传效果，提升了广告的转化率，为企业赢得源源不断的订单。尤其是微信等社交媒体，让软文分享更容易实现，那些可读性强、有价值的软文，极易被阅读者手指一滑而转发到他们的朋友圈。

常规的软文，主要的作用是塑造企业的品牌形象，通过发布大量软文提升消费者对品牌和产品的可信赖程度，同时借助第三方媒体的作用，提升企业在搜索引擎的排名和展现量。比如苹果的 iPphoneX 上市，很多消费者就会有意识地去搜寻这款产品的信息，他们会看到各种资讯、评测报告以及试用体验，如果消费者看到的正面评价居多，就会影响他们的价值判断，并相对会倾向于决定购买。

其实，这类信息大都是企业出的软文，目的是引导客户需求，影响客户的购买决策。当然，这里面也有竞争对手制造的软文，包括黑文章。商场如战场，客观评测和比较对手无可厚非，但恶意攻击、贬低对手的内容，是我们不希望看到的。

撇开那些品牌背书式的软文不说，我们看一下那些成功的软文，都有些什么要素，这样有助于帮助大家更好地做好软文营销。

（一）标题党

对于软文来说，标题无疑是最重要的因素。标题是我们给客户的第一印象，如果标题没有抓住眼球，阅读行为就自然终止。现在流行叫标题党，就是因为标题实在太重要，以至于很多的文案人员偏离了文案的本质，为追求片面的注意力和点击量，作出了许多夸张、失真、歪曲，甚至比较污的标题。标题党是需要的，但我们不推荐去设计耸人听闻的标题，无视标题与正文、标题与事实的关系，这既有违文案的基本操守，也是不可持续的。

好的标题是突出客户需求，引导客户直面存在的问题，并暗示会在正文中提供解决方案，这样他们才会继续看下去。标题设计一定要简短精练，尽量用最少的文字传达最丰富的内容，同时要考虑传播对象，让标题更精准地吸引客户。另外，不同的媒体平台，要设计相匹配的标题风格，效果才会更好。如今搜索引擎已经成为我们信息获取的主要途径，所以标题还要设计关键词的布局，让客户更容易发现我们的信息。

（二）内容价值

到了正文部分，面对密密麻麻的长篇阔论，客户如何才能有兴致地读下去，则取决于内容的价值。这里的价值可以分成两种，有用和有趣。有用自然是指内容是客户需要的，是客户问题或痛点的解决方案。有趣是文案创作的艺术，比如在段落中小标题、小提示的使用以及重点内容的突出；在内容中融入故事，企业的、品牌的、产品的，抑或是消费者的；在内容中植入热点，情感式、场景化的话题；也可以多使用数字、引入专业词汇等提升软文价值。

（三）效果达成

软文的目的是要和客户沟通，传递企业有广告诉求的信息。因此我们必须关注效果达成，这篇软文要达成什么样的效果，是塑造品牌？公关？还是销售？有了明确的目的，文案就容易施展拳脚，用形象生动的文字与客户进行愉悦的沟通和互动，从而引导客户购买决策过程。

（四）传播分享

好的软文，不但能打动客户，还能让客户愿意去和家人、同事、朋友，甚至是陌生人传播和分享。有了客户的主动传播和分享，就能形成一传十、十传百的口碑效应，这是所有企业和文案人员都最希望看到的。让软文具有传播性和分享性，需要我们不断地去探索和创新。

如今，软文在企业的营销中发挥着越来越重要的作用。一篇好的软文，不仅能提高品牌的知名度，更能为企业带来销量的提升。同时，好的软文更是一个高质量的体验入口，让企业能以比较小的代价，赢取客户的信任和偏爱。

内容电商

这些年互联网的不断普及，特别是伴随着支付、物流、诚信、评级等系统的成熟完善，电商日益显现出强劲的发展势头。越来越多的企业正在大规模进驻电商领域，结合自身特点及原有优势，不断涌现出适合企业自身发展需要的创新模式与应用。

同时，和以往单纯的交易型电商不一样的是，现在的企业，更加重视内容营销，通过文案和图片，动画以及视频的结合，打造出强烈的视觉效果，给到消费者近乎实体店的触感体验，让无数的消费者欲罢不能，不停地买买买，实现了很多实体店都无法完成的销售业绩，也让企业的品牌得到了广泛的传播。

我们试图分析消费者痴迷于网购的原因。第一是能很方便买到身边无法买到的东西；第二是免去交通的麻烦和逛店的辛苦，省时省力；第三是可以在琳琅满目的产品中进行选择，货比三家，讨价还价；第四是在网络世界里没有身份和地位的差异，每个人都是平等的，消费者更加主动，网购不只是购买到心仪的东西，还容易产生自我满足感。尤其是，每一次成功愉快的购物体验，都会更加强化消费者们对网购的执着和痴迷。

认知闭合需要是这几年心理学领域的研究热点。认知闭合需要，简单地说是当人们面对一个模糊或者复杂的问题时，给问题找出一个明确答案的强烈欲望。从心理学的角度看，内容电商的意义在于，客户是因为对内容电商提供的内容和信息感兴趣，选择了关注和阅读，而不是"我要购买"，这时候客户的认知闭合需要比较低，容易接收复杂的决策信息，并容易接受新的产品或服务。

内容电商作为一种以内容链接消费者和产品的电商模式，已经成为很多企业非常重要的营销活动。形象比喻的话，内容电商就像一个自循环的无人销售终端，它以满足特定消费者的个性化内容，关联可销售的产品或服务，由电商平台基于准确的数据匹配机制进行分发，通过内容引导产品或服务实现销售获利。对于企业来说，如何创造出优质的视觉内容，是营销的主要课题，尤其是文案，在内容电商中的作用尤为突出。

而以下这些关键点，是我们经过总结，在内容电商中文案需要特别予以重视的。

（一）首页文案

首页文案，是消费者对品牌和产品的第一印象，决定他们是否还会继续看下去。在 YOU 时代，产品和价格已经不是唯一，消费者更需要情感和心灵上的共鸣，让自我价值得以展现。作为文案，不只是关注和消费者之间的交易，还要关注和消费者的情感交流。除了常规的版面设计、图片、动画和视频选择外，首页文案必须要成功引起消费者体验期待，投射消费心理，满足消费者追求舒适、美感和品位的要求。

（二）核心卖点

一个产品的卖点很多，但这些卖点中只有核心卖点才值得大力地去呈现。作为文案，核心卖点提炼是一个基本的素质，通常的方法是先围绕产品列一个卖点清单，然后进行目标客户画像、了解消费者最关心的问题，最后在产品和消费者之间找到那些最强的连接，那就是核心卖点。核心卖点是区隔于竞争对手的，它不是口号，是真实的承诺，而且还要具有可感知和可衡量性。

俗话说，空口无凭。在内容电商语境下，核心卖点提炼出来后，不只是用文字叙述，还应该把文字信息进行数据化、图片化和视频化，这样才更有说服力，也更容易打动客户。有时，为了让核心卖点更直观，建议找一些其他产品进行对比。当然，这些对比应该是公正和客观的。

（三）内容简洁

内容的精简一直是文案的基本要求，要降低阅读、理解和记忆的负担。内容电商要求文字更加精练，内容文字不要太多，文字要准确无误，要与图片相符，描述产品核心功能，具有可读性。考虑浏览终端的特殊性，文案要有阅读层次性，以渐进式的文字设计引导客户认知产品。为了让阅读更有体验，建议可以像写短片故事一样写内容。

尤其是活动宣传，对于企业来说，活动是打响和引爆、提高销量的有效武器，但电商文案尽量不要详细描述活动内容，只需要提及活动核心内容即可。

当然，简洁是相对而言，在产品的详情页中，细节展示是必不可少的，甚至需要从产品常规的各个角度进行特写，最大化展示产品优势。产品细节也可以做出出色的文案，细节文案做的好，可以带来不可估量的价值。

（四）买家评价

买家评价也是文案的一部分，一般写得好、看上去非常真实的买家评价，很容易勾起消费者的购买欲望。尤其是那些意见领袖（KOL）的评价，会给产品的销售带来更可观的影响。

在通常情况下，消费者在查看某样产品的详情页时，是带有一点点想要购买的心思，但不一定购买，他们需要货比三家，或是要寻找到决定购买的原因。买家评价就是帮助消费者建立购买决定的重要因素，很多时候，挑选一些好的买家评价出来，适当地诱导消费者购买是必要的。

消费者总是选择看上去舒适、符合消费者心理的产品。虽然是在线上，不是和客户面对面，但优秀的文案往往不会满足于文字的组织，他们深刻洞察消费者和产品，通过文字、图片、色彩等的整合来满足消费者的心理需求和心理期望，轻而易举地得到销售量。

文案不是 copy

文案是由英文"copy"翻译过来的，在英文里，文案是指"copy"或"advertising copy"。

有意思的是，copy 也是复制的意思。学过 DOS 语言的朋友都知道，copy 是最常用的复制命令，我们经常说的拷贝就是 copy 音译来的。

和 copy 的拷贝之意相似的是，我们面临的不只是严重的产品同质化，貌似近亲关系的品牌和产品名称，还有过度模仿抄袭的广告和文案，傍大牌、蹭热点成为当然的正确。这样的现象肯定是不可取的，天下文案一大抄，我们提倡学习、借鉴和创新，但如果把文案做成只是简单的 Ctrl＋C，做成 copy，无疑是自取灭亡。

如果别人的文案你拿过来就能用，那说明这是一个通用型文案，只是文字的堆砌，是无效的。人们都很忙，大家都有自己的生活要过，凭什么你抄袭一堆文字过来就想要大家来围观，捧你的场，为你点赞呢。

很多文案都是在不理解客户、不理解产品，甚至是看不到产品的情况下创作的，我们想说，这样的文案没有任何意义。在我们十多年的房地产营销经历中，见过太多的神户型和神文案。之所以叫作神，是因为这些建筑设计和文案创作人员，他们根本不懂产品，也不了解客户需求，好像不是为人而是为神服务的。优秀的文案人员，会去楼盘现场，去观察楼盘所在区位、环境、日照、配套设施、周围的人群，他们会通过样板间、VR 去亲身体验客户的感受。这才是文案正确的创作方式，不然就会偏离目标客户，转换到一个实际上根本不成立的假想人群中。

文案不是 copy，我们拒绝复制，也拒绝那些苍白的、自嗨的、通用型的文案。文案首先要懂产品，深入理解产品各个细节。其次要懂客户，洞察客户需求。这样才能提出产品的核心卖点，为客户提供有价值的解决方案，进而吸引客户注意，引导客户决定购买。

当然，文案创作也是有技巧和方法的，文案的目标是影响消费者，让客户接受品牌、产品或服务，那就需要研究消费者行为，熟练使用那些常见的消费心理效应，这样就能事半功倍。在前面章节我们有对消费者行为做过介绍，下面看几个对文案很有影响的心理效应。

（一）微小属性策略

人们容易因某人或某事突出的特征留下深刻的印象，而忽视了其他的心理和行为。在产品严重同质化的竞争市场，如何实现差异化是企业产品设计和营销人员的头等大事，微小属性就是可以快速实现差异化的一种策略。比如，蒙牛的特仑苏牛奶品牌，它的广告语是"不是所有牛奶都叫特仑苏"，通过牛奶场地的差异化，赋予了特仑苏更加健康、更无污染的微小属性，实现了差异化并溢价。

（二）自我确认效应

一直以来，人们都在扮演着各个角色，有社会的、有家庭的。就像医生有救人治病的责任，每个角色都有相应的责任需要履行。文案可以通过调动消费者的履行责任倾向，让他们意识到有父母需要关心、有爱人需要呵护，有孩子需要疼爱，从而顺利推出产品。同时，人们在角色转换时，不只是责任的履行，深陷于现实自我，他们也需要理想自我的确认，文案在这方面应该理解客户理想自我，让产品成为客户自我确认的必备品。

（三）损失效应

心理研究表明，损失和得到在人心中是不对称的，和得到相比，损失对人的心理影响更大，人们讨厌损失，因为损失代表了一定的风险。有时文案不要一味强调可以给客户带来什么，可以尝试告诉客户他们会失去什么。活动型、促销型的文案之所以有效，就是因为过了时间点，相关优惠就没有了。同时，要成交的时候，价格是客户的损失，可以设计一些赠品、体验券等。

（四）趋近效应

大家都不愿意半途而废，在越接近目标的时候，人们更愿意投入注意力和精力去完成目标。我们的文案，可以给客户一种马上就要完成的感觉，比如"最后一周"。也可以设计客户的重要目标场景，把产品定义为客户实现目标的一部分，能帮助客户顺利地完成任务，这样能刺激客户购买。

（五）参照群体效应

人们的行为很大程度是受到参照群体的影响的，人们也会跟风于大众的选择，都不想被孤立在群体之外，都有融入群体的渴望，这会带来一定程度的安全感。文案中可以加入目标客户的模仿群体，以及能影响的参考群体的评价、使用体验。也可以加入覆盖率、占有率等数字指标，就更有说服力。

（六）睡眠者效应

记忆是比较困难的，忘人比忘事更快，因为人名是一个抽象的概念，而事情往往是比较具体的、比较形象的，这种形象具体的东西易于人们回忆与记忆。在文案创作中，在基于品牌和产品的基础上，可以多尝试故事化、场景化，有教育价值的文案，即使时间久了人们忘记了传播来源，但也能以改变最终的人们态度而被接受。

在我们喜欢的文案中，或多或少都使用了一种或多种消费心理效应，从而获得了更高的关注和销售。只要深入产品，随时和客户站在一起，我们相信会出现越来越多让消费者喜欢的文案，帮助品牌和产品更好地与消费者进行沟通，让消费者有意识或无意识地、心甘情愿地完成购买行动。

文案如何说话

我们说，文案必须得会说话。文案说的话要能吸引人，这是文案的最低要求，当然这也是文案的最高要求。

如何衡量呢，应该有两个标准：客户愿意听、喜欢看；听得懂、看得明白。

来看一下 ofo 小黄车在 2017 年 4 月推出的首个品牌广告，其文案是这样写的：

"当车轮开始转动，就有了风。你穿过城市，骑过弄堂，拐入小径游刃有余。风经过你，经过脸庞，吹散发梢不着痕迹。你像一只黄色的飞鸟，掠过街道，车轮将你带向目的地，又或是漫无目的。在车上，真正置身于城市中，就更真切地感受到微风、光影。邂逅风景，你不拥有它，就无时无刻不拥有它。不必等风来，向前，自有微风迎面。骑 ofo，感受城市微风。"

骑 ofo，感受城市微风。这文案是不是大家都愿意听，听得懂，喜欢看，看得明白啊。

共享单车不是耍酷，因此与小众无关，更不需要成为个性的标签。共享单车就是单车本身，连接出发点与目的地，连接人与城市。ofo 的文案着眼于骑行者本身，讲述小黄车悠然自在的骑行体验，没有过多华丽的辞藻，只是些平实的语言和细腻的文字，在消费者头脑里勾勒画面，不知不觉地开始想象骑上小黄车的美好。

在产品同质化、信息粉尘化的当下，客户们都很忙，他们都在多任务处理，记忆还被经常打扰，营销传播面临着巨大的挑战。在上一章广告走心中，我们提到变革已经不可避免，从到达到体验，从干扰到邀请，从单向到互动，从推销强卖到解决方案。文案必须得会说话，这是消费升级和市场竞争提出的要求。

那文案如何说话呢？

首先是客户洞察。洞察，在于感受客户的感受，如果我们不了解客户，不理解客户，就不可能真正打动他们。成功的文案都来自对客户深刻的洞察，以客户的心去感受、以客户的眼睛去观察、以客户的身体去体验。上面说的 ofo 文案，真正地理解了骑行者的感受，大家骑上 ofo 的时候，更多想的不是多么便捷，也不是消耗多少卡路里，更多的是风吹的好舒服，看到了更多不一样的风景。我们不仅要和客户站在一起，还要学会研究消费者心理，这样才能引起客户的注意，满足客户的需求，继而让客户参与到传播和分享中，实现文案价值的最大化。

其次是产品理解。文案必须要懂产品，要比客户更深入理解产品，知道产品的开发设计、原材料、生产流程、制作工艺、产品体系、供应链、渠道组织、售后服务等。只有深入理解产品，才能理解产品最终使用的感受，才能知道产品与消费者的利益点，才能提出产品卖点、核心卖点，以及差异化的策略。冷冰冰的产品是不会有人喜欢看的，消费者喜欢看到的是有意思的故事。在深入理解产品的基础上，通过文字的组织才能创作出走心的文案，描摹出动人的画面。当然，需要深入理解的不只是产品，服务也是如此。

再次是真诚表达。客户是否喜欢你，取决你对他们的态度，如果用真诚的心，像朋友和亲人一样相处对话，懂得他们的快乐和忧伤，自然就能博得他们的青睐。从我们的个人喜好来看，我们最反感那些装高冷、说教式的文案，相信很多客户也是如此。真诚还要基于真实的产品和服务，不要去做虚假的承诺，也不要去堆砌华而不实的辞藻。有时，直言自己的不足，反而更容易赢得客户的认同，人无完人，更何况是产品。

最后是消费者参与。文案的本质是和消费者的沟通，在消费者行为章节中，我们强调了消费者参与的重要性。消费者的积极参与，能和品牌、产品形成稳定的关系，也让我们的文案更容易走近客户。自然，文案说的话客户愿意听，听得懂，也喜欢看，看得明白。

好的文案，能传达你想说的好。在笔者的《笔尖：创意文案 42 式》书中，我们说文案是这个世界最好的工作，为企业带来财富，创新和改变世界，推动社会向更加文明和美好发展。如今，文案的重要性已为越来越多的企业所认同，希望我们一起努力，在这个纷繁复杂的世界，让沟通变得简单。

你还差一双 New Balance

这两年，在竞争激烈的中国运动鞋市场，New Balance（新百伦）好像一下子火了，很多人脚上都踏着一双印着大大 N 字母的跑鞋，各种颜色的字母 N 成为流动亮丽的街景。

New Balance，这个两度进入中国的美国运动类品牌，销售长期低迷，最终通过实行产品线减法和精准的内容营销，起死回生，重新崛起。

回顾 New Balance 的中国之路，真可以用坎坷一词来形容。

1989 年，New Balance 进入中国市场，品牌中文名为"纽巴伦"，由代理商完全代理销售。由于代理商私自扩大产量，降价销售，并抢注了"纽巴伦"的中文商标，给 New Balance 的品牌形象造成了巨大打击。由于商标纠纷，New Balance 不得不退出中国市场。

2003 年，New Balance 通过代理制重新进入中国市场，在中国开设了新百伦贸易（中国）有限公司，使用"新百伦"中文名称，有品牌重生之意。但市场一直没什么起色。

2009 年，New Balance 收回代理权，由于产品线过长，营销缺乏重点，经销商也不成规模，市场表现很差。

2011 年，New Balance 缩减产品线，主打 3+1 产品组合（慢跑鞋、复古休闲鞋、英产美产以及童鞋），并整合经销商，推行准直营店模式。

2015 年，New Balance 门店数倍增到 2300 多家。

众所周知，New Balance 一直陷于商标纠纷，New Balance 先后在中国获得"N""NB"和"NEW BALANCE"注册商标。但"新百伦"已被抢注，"新百伦"商标权纠纷案一直持续 10 年之久，2016 年，广东高院二审判决，判令 New Balance 立即停止侵权，并赔偿"新百伦"商标持有人 500 万元。

由于早期不断更换代理商、经销商，New Balance 面临着国产 N 字军团，不客气地说，就是国产山寨品牌的围攻，包括纽巴伦（NEW BARLUN）、新百伦领跑（NEW BALUNLP）、新百伦中国（New bunren）、美国新百伦（NEW BOOM）。时至今日，New Balance 的商标纠纷还在继续。这是中国高速发展下企业品牌塑造的一个缩影，是非曲直，我们相信，消费者自有判断。

在商标纠纷失利和国产 N 字群团的围攻下，面对强大的耐克、阿迪达斯，以及中国的李宁、361°、安踏等运动品牌，New Balance 能够在中国重新崛起，帮助 New Balance 实现全球目标，除了产品策略、渠道组织、营销创新等，文案在其中也发挥了非常重要的作用。这些年，New Balance 出了很多广告，视频和新媒体的居多，文案都非常精彩，我们挑选了其中三类，都很打动我们。

（一）致青春

在 New Balance《这是我们的原色》系列情书中，用精心炮制的广告对目标人群讲了好多直击人心的甜言蜜语。摘其中一封情书："同学，你欠青春一张返校照。学校是什么？是你骂了一万遍却不允许别人骂一句的地方。回学校有什么好？每天睡不饱，考前熬通宵，学长太霸道，学妹追不到。可我们还是想回去，这里倾注了最好的时光，这是对抗世界的练习场，这有青春的张扬和真相，这是我们的原色。"

爱情是青春的润色剂，在《青春永不褪色，正如 574 三原色》系列微视频中，讲述几个年轻人的爱情、爱情故事，探讨青春里属于爱情的那一抹粉红色。里面有这样的文字："在这个世界上，可能有很多种系鞋带的方法。而我只会一种，拴紧，即使松开，一直拴紧。让一起走过的足迹，始终鲜明，青春永不褪色，正如 574 三原色。"

旅行是青春的增色剂，世界那么大，是要出去看看。New Balance 请来穷游网的人气博主猫力拍摄了一部以旅游为主题的短片，主题是：只要出发，你就不会遇见同一个我。摘一部分视频文案："旅行，常不像想象中那么享受，在放弃和坚持的天平里，我尽力，在经过的每个地方、每个季节、每个人、每张笑脸中，享受一个常常吓自己一跳的新的自己。与其说，给旅行一个意义，倒不如说，旅行给了我一个意义。只要出发，你就不会再次遇见同一个我，我是 molly。远方很远，步履不停。"

574 三原色系列是 New Balance 慢跑鞋中的经典入门款，主打年轻人市场，尤其是大学生或刚进入社会的新人。New Balance 的文案赋予了 574 鞋款情感价值，让目标消费者觉得：New Balance 就是一双陪伴他们青春岁月的鞋子。

（二）致匠心

在我们熟知的全球性运动品牌中，New Balance 是唯一一个还坚持在美国、英国拥有工厂和生产线的品牌，这些资深工匠们以制作工艺品的匠人之心，苛求品质，精心制作出一双双 New Balance 慢跑鞋。为了更好地传播 New Balance 的英美系列，2014 年 9 月，New Balance 拍摄了《致匠心》TVC，由音乐教父李宗盛担纲主演，以近乎白描的手法，通过李宗盛的口述，将他亲手制作木吉他的过程与远在地球另一边的鞋匠制作 New Balance 990 的步骤温暖地关联在一起。两个素未谋面的匠人，天各一方地执着于各自的热爱、信仰。

在视频中，李宗盛说道：我知道，手艺人往往意味着固执、缓慢、少量、劳作。但是这些背后所隐含的是专注、技艺，对完美的追求。所以，我们宁愿这样，也必须这样，也一直这样。为什么我们要保留我们最珍贵的，最引以为傲的？一辈子总是还得让一些善意执念推着往前，我们因此能愿意去听从内心的安排，专注做点东西，至少对得起光阴岁月。其他的，就留给时间去说吧。

用一个匠人的心，向另一个匠人致敬。没什么比这更美好、更真诚。我们要相信，有着同样信仰和执着的人，终将比肩而立。New Balance 洞悉了这一份匠人的情怀，从而写出这则温暖的文案，值得我们敬佩和学习。

2016 年 5 月，New Balance 和李宗盛再次合作，拍摄了《每一步都算数》，片中的文案"人生没有白走的路，每一步都算数"，再次直击人心。

（三）致未来

2017 年 3 月，为了推广 New Balance 运动鞋，New Balance 广告以一封信"致未来的我"主题形式来呈现，还专门请了各运动冠军写封信给未来的自己。

其中也有大家熟识的网红 papi 酱，她在广告中回顾了自己的心路历程，从"隐约知道自己能做什么"到"坚持给自己暗示"，到"活成了今天的样子"。最后的文案特别走心，papi 酱说：生活就是寻找自己的过程。你就是该一直奔跑着，在不知道要去哪里，不知道还有多远时，只管跑就是了。未来是什么样，给未来的自己回答。我们都不用为了天亮去跑。跑下去，天自己会亮。

papi 酱给人印象总是没心没肺的搞笑，只是搞笑的背后总有个认真的灵魂，让人为之动容。这也很好地诠释了 New Balance 的品牌诉求。每一个明天既惊喜又充满挑战，papi 酱的那句"坚持跑下去，天自己会亮"，相信会激励到很多在坚持的朋友。

New Balance 的品牌主张也是我们比较认同的。说到全球体育品牌主张，最为熟知的就是耐克的"Just Do It"和阿迪达斯的"Nothing is Impossible"了。一直以来，尽管 New Balance 有很多优秀的文案，但在消费者脑海中浮现的都是那些经典的鞋款。2015 年 7 月，New Balance 发布了全新概念的品牌主张：Always in Beta，强调永不停歇，追求更好，不断推动自己迈向更高目标的品牌承诺。同时，透过品牌主张鼓舞消费者不论是日常生活的挑战还是专业运动的追求，每个人都可以向目标不断地挑战和突破，并随时给自己重新设定更高层次的成就与期许。

让我们再回看文案的本质，文案的本质就是用语言和文字与消费者沟通，建立起消费者的品牌偏爱。而沟通的基础，就是了解。我们需要明确客户是谁？他们喜欢什么样的内容？谁是他们的信任代言？只有洞悉客户的需求、焦虑和渴望，文案才能说出消费者爱听、听得懂的话。New Balance 的文案，就是建立在对产品进行深入的理解和对客户进行精准的洞察之上，值得我们学习和借鉴。

那些喜爱 New Balance 的人们，总觉得自己还差一双 New Balance 的跑鞋。对于我们的很多文案来说，如何更好地和客户沟通，如何说话，我们也是一样，还差一双 New Balance。

EXPERIENCE
RE-ENGINEERING

| 第八章 |

首席体验官

| 本章体验要点 |

首席体验官 CXO（Chief Experience Officer），一个负责统领客户体验的全新职位正在兴起，你的企业需要首席体验官么？

◇ 流程化组织

◇ OKR

◇ 员工体验官

◇ 微创新

◇ 企业文化

是时候设立首席体验官了

还记得 2009 年那份"全世界最惬意的工作"吗？

最终英国人本·绍索尔经过层层选拔，在 3.4 万名竞争者中突围而出。他的工作很简单，就是在澳大利亚大堡礁待了 6 个月，要求他在这个旅游天堂尽情享受，住海景房、游泳、潜水、驾帆船，然后通过文字博客、照片和视频介绍他的体验。而他的劳动报酬是 15 万澳元，约合 75 万元人民币。这个招聘活动本身，因其新颖的创意和眼球效应，被称为世界上最成功的旅游推广案例。

这样的工作机会好像是越来越多了，旅游体验师、美食体验师、酒店试睡员、产品体验官……很多知名品牌还纷纷聘请明星出任企业"高管"，如百雀羚聘请周杰伦为首席体验官，工号为 0118，聘请李冰冰为首席品鉴官，工号为0227。其他的还有诸如范冰冰为花椒直播的首席体验官、章子怡为漂漂羽毛首席产品体验官、陶虹为方太首席体验官、杨洋为飘柔首席柔顺官、赵丽颖为新日电动车首席体验官等。

当然，上述明星官衔不得当真，他们是在其位不谋其政，更多的是变相代言。这些企业设立不同名目的职位，不仅是为了促进宣传的效果，更重要的是企业在向消费者表明：它们已经把客户体验提升到同技术、产品等其他原则一样重要的位置，它们非常重视企业提供的产品和服务给到客户的体验感，并致力于打造更优质的体验。

没错，客户体验从来没有像今天这样被重视，它就摆在董事会和企业高管们的办公桌上，成为他们每天工作的主要内容。大家都很明白，客户体验不是噱头，它是实实在在的，客户体验的好坏，直接影响到产品、项目，甚至是企业的生死存亡。

是时候考虑在企业内部设立客户体验部门，以及设立首席体验官了。

可能有人会困惑，企业不是已经有产品部门、有客服部门了吗，为什么还要设立体验部门呢？这里需要稍微讨论一下，产品、客服和体验三个部门的不同。

（一）产品部门

产品部门是负责产品管理的，包括：目标市场分析，了解消费者需求，产品定义、设计、优化和更新，产品线和产品生命周期管理，和企业的技术、运营部门协作，确保产品进度和质量，和市场、销售、客服部门协作，执行产品的发布和传播，推动产品目标的实现等。

产品部门是企业的核心部门，尤其是在生产外包越来越专业化的今天，产品部门的重要性更为凸显。我们在第三章智慧产品中说过，产品是体验的入口，产品部门需要在客户体验、企业价值和现有技术能否实现三者间进行很好的协调和平衡。

（二）客服部门

显而易见，客服部门就是负责客户服务的，包括售前、售中和售后三个部分。客服部门通过客户联系，收集管理客户信息，了解客户需求，提供解决方案，满足客户需求。客服部门的任务在于有效地为客户提供服务，最大限度地将首次客户转化为长期客户。我们说，客户不会因为客服好就买产品，但客户往往会因为客服不好而流失，客服部门的重要性可见一斑。

客服部门所指的客户，不只是企业的潜在客户、意向客户、准客户、签约客户、会员，还包括企业内部各部门及员工，以及政府单位、合作伙伴、供应商等。

（三）体验部门

而体验部门是做什么呢？简单来说，体验部门是负责客户体验管理的，管理客户对产品、服务和品牌全面体验的过程。

体验部门要做的工作都是围绕体验展开的，包括针对产品/服务展开客户体验研究，提升体验水平；协调产品、服务、市场各部门，提供客户一致性体验；产品/服务的关键体验及优化；定期形成客户体验报告并推进落地实施等。体验部门的任务是注重客户体验，苛刻审视产品和服务，从而增加客户价值和企业价值。

仔细研究产品、客服和体验部门，无疑三个部门都在洞察客户需求，关注客户体验，但侧重点不一样。产品部门要立志把产品做到极致，客服部门要用心提供最好的服务，而体验部门致力于给到客户整体的美好体验。体验部门的职责是要从客户体验出发，持续推动企业产品和服务的优化。

当然，企业的组织架构不是运动式的，重视产品就设立产品部门，重视品牌就成立品牌部门，如今说到体验，就一定要设立体验部门，这样的结果一定是机构臃肿，效率低下，体验更无从谈起，也不符合现代企业组织的发展趋势。

我们的建议是，可以设立独立的体验部门，也可以把企业内部的产品、服务、品牌，或市场功能的部门转变为体验部门，也可以在这些部门中加入体验管理的工作职责。但不管组织架构如何设计，持续提升客户体验是我们每个部门都必须加以重视的。

首席体验官，一个负责统领客户体验的全新职位正在兴起，你的企业需要首席体验官吗？

首席体验官是个什么官

首席体验官（Chief Experience Officer，CXO），当然，用 X 简称体验也是非常合适的，无论是微软之前的 XP 系统，还是当下苹果热门的 iPhoneX，都是注重体验的诚意作品。

在各个行业中，ICT（信息和通信技术）对客户体验一直是最敏感的。首席体验官这个职位，最先在 ICT 企业中频频出现，比如苹果公司创始人、首席执行官乔布斯，他就把自己的 CEO 解释为首席体验官。苹果公司的成功，很大程度就归功于体验管理，乔布斯一直将客户体验放在至高无上的位置，从产品研制到

WWDC 大会，从刺激购买的电视广告到展示商店，从包装箱到产品上手操作，影响到客户体验的每一个环节，苹果都有着尽可能完美的体验设计。中国国内的企业，如腾讯公司的马化腾、京东的刘强东、网易的丁磊、小米的雷军，都是首席体验官的模范代表。

首席体验官是个什么官？显而易见，首席体验官是企业负责客户体验的最高行政领导。首席体验官的任务是持续优化企业内部资源，不断提升客户整体体验，最终实现客户价值和企业价值的最大化。

那么，首席体验官具体做什么呢？我们理解，应该有以下几个方面的内容：

（一）管理和提升品牌体验

所谓品牌体验，不只是建立一个鲜明的品牌形象，而是一种围绕客户的、整体的、全流程的体验，涵盖产品、技术、服务和市场活动多个方面。优秀的企业已经不再凭借创新的产品和服务立足于市场，它们更致力于以强大的品牌，在全价值链为客户创造最佳的品牌体验。已经可以预见的是，未来企业之间的战争，将会从目前的产品和服务层全面上升为品牌体验的厮杀。

作为客户体验的第一负责人，首席体验官必须带领他的团队，细分市场，找到最有价值的客户群，并保持和客户站在一起，了解客户行为地图，洞察客户需求，提供有价值的解决方案，在产品和服务的全流程触点进行监听，通过体验模型、体验矩阵等工具和方法，改进关键体验，不断提升客户整体体验。

更重要的是，首席体验官要协助企业的首席执行官或首席品牌官强化品牌体验管理，保持与客户的沟通和参与，塑造一个有温度的品牌，贯穿全流程所有触点，给到客户始终如一的品牌体验。

（二）打通产品、技术、服务和市场

每个企业都有自己的运行系统，从产品的研发设计、测试、迭代、制造，到上市推广、销售，以及相应的技术和服务支持。但由于各部门业务能力的不足，以及组织协调、沟通配合等多种因素，往往无法形成一个有机整体。

显然，首席体验官是一个跨部门和跨专业的人才，首席执行官要充分了解企业的资源状况，了解产品流程、技术水平、服务能力，以及为满足客户需求、提升关键体验的运行成本。首席体验官不只是了解客户，也要了解产品、了解技术，还要善于企业内外部的沟通协调。在此基础上，打通产品、技术、服务、市场等各个连接客户之间的通道，进而形成对客户需求的及时响应和支持能力。

（三）设计和优化运营架构

组织的目的在于分工协作，提高积极性，完成企业既定目标。为了达成客户体验提升的目标，首席体验官需要结合市场需求和内部资源，设计和不断优化组织架构，运营策略，以及跨部门的产品和服务流程。在这里，考核和激励机制也是非常重要的，首席体验官要善于使用各种管理工具达成目的。

（四）促进业绩持续成长

首席体验官不是虚职，体验部门更不是成本部门，我们增加客户体验不是以增加成本为代价，我们追求的是不断提升客户体验来实现客户价值的持续提升。我们所说的客户价值，一方面是强调企业给到客户的价值，另一方面也强调客户给到企业的价值，比如价格的提高、口碑效应等。首席体验官不只是注重客户体验，更要注重通过体验管理促进业绩的持续成长。

（五）推动建立体验型企业文化

文化是现代企业的灵魂，文化建设将对企业的经营产生深远影响。首席体验官要在企业内部推动建立体验型企业文化，在整个组织营造浓厚的客户体验至上，通过不断创新提升客户体验的文化氛围，改变员工固有并阻碍企业发展的心智模式，形成认同感并积极展开行动，从而打造独树一帜的企业文化，保证企业核心竞争力稳步上升。

我们还要说的是，首席体验官不只是企业的一个高管岗位的设立，更是企业全面关注客户体验的战略转型。只有企业从上到董事会，下到一线员工都积极认同和大力支持，首席体验官的工作才能有效展开，企业也才能在激烈的市场竞争中率先突围并保持长久的优势。

从 CEO 到 CXO

无论是苹果的乔布斯,还是 Facebook 的扎克伯格,腾讯的马化腾,京东的刘强东,小米的雷军,都有一个显著的特征,他们不仅是企业的首席执行官,更是企业的首席体验官。

我们都知道,互联网企业很厉害,这些企业的厉害在于它们有野心,敢于冒险,注重精益,创新速度快,而它们最厉害之处是对客户需求的洞察以及客户体验的重塑。

我们一直在思考,无论是技术水平、人才储备,还是融资能力,那些传统的企业都具有天然的优势,但为什么都没赶上最新的潮流。研究 2017 年中国的 120 多家独角兽企业(估值超过 10 亿美元的初创公司),几乎找不到一家是由像中国电信、中国移动这样的大型传统企业孵化出来的。尤其是中国的国有企业,有得天独厚的政府背景支持,它们如果都能真正把客户体验当成企业的第一要务,这些庞然大物们肯定会迸发出更惊人的原动力,引领整个国家创新升级。

我们观察过那些拥有"首席执行官 + 首席体验官"的企业,它们的业绩明显要强于竞争对手,它们大都发展成为行业的领导者,甚至是冠军企业。究其原因,就是这些企业非常重视客户体验,在产品开发和服务设计中总是把客户放在第一位。而那些对客户体验不够敏感的企业,就很难形成重视客户体验的企业文化,也很难把客户放在最重要的位置,最终的结果是被客户和市场无情地抛弃。

由此可见,首席体验官对企业是多么的重要。然而一个糟糕的现实是,很多企业意识到客户体验的重要性,也设立了相应的职能部门和高级别的管理者,但在客户体验提升方面很难做出像样的行动。根本原因是很容易找到的,那就是没有能力调配企业的所有资源去完成既定的目标。

让我们回过头来看看上一章节关于首席体验官的工作职责:

(1)管理和提升品牌体验。

(2)打通产品、技术、服务和市场。

(3)设计和优化运营架构。

(4)促进业绩持续成长。

（5）推动建立体验型企业文化。

毫无疑问，这五项中的任何一项，都需要企业上下的高度认同和通力协作才能顺利完成。在一个企业中，谁最有职权对所有的资源进行调配，当然是企业的CEO，首席执行官。

所以，这就给首席执行官提出了挑战，从CEO（首席执行官）转变为CXO（首席体验官），或者兼具两者角色，是首席执行官对自己新的定位。当然，这也是首席执行官工作的主要内容，那就是洞察客户需求，整合企业的所有资源，持续提升客户整体体验。

如果让我们给CXO的时间做个安排，我们认为合理的分配是分作三半。第一半分给客户，和客户在一起，了解客户需求，和客户一起体验产品和服务；第二半分给业务团队，和业务团队成员一起，分析现有资源状况、设计优化产品和服务流程，以及通过建立企业文化、调整组织架构打通和客户之间的各个通道；第三半分给企业日常管理和其他事务的处理。

从CEO到CXO，就是要和传统管理思维说再见，真正向以客户体验为导向的管理思维转变。传统的企业和客户之间只是一种简单的二维关系，其产品的研发、制造和销售，完全从内部的资源、制度、固定的思维方式去考虑，并一味地追求规模化生产。虽然所有的企业都宣称它们是以客户为中心的，但实际上很难顾及客户的感受。

从CEO到CXO，就是要让企业的管理团队，从投资回报、收益率、库存比等财务指标中抽出身来，关注客户体验、关注客户留存和转化。因为没有这些，一切都是空谈，那些沉湎于制作酷炫PPT的高管们，可以把你的电源关了。

每一个优秀的企业都有一个优秀的CXO。一个真正优秀的CXO，他不仅是一个优秀的执行官，更是一个优秀的体验官。他作为企业中最重要的领导者，不仅要能领跑企业、领跑员工，同时还能领跑客户。

进阶首席体验官

从企业外部看，首席体验官是个多么令人羡慕的职业啊，简直是躺着就把钱挣了。而在企业内部，大家都明白这是个苦差事，要懂客户、懂产品、懂技术、懂管理、懂营销，要在客户需求与企业资源实现之间进行平衡，要穿透各部门之间的隔墙，要驾驭不同领域的专家人才，其中种种，只有身在其中的人才能感受到。

作为一个首席体验官，承担着领导企业从竞争红海中顺利突围的重任，肩负着客户、团队以及合作伙伴的期望，他需要灵活、需要倾听、需要信任、需要坚守，更需要展开行动。首席体验官究竟需要怎样的素质和能力才能实现目标呢？

现在流行讲修炼，笔者总结了关于"CXO 修炼三四五"，即三个特性、四项能力和五种方法，以供首席体验官和准备进阶首席体验官的职场精英们修炼时参考。

（一）CXO 的三个特性

（1）柔性。柔性应该是每一个体验管理者的基本素质，能坐在客户边，感知洞察客户需求，也能很好地与业务团队融合，保持乐观，喜欢与团队分享，善于沟通和表达。《道德经》中说，"上善若水，水善利万物而不争，处众人之所恶，故几于道。"柔性的 CXO 就像水一样，务实透明，值得大家信任和支持。

（2）韧性。成功贵在坚持，尤其是遇到资源限制或技术瓶颈时，抗压力就凸显出来了。优秀的 CXO 都很坚持，他们对品质、技术、创新不懈追求，在他们那里找不到放弃这两个字。

（3）调性。CXO 承接着对内和对外的沟通，某种意义上是体验代言人，因此正能量的人格魅力、丰富的文化内涵非常重要。CXO 应该不断学习，把握行业趋势，甚至成为某一领域的专家。

（二）CXO 的四项能力

（1）洞察力。洞察力是深入事物或问题的能力。洞察力是一种分析判断能力，具有洞察力的领导者，能透过表面现象比较准确地认识到问题的本质及其内部结构。

（2）执行力。执行力是有效利用资源，完成任务的能力，或完成任务的程度。对于 CXO 来说，执行力就是领导团队一起完成任务的能力。很多时候，执行力成为一个推脱责任的托词，如果一个领导者经常说你的手下执行力不行，其实反过来看是不是你自己的问题，你的组织是否到位、要求是否具体、目标是否清楚。

（3）连接力。产品的连接形成了产品的美好体验，人也是如此。我们这里说的连接力是与他人建立和谐关系的能力，包括沟通、合作、共赢等。实现客户需求，需要跨部门、跨专业的协调组织。很多时候，CXO 的连接力直接影响到战略实施和流程优化的成效。

（4）自控力。CXO 不只是要管理好团队，更要管理好自己，尤其是面对诱惑和拖延症的时候。CXO 都有超乎常人的这种能力，比别人更有激情、动力和能量。而且还要看到，CXO 的工作过于烦琐和多样，甚至会有许多和自身工作无关的事务来干扰正常工作，这时，自控力的高低会直接影响到个人工作的成效。

（三）CXO 的五种方法

在第二章冠军企业中我们总结过，冠军企业都有实现显著、持久业绩的经营哲学和管理方法，优秀的 CXO 自己也有一套行之有效的方法论。如果说 CXO 的三个特性和四项能力是软实力的话，以下五种方法就是 CXO 的硬实力：

（1）精准定位。在定位理论中，我们一直觉得 USP（Unique Selling Proposition，独特的销售主张）理论是比较有效的，尽管它最早是从广告学中产生的，但 USP 理论经过不断地丰富、完善，更加关注客户体验，并广泛应用于管理和营销学科。CXO 要结合市场趋势和企业资源，抓住客户需求，定义产品和服务，为企业找准一个可以持续发展的位置，并制定清晰的战略和策略，领导企业稳步行进。

（2）系统构建。企业是基于系统运行的，除了构建科学完善的组织系统、运营系统，还要构建行之有效的驱动力系统，比如制度、薪酬。在各个系统良性的互相咬合、驱动和支撑下，才能保障企业的高效运转。

（3）流程再造。流程是系统运行的价值链，CXO 不可能关注到每个环节，只有通过流程优化，甚至是流程再造提升管理效率，保证质量，满足市场需求。

（4）体验营销。这是一个完全竞争的时代，优秀的 CXO 都了解营销的基本理论和策略，清楚营销的核心环节，也善于从体验营销的角度思考产品、服务、品牌、渠道等关键要素，通过整合营销影响客户，促进客户购买和建立客户品牌偏爱。

（5）团队打造。CXO 领导力的核心是团队凝聚力，CXO 都知道江山不是将军一个人能打下来的，只有打造一支高水平的团队才能实现经营管理的目标。科学合理的绩效管理，创新和微创新的激励机制，员工归属感和获得感的建立，吸引和培育人才的体系等，持续打造成功的团队，是CXO必须修炼的。

当然，以上关于"CXO的三四五"，也完全适合于企业中的其他管理者和员工进行修炼。我们希望看到的是，我们每一个个体都在追求着卓越，都在努力创新，都在致力于为客户创造更好的体验，这样的企业，才有未来。

科层制的革命

相信首席体验官们对科层制都再熟悉不过了，横向的职能分工和纵向的指令传递，中国的政府组织就是典型的科层制管理。从政府部门到事业单位，以及各大中小型的企业，都逃不开科层制的窠臼。

从马克斯·韦伯定义科层制开始，科层制几乎成为组织的代名词，是企业组织管理和获得效率的利器。科层制的意义在于将企业组织内部按专业职能进行分科，按职位进行分层，把权力进行分等，通过规章和评估机制要求组织成员各司其职。科层制作为一种组织形式和管理方式，最大的优势是高效率，有一个相对系统的树型管理机构，比较有效地做到让每个成员尽其所能，保障组织目标的顺利实现。

没有一种体制是永远先进的。随着客户需求的变化和市场竞争的加剧，科层制的高效率优势正在削减，在很多企业，科层制常常变成阻碍效率的根源。为什么会出现这样的情况？就是因为"科"和"层"的设置，出现了团队横向之间的"部门墙"和上下级纵向之间的"楼板层"问题。

先说一下"部门墙"的问题。科层制貌似通过部门的职能分工把工作都安排得很明白，比如研发、运营、市场、销售等，但现实是很多分工很难分得清楚明晰，部门之间经常存在着交叉职责的工作内容，我们习惯把它称作"猴子"，因为这样的工作往往都比较麻烦。结果往往是这样的猴子谁第一次招呼，以后的都归他认领了，这基本上是企业的潜规则。为了躲避"猴子"，工作内容涉及的部门都会开始砌墙，最后把墙砌得越来越高，越来越厚。在科层制特征明显的企业，员工都有这样的感觉，凡有需要跨部门横向协作的任务，实施的过程都比较痛苦。更为痛苦的是，"部门墙"的"楼板上"面还有"高管墙"，我们的高管分管着不同的业务，他们之间也有墙。企业中类似的墙还有很多，比如"团队墙"、"岗位墙"等。

再说一下"楼板层"的问题。组织把权力赋予各个层级，是为了控制和监督，但"层"的问题就像建筑物的楼层一样，权力在最顶层，经常是层级太多和层高过高，导致前端的人指挥不动，底层的问题也很难真实地被传递上来。每个企业在制定层级的时候，都有明确的责权利，要求必须对上级负责，包括执行和反馈。遗憾的是，现实中每个层级的责权利都不是很明确的，很多下级通常都没有获得明确的权力。

"部门墙"和"楼板层"的广泛存在，员工们像被分别禁锢在一个个格子间里，职责分工不够明晰，有时工作的目标不一致，甚至相互抵消，需要较多的精力在部门之间、上下级之间进行协调，增加了工作难度，降低了组织的效率，最终让客户需求难以得到及时的响应和解决。要让企业能满足客户需求，首先要做的是让一线而不是顶层的高管来决定资源配置，所以张瑞敏让海尔变成倒三角，任正非高喊华为"让一线直接呼唤炮火"。

科层制的问题是大家共识的，因此有企业率先发起革命，对科层制进行改造，提出云组织、水组织、自组织以及扁平化、平台化、生态化等概念。但科层制还是无法被完全取代的，我们要做的是，尽可能发挥科层制的正功能，避免"部门墙"和"楼板层"等现象的出现。

什么样的组织模式才能更适应当下企业的发展，我们理解应该是以体验为中心的流程化组织。

在"部门墙"中，每个部门都在强调自己的价值，都认为自己很重要，反而忽略了客户体验和客户价值。用体验替代部门时，哪个部门都不重要了，重要的是客户体验。在"楼板层"中，总部的成员很难及时和清晰地了解前端的需求，前端的成员又没有权力自行决策，导致整个组织对市场和客户需求的迟缓。因此，要以流程的权力替代来自总部的指挥权，让流程响应而不是权威中心决策，流程化组织通过流程打通了"科"和"层"的障碍。

以体验为中心的流程化组织，从客户体验出发构建和优化流程，用流程驱动组织端到端管理，任何成员只有在流程中创造价值，才能获得成长机会。在流程化组织里，将业务流程与组织进行整合，按流程分配资源和权责，确保业务在组织内得到高效协作和有效支撑。这里不再讲所谓的层级和分工，更多讲的是体验，强调交互和参与，怎样才能给到客户更好的体验，怎样更有效率地做事。

海尔和华为是目前中国在流程化组织方向走在前面的标杆企业。海尔提出了"市场链"流程再造的思想，以追求客户满意度为最大目标，对业务流程的重新设计和整合，优化管理资源和市场资源的配置，实现了组织结构的扁平化、信息化和网络化。而华为同样以客户为中心，聚焦于产品开发、营销、销售/交付、售后四大主业务流程，从感知客户需求，到产品开发、上市，构建了贯穿业务全流程、端到端跨职能部门的运营系统。

未来的组织会变成什么样子，限于时代的瓶颈我们无法定义。但可以肯定的是，组织的本质是不会变的，那就是如何更好地激发创新，如何更好地提高效率，如何更好地创造价值。

KPI 与 OKR

有组织、有流程，就不得不讨论考核和激励。绩效考核对任何一个企业和管理者来说，都不是一件容易的事情，首席体验官不应该只是关注客户体验，更要关注员工体验，如何根据团队的需要，制定适当的行为规范，直接关乎企业的成败。

关于绩效考核，有很多的方法。但大家普遍认可的是基于 KPI 进行设计，现在又有提出 OKR 的，还炒得比较热。作为首席体验官，少不了也要研究一下。

（一）KPI

KPI（Key Performance Indicator），即关键绩效指标，是把企业战略目标经过层层分解产生可操作性的战术目标，用来衡量组织成员工作绩效的具体量化指标，是对成员工作任务完成效果最直接、客观的衡量依据。KPI 主要来源于两个方面：一是企业的战略目标；二是部门和岗位的职责。KPI 的主要目的是明确引导任职者将主要精力集中在对职位贡献最有成效的职责上，并通过努力及时采取提高绩效水平的改进措施，因此它是最能影响企业价值创造的关键驱动因素。

KPI 的理论基础来源于经济学家帕累托提出的二八原理，即企业在价值创造过程中，每个部门和每位员工的 80% 的工作任务是由 20% 的关键行为完成的。按照绩效考核的二八原理，对考核工作的主要精力要放在关键的指标和关键的过程中，抓住了 20% 的关键指标，就抓住了考核的主体。

通常部门管理者给员工订立工作目标的依据来自部门的 KPI，部门的 KPI 来自上级部门的 KPI，上级部门的 KPI 来自企业级 KPI，这样就保证了每个成员都是按照企业要求的方向去努力。善用 KPI 进行绩效考核，将有助于企业组织结构集成化，提高企业的效率，精简不必要的机构、不必要的流程和不必要的系统。

（二）OKR

OKR 全称是 Objectives and Key Results，即目标与关键成果，OKR 是一种目标管理方法，是一种能够让企业更好地聚焦战略目标、更好地集中配置资源、更好地使团队紧密协作的管理方法。OKR 由英特尔公司率先制定，并推广到谷歌、领英等 IT、游戏、创意、风险投资等以项目为主要经营单位的企业。中国 2013 年开始有企业实践 OKR，包括中国移动、万科、永辉超市等，但更多的还是像知乎、豌豆荚等互联网企业在应用。

我们来了解一下 OKR 最核心的几个理念：

（1）目标是要可量化的；

（2）目标是要有挑战性的，一般来说，1 为总分的评分，达到 0.6~0.7 是比较不错的了；

（3）每个人的 OKR 在企业都是公开透明的；

（4）考核结果和薪酬奖金没关系。

在 OKR 中，O 和 KR 是不同的，O 是目标，需要有挑战性，而 KR 是支持目标完成的关键成果，则需要明显可量化，便于评分。OKR 解决的是企业目标聚焦的问题，驱动员工目标与组织目标对齐，最后再化目标为行动。

无论是 KPI 还是 OKR，都是把企业战略转化为内部过程和活动，但为什么 KPI 为很多人诟病呢？我们理解主要是因为 KPI 是从上到下的分解贯彻，很多企业在具体部门和岗位上无法量化、指标设置不合理，导致评价失真和失效，更坏的是挫伤了创新的积极性。

那 OKR 是不是就是良方呢，那些倡导 OKR 的人们都兴高采烈，认为通过自下而上的 OKR 终于能解决 KPI 所有弊病了，我们认为未必。虽然中国现代企业组织管理的时间不长，经验也不够丰富，但大家已经能够明白，没有一种方法是绝对的，往往是多种策略共用，齐头并举。已经有一些应用了 OKR 的企业，被证明了并不适用于它们，因为目前 OKR 实践成功的企业都是处在快速发展期，IT 应用水平和员工素质都是很高的企业。

每个企业在做绩效考核之前，得好好问一下自己为什么要做？怎么做？如果不能很好地回答这个问题，后面所做的一切都毫无意义。我们一切的出发点都是为了解决问题，提升体验，无论是客户的，还是员工的。

如果企业已经思考清楚，决定实施 KPI、OKR、360 度考核，或是综合的全面绩效管理，我们希望看到的是绩效，不只关注企业的业绩，更关注员工的持续发展和员工价值的持续提升。具体实施中，不妨先选一个点试行，再由点到面，逐步推广，最终实现全员绩效。同时，还要根据企业各业务情况，选择更灵活有效的考核方法，而不是一种策略通吃，这样才能给组织、个人和企业带来大家都想要的成长。

员工更需要体验

前面我们说过，首席体验官不应该只是关注客户体验，更要关注员工体验。

如今市场环境瞬息万变，客户需求升级且多样化，技术发展速度越来越快，产品生命周期越来越短，专业化竞争不断加剧，如何不断激发员工的积极性和创造性实现持续创新，保持企业的竞争优势，成为组织面临的最大挑战。

同样在发生变化的是，当下组织的员工基本都经过优良的教育，都是知识型工作者，他们对工作的理解不只是生存的工具，更是实现自我价值的舞台。某种意义上说，员工也是客户，他们也是公司的产品和服务消费者，他们在为公司效力的同时也在考虑着是继续留下还是选择离开。尤其是个性十足的千禧一代不断涌入职场，他们想要锻炼自己的领导技能，实现自己的职业抱负，那些能够满足员工需求，沟通透明，公正对待员工的组织才是他们的理想之选。同时，远程办公、灵活办公、互联网技术等新潮流让员工有了更多样化的选择，流动性越来越大，组织的忠诚度变得异常脆弱。

因此，员工体验被提上了企业的议题，要求领导者站在员工的视角看待问题，并注意员工所处的每一个阶段。更多的企业认识到员工体验是团队获得成功的重要因素，它们开始通过改善工作环境、投资培训以及给予更多的奖励来鼓舞和打动员工。

2016 年，爱彼迎（Airbnb）设置了一个"员工体验全球负责人"的高管职位，替代了我们常见的首席人才官，负责推动员工体验的全面开展，员工体验官的概念由此产生。为此，爱彼迎还成立了员工体验部，致力于为员工提供多元且友好的体验，让大家的工作变得更健康、更快乐。

员工体验官的出现，标志着企业的管理思维开始从聚焦"员工管理"转变到聚焦"员工体验"，从以企业为核心的价值观转变到以员工为核心的价值观，要将注意力从人力资源管理的制度和系统转移到员工身上，重新把焦点回归到人性。

我们都知道，企业实际上面对两个市场，一个是前端的产品市场，面对的是客户；一个是后端的人才市场，面对的是员工。在这个快速迭代的时代，谁拥有最一流的人才，谁就能在市场中赢得竞争优势。如何更好地吸引和留住人才，提升员工体验，持续创造员工价值，已经是每个企业必须要正视的问题。

广义的员工体验，可以理解为员工对企业所提供的所有服务的感受和评估，最直观的莫过于办公环境、学习培训、薪酬福利等可量化的内容。但更多的员工体验却是看不见、摸不着，也更是无法量化的。

在工作已经从谋生工具转变为获得高品质生活的诉求时，我们越来越关注自我价值的实现，在工作中收获有意义的成长。因此，单纯的物质刺激已经无法满足员工升级的精神需求，企业需要构建新的企业文化来响应员工不断增长的需要和诉求，在领导者的管理理念中，在团队的运作模式中，在员工的成长平台中，让员工有主人翁的感觉，能充分施展才华，更好地创造个人价值。

是的，员工更需要体验，我们不只是关注人才的建制和管理，更要关注员工体验，要把传统的人力资源管理职能与产品研发、运营、市场营销、企业社会责任、品牌传播等职能相结合，致力于为员工创造最佳的工作体验。

俗话说，"得人才者得天下"。后端的员工在一定程度上决定了企业所能提供的产品和服务，也就决定了企业能在多大程度上拥有前端市场。因此，在关注外部客户体验的同时，内部员工的体验也应该被领导者重视，我们两个客户都要抓，一手抓外部客户，一手抓内部客户，通过提升企业对于员工的服务，从而更有力地提升绩效，增强企业整体竞争力，赢得更大的市场机会。

目前员工体验的实践还在探索中，员工体验还缺乏可量化的指标，很多企业也需要调整相关的流程和组织架构来进行适应，同时，提升员工体验增加的运营成本也需要斟酌。但令我们欣喜的是，员工体验已经成为了 HR 领域的新常态，员工价值得到前所未有的重视，这其间的意义不言而喻。

微创新大体验

在这个时代的企业中，创新是讨论得最多的词语。可大多数的企业只停留在口号和标签上，实际根本做不到。

因为创新是很困难的，创新意味着改变，意味着付出，更意味着风险和失败。很多人常常把创意理解成创新，但它们完全不同，创意只是一个好的概念，好的 idea。创新则是一个结构，它不是一个人的事情，它可能是一项技术，一个制度、一个生产流程、一个组织、一个公司，创新要改变的太多太多了。

既然大的创新不容易，那我们可不可以换一个方向，从那些细枝末节开始入手呢，这样就提出了"微创新"的理念。

微创新，我们的理解是靠一线团队员工，在具体工作流程中，利用丰富的实际操作经验，发挥聪明才智，提出的小发明、小创意、小改善，再应用到工作中，从而创造小效益。这些小效益包括提高工作效率，提升服务质量，降低经营成本等各方面的内容。

微创新有两个特点：一是从体验出发，贴近客户和管理的需求，不打虚招，真正从群众中来到群众中去。二是技术难度不大，人人都可以参与。但微创新的意义在于把每个人的创新集成起来后，就能实现非常大的创新，甚至是带来企业爆发式的增长。企业在具体的研发、生产运营、流程服务中，存在着很多可以提高、可以完善的不足之处，通过微创新一点一滴地开始完美，尽管可能无法一步就达到很高的高度，但通过微创新，可以逐步完善、逐步成功，逐步提高企业的产品和服务。

微创新大体验，很多时候那些不是从企业出发，而是从改善客户体验出发的微创新，虽然只是一些微小的变化，却会给客户带来一种冲击、带来新的感觉。一个微小的创新如果找对了点，就能够明显提升客户的体验，让成千上万的客户因为这个微小的点来使用企业的产品和服务。微创新其实一点都不微，它甚至可能成为企业占领市场的巨大力量。而且，那些所谓的颠覆性创新，在刚出来的时候基本上都属于微创新，只是这些不断的微小创新，从一些很不起眼的局部市场开始切入，持续发力，把传统的市场给颠覆了。比如苹果最早就是从 MP3 做起的，苹果在成熟的 MP3 产品基础上做了个微小的创新，产生了 iPod，然后在技术上改造成 iPhone，一直到 iPhone4 的出现，才引领了整个智能手机时代。

那么，我们的企业、我们的首席体验官，应该如何实践微创新呢？

（1）企业要关注客户，关注客户的体验，把客户的体验和利益作为企业的真正出发点。这里不是喊口号，而是要实实在在地做到，否则微创新无从谈起。

（2）既然是微创新，就要关注细节，从那些行业巨头看不到、看不懂、看不起的小处做起。比如，产品的易用、技术的改进、功能的调整、外观的设计、包装的变化等，通过快速地、持续地改善产品的客户体验，最终达到领先市场、颠覆市场格局的目标。

（3）要鼓励创新，小创新，大奖励。企业要创造一切条件鼓励创新，包括奖励机制、学习培训、技术支持、微创新基金，以及跨专业、跨职能的交流平台等。

（4）要建立以客户体验、员工体验为中心的企业文化。企业的文化、价值观要进行改变，只有让企业全员都认同，才能让一线管理人员和员工自发地进行思考和积极实践，形成从下而上的、从外向内的创新推动力。

笔者曾作为评委参加过一个大型农垦集团内部的微创新大赛，在活动中我们看到了很多来自一线管理人员和普通员工对产品、设备、技术、技能以及管理的微创新，比如防胶碎裂改进杂胶的加工工艺，单排车改双排车进料，切胶机自动供水及水位控制，低压缓速通风技术研究，液压打包机技术改造等。说实话，整个过程我们都非常感动，这些来自一线脑洞大开的微创新，给企业带来的意义不只是效益和效率的提升，更重要的是企业内部的活力得到了最大的释放，为企业的未来提供了无限的可能。

把体验融入企业 DNA

我们把企业分为三类：超出客户期望，洞见客户自己都还没整明白的需求；

能够很好地满足客户现有的需求；按订单生产，不管客户真正的需求是什么。中国现在缺的是第一类企业，最多的是第三类企业。

因此我们总是能看到同质化的产品、同质化的服务、傍大牌、讨厌的广告、不会说话的文案，还有杂草丛生的组织。很多企业最终被逼进价格的巷战，找不到突围的方向，前端的客户和后端的员工都很失望，更谈不上有什么体验可言。

今天的领导者，尤其是首席体验官，不明白客户体验重要性的恐怕不多见了吧。但面对复杂的组织，以及既得利益者的阻扰，如何得到上下的认同，有效地展开工作，心中肯定是忐忑不安的。我们很能理解这样的状态，毕竟对于组织来说，要转变观念，重建流程，以及推进客户体验的制度化，无异于是一场艰苦的战役。

怎样才能赢得这场战役的胜利，并能持续地扩大胜利成果呢？那些成功实践的企业告诉我们，就是要把体验融入企业 DNA，建立以体验为中心的企业文化。我们梳理了一下，大致分为四个阶段：

（一）准备阶段

万事开头难，这里最难的是要转变企业高管们那些传统的心智模式，可以通过培训、会议、座谈等方式，向他们灌输客户体验的理念和意义，以及正确的工作方法。要让他们从技术至上、产品至上的传统思维转变为客户至上的体验思维，要转变他们的价值观。有了最高层领导的认识和支持，各个业务部门才不会推诿扯皮，以后的工作阻碍就会小得多。

然后要做的是充分了解企业现状，仔细审视研发、技术、运营、服务、市场、供应链、财务等各个内部运行环节，在客户和员工中展开研究，进行 360 度的需求洞察。通过自下而上、从外向内的分析，还原客户体验的整个过程。通过绘制客户行为地图和体验路线图，可以发现哪些环节有不足，并找到缘由。在客户体验的分析中，还要找到那些客户最为敏感、翘首以盼的关键体验。

（二）设计阶段

根据现状的客观评估，制定一整套科学可行的标准，在标准的框架下设计跨部门的工作流程和运行系统，对各业务口的职能和界面进行定义，形成统一的特征文本。除了聘请的专家团队，企业内部抽调的专业人才，还需要把一线的管理人员和员工加入进来而参与设计，同时也需要把客户邀请进来。

在这个阶段中，合适的工具和模型是很重要的，能让工作更有指向性，也更有效率。我们将在第九章中介绍到 SOPSMB 体验模型，从企业的战略、组织、产品、服务、营销和品牌六个维度进行深挖，帮助企业的领导者和首席体验官更好地进行工作。

（三）测试阶段

经过重新设计的、志在提升客户体验的流程和系统，必须进行严谨的测试，我们可以在企业的一个部门、子公司，或者一个团队先进行测试。测试之前要培训如何使用，并获得成员的认同和支持。测试过程中进行全程跟踪记录，测试必须是全触点和闭环式的，这样才能发现是否还有缺陷，然后回到设计环节，探讨如何改进。

（四）运营阶段

真正进入实施阶段，企业需要制定完整的制度，对责任、权限、评价指标和业绩要求进行明确，用以推动、监督流程和系统的稳定运行。同时，要建立有效的沟通和反馈机制，在运营中不断更新和改进，让流程和系统在部门及层级间高效运转。

我们要解释一下的是，这里所讲的流程和系统，并不是一个可视化的 IT 系统或者硬件形态，它是我们设计出来的，用以解决企业的各个业务部门重视客户体验的一整套工具和方法。这些工具和方法，也许是一些思想理念、一些规章制度、一些组织架构的变化，抑或是一些服务流程的改进，但它们绝对都是有效的，因为它们来自于客户真实的需要、来自于客户不断升级的体验诉求。

这个时代，说是一个体验为王的时代，一点也不为过。在这个时代，产品能否成功、营销能否打动客户、品牌能否获得客户偏爱，体验度成为最重要的指标。产品和服务只是体验的入口，客户购买企业的产品，体验之旅才只是开始，整个体验之旅是否愉快，直接影响到口碑，影响到销售，直至企业的生死存亡。同时，企业内部员工的体验，也直接决定了能否吸引、培育和留住一流的人才，能否打造支撑企业持续发展的核心团队。

刚开始的时候，企业可以考虑设立专门的体验部门，或者在各业务部门设置专门的岗位，负责内外部的体验管理。等到企业全体成员都深刻理解到客户体验的价值，再把体验融入 DNA，把持续提升客户体验作为一切工作的出发点，真正建立起以体验为中心的企业文化，打造出体验型的组织时，体验部门和那些相关的岗位就没有存在的意义了。

到那时，首席体验官应该可以"下课"了。当然，我们相信每个体验官都不会贪恋这个岗位的荣华，我们大家都期盼这一天的早日到来，因为那是我们企业的希望所在，也正是我们整个中国的希望所在。

| 第九章 |

体验再造

| 本章体验要点 |

　　体验再造〔Experience Re-engineering〕，无疑是艰难和痛苦的旅程，大刀阔斧，还是小步慢跑，企业必须迅速展开行动。还好，我们提供了一套行之有效的方法。

　　◇ 企业再造

　　◇ SOPSMB 模型

　　◇ 客户行为地图

　　◇ 品牌依恋和品牌沉默

　　◇ 体验魔方

艰难的再造

终于来到本书的核心，读完前面的八个章节，大家应该迫切感受到，以体验为中心，重新构建企业价值生态已是迫在眉睫。

今天，已经没有一个企业，没有一个高管敢说自己不重视客户体验了。大家都把客户体验放在最重要的位置，大会小会都在讲体验，为此还设立了首席体验官，推动监督体验管理目标的落实。但在消费者端，客户却感觉不明显，对比那些不断崛起的竞争对手，就像是一个身心疲惫的运动员，步履蹒跚，越来越被远远地甩在后面。

这是为什么呢？因为单方面的突破是不够的。还是用运动员来做比喻吧，他们每天都要做不同负荷的各种能力训练，一流的运动员都知道，只有与运动相关的系统、器官、组织、细胞等的生理结构或机能发生适应性改变，才能直接或间接地提高比赛成绩。

企业也是如此，只有从产品研发、测试、运营，到上市销售、技术支撑、售后服务等的全业务流程进行优化，包括企业的战略目标、组织架构，也需要调整。在对企业进行全面的思考和评估后，设计完整的实施方案，并有序展开整体的改造，才有可能实现想要的目标。

这就是再造。也可以理解为重建、重组或重新定义。

说到再造，就必须要先向迈克尔·哈默致敬，他是企业再造之父，是20世纪最杰出的管理大师之一。1993年，迈克尔·哈默和詹姆斯·钱皮合著的经典著作《再造企业：经营革命宣言》中，创造了"再造"（Re-engineering）这个词，并明确提出了"企业流程再造"（Business Process Re-engineering，BPR）的概念。迈克尔·哈默对企业流程再造的定义是：由组织过程重新出发，从根本思考每一个活动的价值贡献，然后运用现代的信息科技，将人力及工作过程彻底改变以及重新架构组织内各种关系。

总结迈克尔·哈默的企业流程再造，包括以下四个要素：

（1）根本性。对长期以来在企业经营中所遵循的基本信念，如分工思想、等级制度、规模经营、标准化生产和官僚体制等进行重新思考，打破原有的思维定式，进行创造性思维。

（2）彻底性。流程再造不是对企业的肤浅的调整修补，而是要抛弃现有的业务流程和组织结构，进行彻底的改造。

（3）显著性。流程再造追求"飞跃"式的进步，如大幅度降低成本、缩减时间、提高质量。

（4）业务流程。流程再造从重新设计业务流程开始，因为业务流程决定着组织的运行效率，是企业的生命线。

迈克尔·哈默还有《超越再造》等著作，不断总结再造工程的得失。之后，阿什利·布拉干扎、乔·佩帕德和菲利普·罗兰也做了这方面的研究；在中国，也有不少专家学者进行了相关的思考和探索，其中就有余箐的《企业再造：重组企业的业务流程》、石惠波的《如何进行流程设计与再造》、水藏玺的《流程优化与再造》、杨宏旭的《信息技术与企业再造》等，有理论和实践，从业务流程到管理流程都有涉及。

但这些研究都是从组织出发，以工作流程为中心而重新设计企业的经营、管理及运作方式。更多的时候，甚至是以IT技术为中心，强行推销一些并不适用的企业管理ERP系统。在运营商工作的时候，笔者也曾参与了麦肯锡为中国电信做的流程再造。最终上线的营运系统，确实规范了很多的业务流程，提高了工作效率，但也有很多的不足，让一线的员工苦不堪言，尤其是IT的支撑这一部分是大家吐槽最多的。从咨询公司公开的信息也可以看到，70%的流程再造都没有达到预期的效果，不客气地说是失败了，流程再造不但没有创造更高的绩效，反而使企业运营更加恶化。

时至今日，流程再造被贬为无情而失效的管理时尚，企业的再造工程变成了解雇成千上万员工的同义词。究其原因，除了不成熟的业务流程、不成熟的操作团队和第三方咨询公司外，最核心的问题在于，再造工程对企业组织和员工的本质产生了"副作用"。

我们说过，企业内部有不同程度的"楼板"和"墙"存在，也有既得利益团体和个体存在，大家都认为自己才是最重要的。因此，这些从组织出发的、以流程为中心，甚至变相的以 IT 技术为中心的再造，容易被企业内不同的组织和成员诬陷、无声地抵制，最终死于难产。

如何扫除变革的障碍，得到组织上下高度的认同和倾力支持，是亟待解决的课题。

体验再造

我们一直在思考的是，如何在提供满足客户需求解决方案的同时，又把对组织成员的"副作用"降到最低，甚至没有"副作用"，反而让组织成员更主动和更自觉地支持。

这就需要回到再造的本质，回到再造的出发点，告诉自己为什么出发？从哪里出发？

无论时代如何变迁，人性是亘古不变的，技术给我们的工作和生活带来了很多的变化，但技术并没有改变我们自身。我们有爱，有善良、宽容、无私和勇气，但炫耀、嫉妒、恐惧、懒惰、自私和贪婪等这些负面的人性也从未离我们远去。

所有那些优秀的产品，无一不是满足了人性的需求才获得强大的生命力，它们要么让你更舒适、更便捷，要么就是让你更耀眼夺目，更有成就感。以王者荣耀之类大火的游戏来说，放大了人性中的阳光一面，同时也更放大了阴暗的那一面，比如征服、掠夺、赌博、贪婪、好色等，诸如此类。

当然，这也就是我们所讲的体验。从马斯洛五层需求理论来说，体验满足的不是生理和安全的基本需要，而是更高层次的情感、尊重和自我实现的需要。

基于此，我们提出了体验再造（Experience Reengineering，XR）。

首先要声明的是，体验再造不是什么新思想，也不是要颠覆管理大师们的传统流程再造理论。其实我们一直最不喜欢颠覆这个词，就像当年滴滴等企业打着共享经济旗号进入市场的时候，大家是多么欢呼雀跃啊，有媒体高呼打破了垄断，颠覆了传统出租车行业，时至今日，发生什么了吗？滴滴变成了中国出租车行业实际的垄断者。

如何定义体验再造呢？

体验再造是从客户体验出发，通过客户行为分析，建立客户体验地图，洞察客户的需求和痛点，然后整合企业资源，为客户提供解决方案，最终满足客户需求，持续提升客户体验的系统过程。

为了提升客户体验，在整合企业资源过程中，也有可能需要对人员和业务流程进行彻底改变，以及重新架构组织内各种关系。

因此，体验再造是流程再造理论的继承和发展，为了达到体验再造的目的，需要在企业内部进行流程再造。但不同的是，这里进行流程再造的目的，不是为了提高企业的运营效率，也不是为了提高经营业绩，而是为了提高客户体验。

感觉还有点绕，我们稍微花点篇幅，分析一下体验再造和流程再造的区别。

（1）相同点。两者都需要对人员和业务流程进行再造，最终实现企业经营业绩的提高。

（2）不同点。不同之处主要有以下四点：

一是中心不同，流程再造以流程再造为中心，体验再造以客户体验为中心。

二是目的不同，流程再造的目的是提高运营效率，而体验再造的目的是提升客户体验。

三是强度不同，流程再造强调的是根本和彻底，体验再造主张的不是推倒重来，也不是另起炉灶，而是创新完善。

四是方法不同，流程再造依赖于 IT 系统的管理，体验再造可以整合不同的工具来达成目标。

前文所述，公开的信息显示，70%的流程再造都失败了，体验再造又如何做到不重蹈覆辙呢？

信心来自以下几个方面：

第一，体验再造容易获得内部成员的支持。体验再造关注的是客户体验，客户不只是公司的外部客户，也有公司内部的客户，包括团队、员工，以及上下游的合作伙伴。很多时候，我们希望更加关注内部客户的体验提升，为员工创造更好的工作体验。

第二，体验再造容易统一企业的价值观。当我们用客户体验来替代部门和层级时，哪个部门都不重要了，重要的是客户体验。我们不再强调效益、效率，也不再强调功能、流程，我们强调的是客户体验的提升和优化，这样容易统一价值观，建立起和谐共生的体验型企业文化。

第三，体验再造真正回到人性本身，重视客户需求，回应客户需求，一切从客户出发，从客户的体验出发。在真正回到企业和组织的本质后，我们会发现，很多事情都会迎刃而解。

第四，体验再造不再简单依赖于那些冰冷的、不成熟的 IT 系统，而更致力于整合各种资源，为客户提供可信赖的解决方案。

体验再造追求的不是价值最大化，更不是利润最大化，而是体验最大化。体验再造不是要开发出一套无懈可击的基于前沿技术的 IT 管理软件，也不是要创造出一套高效率运转的流程系统，体验再造的终极目标，是要建立起一个以体验为中心的优秀企业文化，打造一个有体验感的企业，打造一个有体验度的品牌。

大家都应明白，未来企业之间的战争，不是同质化的产品和服务，也不是同质化的名称和商标，未来的战争一定是围绕品牌体验展开的肉搏厮杀。如何持续优化和提升客户体验，打造一个有体验度的品牌，最终达成客户的品牌偏爱，是每个企业和领导者的必修课。

而体验再造的意义，正在于此。

SOPSMB 模型

这项关于体验的再造工程无疑是庞大和复杂的。为了让工程推进的更有效、更有指向性，我们对那些在客户体验方面的领先企业进行实地考察、总结分析，最终建立了一套体验模型，以客户体验为中心，从企业的战略、组织、产品、服务、营销和品牌六个维度进行深挖，重新构建企业价值生态。

（1）战略（Strategy）。

（2）组织（Organization）。

（3）产品（Product）。

（4）服务（Service）。

（5）营销（Marketing）。

（6）品牌（Brand）。

提取这六个维度英译的第一个字母，我们把它定义为体验再造 SOPSMB 模型，如图 9-1 所示。

图 9-1　SOPSMB 模型

为了让 SOPSMB 体验再造模型能更简洁、直观地表达，我们用体验英文中的字母"X"来指代企业即将进行的再造。以战略 X-Strategy 为例，指的就是从战略维度进行的体验再造。

可以看出，这六个维度缺一不可，互相加强。企业要建立体验至上，以客户为中心的目标愿景；要建立跨部门的流程组织，以体验为导向的考核体系；在产品维度、满足客户痛点的基础上，更注意满足客户"痒点"；在服务维度，提供全触点的一致性体验，有尖叫的客户旅程；在营销维度，通过整合营销吸引、打动、连接客户；最终在客户的全方位体验中，塑造一个极具体验度的品牌。

下面我们就 SOPSMB 模型的六个维度，展开体验再造的研究。

战略 X–Strategy

战略这个词，好像是被滥用了。我们经常看到品牌战略、营销战略、人才战略、客户战略，各种战略满天飞，好像战略是个筐，什么都可以装。

但我们聊到战略这个话题，很多企业管理者尤其是中小企业的都不愿意深谈，在他们看来，战略都是高大上、虚无缥缈的字眼。身边的企业，也有很多制定了战略规划，最终却被挂在了墙上，或是锁在了抽屉里。

对于这些企业来说，战略好像没什么用，但其实不是战略没有用，而是它们制定的战略没有用。从体验的角度看，这些企业所谓的战略，是没有体验感的、是坏战略。

坏战略通常有以下三个特征：

（1）假大空。假大空大家都明白，就是假话、大话、空话。我们见过很多企业的战略，要么是各种新概念、各种晦涩难懂的词语；要么是目标惊人，意欲救大众于水深火热，感觉可以上天似的；要么就是一堆空话，好像说了很多，但实际上什么都没说。这样的战略看起来都很美好，但除了浪费纸张材料外，其实没有任何实质意义。

（2）把目标当成战略。目标不是战略，但很多人常常把它们混淆起来，比如进入中国企业 500 强，或实现 20% 的利润增长就属于目标，而不是战略。

（3）不能直面问题。制定战略的目的是要通过行动达到预期的结果，也叫战略意图。战略要把企业面临的问题定义清楚，然后直面挑战，解决实际问题。

很多企业都说它们有战略，其实它们有的可能只是一个美好的愿景或伟大的经营目标而已。

那什么是好战略呢？

先说一下什么是战略，我们理解，战略就是差异化，战略就是告诉组织所有人，在哪里战斗和如何取胜。其实从字面上看，战略 = 战 + 略，"战"是定义在哪里战斗，"略"是定义如何取胜。

因此，一个好战略一定是能够清晰地回答：我是谁，要去哪里，如何去。同时，还能够清晰地回答：在哪里竞争，如何取胜。

（1）我是谁？好的战略首先要定义清楚我是谁，如何吸引人，也就是战略定位（Strategy Positioning）的问题。要使企业的产品、服务、品牌、形象等在目标客户的心智中占据最佳的位置，这是一种有利于企业发展的选择。

（2）要去哪里？在哪里竞争？讲的是战略路径（Strategy Path）的问题。战略路径是指实现战略的路径选择，是指选择什么样的方向和路线实现战略。

（3）如何去？如何取胜？讲的是战略配称（Strategy Fit）的问题。战略不能务虚，战略一定是非常实在的，战略落地需要扎实的企业资源和能力作为基石。不然，再好的战略都无法实施，最终会遭遇战略溃败。

那些冠军企业，总是在不断制定规划战略，在好战略的引领下，建立起优秀的企业文化和企业家精神。

作为企业的行动纲领，战略首先需要进行重新定义的。战略体验再造（X-Strategy），不仅要对实现战略的理念与方法，还要对企业的价值观、商业模式、运行体系、激励机制、企业文化等进行全面思考。

（一）改变传统的产品导向经营理念

如今，成功的企业都已明白，仅就产品和服务已经无法取胜。客户不再满足于产品和服务本身，他们更加关注产品和服务提供的方式，也就是我们所说的体验，客户不仅开始主导商业规则，而且对体验的要求越来越高。显然，过去基于产品至上、技术至上的产品导向理念，必须要进行革新，同时需要革新的还有企业那些传统的价值观。

（二）以客户体验为导向的企业战略

毫无疑问，企业需要制定以体验为导向的企业总体战略，树立以客户为中心的管理理念，把客户体验置于企业的最高位置，习惯于从客户角度出发考虑问题，打造体验型的企业文化，才能在竞争激烈的市场环境中取得战略优势，实现客户和企业价值的双重提升。

不过这里要强调的是，以客户为中心，但并不是要把客户等同于上帝，因为无条件为客户服务是以成本为代价的，所以需要对客户体验进行管理。我们的着力点，不是所有消费者，也不是所有体验，而是目标客户，以及关键体验。

以客户体验为导向的企业战略，一定要充分识别内外部机会与风险，定义选择什么样的市场，做什么样的竞争，要定义目标客户，洞察他们的需求，同时分析企业的实际能力和增长速度，有所为有所不为。企业可以通过开创新的产品特性和品类、协同供应链降低成本、改进服务全触点体验、制定行业标准等方法，实现差异化，并进行全球化的发展。

（三）专家型企业发展之道

在第二章冠军企业中，我们分析过通才型冠军和专家型冠军。在第五章品牌偏爱中，也分析过通才型品牌和专家型品牌。在以客户体验为导向的战略语境下，企业如何发展，我们的建议是走专家型之道。

好战略一定是能够落地的，这需要企业的运营活动、内部流程，无论是研发、供应链、产品、服务、营销，还是财务、组织架构、投融资的资本运作，都要相互加强，保持与战略的一致性，达到投入最优的效果。而专家型的企业，扎根于比较窄的细分市场，在产品、服务的快速迭代，在客户体验的持续优化等方面，更能专业和自如地表现，也更容易为客户认同和偏爱，从而长期拥有和保持竞争优势。

（四）社会责任和企业家精神

企业作为众多员工个体形成的组织群体，能够也应当承担起个人以及其他阶层不容易承担的社会公益责任和社会进步责任。同时，我们推崇企业家精神，诚实、理性、正直、独立、创造，有基于智慧的判断力、基于时机的执行力，更有基于目标的社会责任感。

客户体验不是孤立、单一的触点，而是综合、整体的体验。那些富有社会责任和企业家精神的企业，总能站在客户旁边，它们不只提供优质的产品和服务，让消费者满意，还积极投身公益活动事业，主张尊重人权，施行以人为本的管理哲学。这样的企业，当然更容易赢得客户的信赖，树立良好的社会形象，同时有利于增强企业的竞争力，促进企业的可持续发展。

组织 X–Organization

定义了以客户体验为导向的企业战略，就需要组织来具体分解和执行。组织有战略层面和管理层面之分，我们这里研究的是关于管理层面的组织体验再造（X–Organization）。

组织体验再造有两个根本的任务，是要持续提升企业外部的客户体验和内部的员工体验。这里所说的员工体验，除了员工，还包括企业上下游的合作伙伴。

先来讨论客户体验。从组织维度，我们总结了通向客户体验的四大核心要素：

（一）洞察

洞察是一切体验设计的前提。我们说过，洞察和观察是不一样的，洞察是看穿，是看到客户需要但无法表达清楚的需求，看到别人都知道，但别人没有发现的东西。企业可以通过深入的客户调研，设置体验管理部门，建立实时的客户反馈指标衡量系统，以及使用 AI、大数据等工具，洞察目标客户刚需、痛点和痒点，从中找到客户关键体验，进而提出组织的体验愿景和目标。

（二）重构

提升客户体验通常都具有跨职能、跨部门的特征，要实现体验愿景，企业的采购、生产、运营的业务流程，以及组织架构、人力资源等都可能需要以体验为导向进行重新思考和设计。组织的这个重构过程无疑是最痛苦的，要让员工认识到客户体验是全公司共同的责任和目标；要定义新角色、指导和培训员工，必要的转岗和离退；要设计新的技术结构和应用，大工作量的测试、优化完善；要处理内部各种利益交织的角力，但别无选择。

（三）激励

所谓的激励，就是组织要建立一整套的体验考评体系，通过设计科学的外部奖酬和工作环境，以一定的行为规范和惩罚性措施，引导和激发企业的所有成员关注客户体验。

俗话说："天下武功，无坚不摧，唯快不破。"我们认为激励员工最好的方式就是重用员工，尤其是一线的员工，他们直接接触和服务客户，是提升和改善客户体验的关键成员，对一线员工进行充分的授权非常重要，只有充分的授权，才能更快、更好地掌握和满足客户的需求。至于授权，企业可以通过绩效评估、素质测评、观察、访谈等方法对员工能力进行考评，实施量能授权。

（四）制度化

只有整个企业真正建立起以客户为中心、体验至上的企业文化，才能持续提升和优化客户体验。组织体验再造最终的目标，是要将客户体验转化为企业经营管理中的具体行为，有明确的度量和标准参考，形成统一的、系统的制度体系，避免个体成员能力和特性的差异，使经营管理出现差异和波动，从而帮助企业保持健康、持续的成长。

现在讨论员工体验。我们研究了大量成功的企业，它们让客户尖叫的秘诀无一例外都是从内部体验开始的。

传统的组织管理，都有着浓厚的集权化色彩，从管理者看来，员工都有厌恶工作的天性，即使奖励也不一定起到作用，通常是一个奖励之后还会要求更高的奖励，只有采取强制、管控、威胁，以及惩罚性的措施，才能让员工全心全意地为企业目标而服务。在传统管理理论的支撑下，产生了大量金字塔式的企业组织结构，对很多管理者来说，这是他们最为熟悉和擅长的方法。

现在的情形是组织的员工都是知识型工作者，尤其是千禧一代，工作对于他们而言，不再是养家糊口的工具，而是自我锻炼、展现抱负的舞台。金字塔式的组织结构，由于管理层次多、机构臃肿，导致人浮于事，效率低下。更要命的是，权力集中在上层，员工自主性低，阻碍了创造力的发挥，无法准确传递客户需求，也无法快速满足客户需求，客户体验更无从谈起。

提升员工体验，我们的理解是可以从切实提高员工满意度和改进企业层级式组织结构两个方面展开。

（一）提高员工满意度

员工也是客户，员工更需要体验。客户体验是一种由内而外生长的文化，客户体验好不好，完全依赖于员工，只有不断地提高员工的满意度，才能激励员工发自内心地为企业客户积极服务，让客户体验成为共同的价值观和行为习惯。

提高员工满意度是企业的重心工作，也是组织体验再造维度要重点解决的内容。很多优秀的企业已经在这方面做出了表率，它们通过更多的奖励、改善工作环境、增加福利、投资培训，以及设置员工体验官全面关注员工体验和成长。今天，企业中的人和文化受到了前所未有的聚焦，这也是引领企业向客户体验转型的必经之道。

（二）改进组织结构

传统的金字塔式、科层制的组织结构，肯定是需要改进的。除了对组织进行简化消肿，减少管理层级，向扁平形转化外，还有很多组织创新是值得企业借鉴的。

（1）超事业制，也叫执行部制。随着大企业的迅速扩张，事业部越来越多，组织的协调成本加大，于是在事业部制组织结构的基础上，增加了一级管理机构。这样做的好处是可以集中几个事业部的力量进行研发，更好地协调各事业部的活动，增强组织活动的灵活性。近年来，国内一些大型集团企业开始引进这种组织结构形式。

（2）流程化组织。流程化组织是以流程为中心的组织，它是一种扁平化的组织，打破了传统职能之间的隔阂，以提高客户需求的反应速度效率，降低对客户的产品和服务供应成本为目标。流程化组织以组织的各种流程为基础来设置部门，决定人员分工，在此基础上建立和完善组织的各项职能。

（3）供应链组织，也叫供应链网络。是由同行业中具有上下游合作关系的企业所构成的群体，包括了从供应商到制造商、零售商和客户的整个范围。供应链组织聚集共同的资源和技术，链接成垂直整合的团队以研发、制造和配销产品，从而能获得专业化和规模化的竞争优势。

（4）虚拟企业。虚拟企业是伴随互联网经济出现的一种新型组织形式，我们把它称为网络型组织。在这种组织结构中被连接的各经营单位，并没有实际的资本所有和行政隶属关系，它是一种很小的中心机构，组织的大部分职能从外部"购买"，依靠外部机构进行制造、销售以及其他重要的业务经营活动。这样就给管理者提供了高度的灵活性，使组织能够集中精力做最擅长的事。

现在还有专家提出平台化组织、生态化组织概念。这些新型的组织模式，以跨部门的团队为基本单位，与客户及供应商结成紧密联系，扁平化、灵活性高，在产品和服务质量之上，更加强调客户体验，还有全球化和数字化。

对于我们的企业而言，没有哪一种组织结构会是最佳解决方案，只能根据企业的实际情况，不断地改进和创新，让组织的计划、组织、控制三个根本职能得到最优的发挥，最终为企业的内外部客户打造出卓越的体验。

产品 X–Product

我们一定要明白，在这个时代，客户真正渴望购买的并不是"产品"。客户来你的店铺，他要买一个 16mm 的电钻，而事实上，他并不是想买电钻，而只是想在墙上开一个 16mm 的钻孔。

所有产品的出发点，都是理解并解决客户最切实的需求，而持续的产品创新则是保持产品生命力和竞争力的不二法宝。YOU 时代的产品创新可以分四步来进行：

（1）洞察客户需求；

（2）提炼客户需求，也就是洞见；

（3）将客户需求转化为产品定义；

（4）进行全产品生命周期的客户需求管理。

在第三章懂你的产品中，我们研究过客户需求，以及刚需和痛点，好的产品不只是满足客户需求，更优先解决客户的刚需和痛点。

但随着市场竞争的不断加剧，我们会发现，产品越来越同质化，满足客户刚需和痛点已经成为所有产品的标配。当然也不言而喻，如果一款产品连客户的基本需求都不能满足，那肯定是无法立足，也无法存活的。

那如何突围呢，这就在痛点的基础上，提出了"痒点"的概念。

现在大家都在讲痛点思维。所谓痛点，就是刚性的，是可以量化的需求，客户对其有强烈的感触。抓住了痛点，便有了和客户进行互动的资本，才能进入客户的购买选项。但最终影响客户购买的，是理性后面的感性，是产品带给客户的愉悦，这就是痒点，也就是我们所说的体验。

产品是体验最核心的入口，企业进行的体验再造、产品维度的再造无疑是至关重要的。如今，客户体验已经取代产品功能成为新的核心战场，产品体验再造（X-Product）的目标，是要打造产品的"痒点"，让企业在产品体验的战争中轻松胜出。

因此，我们研究和观察了大量优秀的产品，总结出打造产品"痒点"，提升产品体验的十大法则：

（一）匠品法则

匠品就是要把产品做到极致，像打磨艺术品一样做产品，从原材料、生产工艺、辅助材料、质量控制、稳定测试等各方面精益求精，力求做到最好。客户使用产品的时候会由衷地感动，就像妈妈做的菜，就是好吃、就是想吃。

（二）颜值法则

这也是一个颜值担当的时代，美的东西谁不爱呢。伟大的产品源自伟大的设计，无论是产品的构件、外观，还是产品包装、说明书文本等，都需要用心地设计，给到客户美的享受。

（三）简洁法则

产品一定要简洁，这里不是说功能，而是说易用性，要去掉那些繁复多余的东西。客户不是企业的专业员工，我们要把客户理解为小白，无须让客户选择和花时间研究，产品要简洁到"傻瓜化"程度。包括企业的产品线，要聚焦，打造爆品。同样，产品的体验点，不在于多而在于精，有时候太多反而对客户形成干扰。

（四）互动法则

没人喜欢冰冷的产品，产品要和客户互动，要建立起产品和客户之间、产品的客户和客户之间的互动纽带。包括产品的系统、功能更新，客户体验的反馈沟通体系，以及客户之间通过社群进行的沟通和互动。

（五）AI法则

人工智能（AI）领域正在发生翻天覆地的变化，作为一种通用技术，人工智能和机器学习（ML）在几乎所有行业都有潜在的发展空间，比如现在支持语音助手的电视和开关，智能冰箱等都带来了更加全新的客户体验。未来的产品智能化程度越来越高，真正会成为懂你的产品。

（六）新技术法则

大数据、新能源、无人驾驶、增强现实，每个行业都在不断地涌现出大量的新技术、新工艺、新材料和新应用。科技是第一生产力，企业要善于采用先进的技术，提升产品的质量和水平，满足客户不断升级的需求。

（七）专利法则

时至今日，国内的很多企业还是缺乏知识产权意识，不懂得通过专利来保护自己的合法权益，不懂得通过专利来构建产品的护城河。企业要开始学会创新、研发，依法申请专利，通过形成专利池让自己的产品更有比较、竞争优势。

（八）参与法则

客户不仅是产品的购买者和使用人，客户还是企业产品最好的设计师、生产者和推销员。如今，很多企业都利用精神或物质方面的资源，把客户邀请进来，参与到研发、生产制造、运营等全过程的产品创新过程，从而提升客户对产品的认知和认可，最终提高客户的满意度。

（九）迭代法则

产品要打造匠品，但同时也需要迭代，尤其是面对激烈竞争的市场，快速迭代不只是为企业抢得更多的市场份额，还能让客户的体验感更好。同时，迭代的产品可以形成新的产品，为价格调整、产品品牌塑造等提供更多的策略可能性。

（十）彩蛋法则

谁不喜欢惊喜呢，促销、小礼物赠送就是屡试不爽的销售方式。我们在产品的某些小角落里，隐藏着一些小惊喜（彩蛋），虽然在功能方面可能没有什么实际作用，却常常能给客户增加一份乐趣和会心的微笑，还有可能引发客户的好奇心，增强他们对产品的探索欲望。

服务 X–Service

有服务，无体验。这是我们在工作和生活中经常碰到的。

相信大家都有这样的经历，去政府管理部门的大厅办事，没有几次不是扫兴而归的。很多部门貌似都有工作流程，都要求微笑服务，但大家的满意度却很低。究其原因：一方面，流程的设计更多是从管理者的角度考虑，满足所谓的痕迹管理和层层审批；另一方面，缺乏明晰的工作标准和适度的授权机制，不同的工作人员因个体的服务能力和服务水平差异，就呈现出了不稳定，甚至是越来越糟糕的服务。

企业同样也是如此，但不同于政府部门的是，企业无时无刻都在面临着不断加剧的市场竞争和生存压力，如何不断提升和改善服务质量，打造卓越的客户体验，是每个企业都在研究的课题。

服务体验再造（X–Service），就是要从服务维度入手，扫描客户行为地图、分析地图热点、深入挖掘客户需求，为客户呈献一段全触点的、美好而愉悦的旅程。

（1）客户行为地图，也称客户体验地图（Experience Map）。这是一个非常好的工具，它通过图形化的方式，直观地记录和整理客户在使用产品和服务的过程中，每个阶段、每个接触点的体验，包括行为、感受（痛点和满意点）、思考、想法，能帮助管理和决策者有效地感知客户需求，找出关键要点，进而能更好地设计、改进服务流程和服务内容，持续地提升客户体验。

在第五章最好的服务中，我们画过一个消费体验图，在这里我们把这个体验图简化为四个步骤，以便于帮助大家来学习如何使用客户行为地图，如图 9-2 所示。

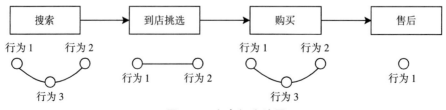

图 9-2　客户行为地图

地图上的每个节点，都是客户在服务中的有形或无形的接触点，可能是官网、微信、销售人员、广告、商店、流程等，它们都非常重要，往往是客户体验从良好变为糟糕的关键。在这些节点中，有客户的痛点、满意点、疑问点，以及客户的其他想法，我们可以通过问卷、观察记录、行为研究、亲身体验以及外聘神秘顾客调查等获取资料，有效梳理客户在服务中的所有体验和感受。

绘制出详细的客户行为地图后，我们就能知道问题出在哪里，就可以展开分析，思考在每个行为节点上是否有更好的解决方案来满足客户的需求，尤其是客户痛点，如何弥补短板，寻找机会进行创新。同时，还可以和竞争对手进行比较，看别人是如何解决痛点、如何优化体验的。

（2）地图热点。当然，实际的客户行为地图是非常复杂的，如不同的场景，以及大量完全迥异的客户。我们会看到在真实的客户行为地图上，密密麻麻的到处都是热点。

这就需要洞察，需要对服务的主要流程进行梳理，提炼客户的核心诉求，找到客户真正的问题和痛点，进而从中发现和设计关键体验，结合企业可支配的资源状况，进行优先级排序，然后持续改进和完善。

（3）客户旅程。从客户行为地图可知道，客户体验从来都不是单一的节点，客户体验是一个旅程，服务体验再造的任务，就是要对服务的全触点进行改善和优化。这里可用的工具和方法有很多，包括提高响应速度、精简业务程序、流程再造，以及大数据等新技术的使用等。

在客户旅程开始之前，我们还需要强调两个关键点，一个是客户体验的一致性，另一个是客户体验的评估量化。

（一）体验的一致性

一致性实在是太重要了，我们曾在第五章最好的服务中，分析过加油站关于付款的案例，仅仅是一个细小的不一致，就引起了消费者的各种不满。一致性包括对所有客户提供一致性的服务，也包括客户在不同场景、不同时间享受到的服务是一致性的。可以说，企业进行体验再造，在服务维度，一致性体验是最低要求，也是最高要求。

我们理解，一致性有两个层次。低层次的是流程上的一致性，这是刚性的，包括环境空间、着装用语、业务流程、客户习惯、交互逻辑等。高层次的一致性则表现在品牌构建和客户认知层面，比如品牌的调性是什么，给客户提供的核心体验是什么，所有的设计、传播、销售和服务都要围绕品牌体验来展开，虽然企业各个部门的职能和分工不同，但都要保持一致性的目标。

（二）体验的评估量化

在客户旅程的每个关键体验点，我们都至少需要一个可以量化的指标对客户体验进行评估，帮助和指导管理人员对客户体验进行跟踪分析，以及建立科学合理的绩效考核标准。以下三个指标是被经常使用的：

（1）CSAT（客户满意度），这个是最经典的衡量指标了，随着各行各业对客户体验的重视，我们在生活中经常会看到关于客户满意度方面的调研。CSAT 要求客户评价对特定事件/体验的满意度，通过五点量表分析，一般包括非常满意、满意、一般、不满意、非常不满意五个选项。

（2）NPS（净推荐值），通过测量客户的推荐意愿，从而了解客户体验。我们只需要客户问一个问题：您是否愿意将××企业或产品推荐给朋友或同事？然后让客户在 0~10 进行打分。

NPS=（推荐者数/总样本数）×100%-（贬损者数/总样本数）×100%

推荐者是指打分在 9~10 的客户，而贬损者则是指打分在 0~6 的客户。NPS 在 50%以上就说明客户对服务的体验比较满意，NPS 越高，证明企业拥有大批高忠诚度的客户。

（3）CES（客户费力度），是让客户评价使用企业某产品或服务来解决问题的困难程度。比如：为了得到你想要的服务，你费了多大劲儿？评分可以从 1（非常低）到 5（非常高）。

谷歌无疑是互联网行业中把客户体验做到极致的代表企业，谷歌花费了数年时间来解决广泛应用的客户体验的衡量指标体系，提出了 PULSE 和 HEART 两大指标，非常值得借鉴。

（1）PULSE 指标，包括 Page view（页面浏览量）、Uptime（响应时间）、Latency（延迟）、Seven days active user（7 天活跃用户数）、Earning（收益）。

（2）HEART 指标，包括 Happiness（愉悦度）、Engagement（参与度）、Adoption（接受度）、Retention（留存率）、Task success（任务完成度）。

对于客户体验的评估是一个复杂和变化的长期过程，但无论是使用哪一个指标，或是多个指标综合使用，企业要重点关注的是，这些衡量的指标是否已经涵盖了客户体验的全部触点。

营销 X–Marketing

我们似乎处在一个非常杂乱的营销环境，传统媒体大多失效，而互联网，尤其是新媒体的蓬勃发展，不但没有让我们的营销变得简单，反而是更为复杂。跨界营销、口碑营销、内容营销、情感营销、饥饿营销、服务营销、网络营销、病毒营销……有人统计过，现在层出不穷的各种营销理念就有 100 多种。

作为营销人，我们的建议是，更多时候不应该是热衷于去追 IP、蹭热点，而是要学会慢下来，甚至是要退一步，我们应该时刻保持清醒，思考怎样才能更好地与客户接触，建立强大的企业和产品品牌。

在讨论营销体验再造（X–Marketing）之前，我们需要和大家一起厘清关于营销的几个概念。

（1）前提。我们一直讲，营销的前提是洞察。只有对消费人群的深入理解，包括消费心理的感知，才有可能把产品的战略转化为能被消费者接受的沟通策略。好的营销，一定是在洞察产品卖点和客户买点的基础上进行的创意表达。

（2）本质。很多人都会误解，认为营销的本质就是销售，就是卖卖卖，这是不对的。营销的本质是将产品的独特价值传递给消费者。简单来说，就是要给消费者一个消费理由，让其产生购买行为。这个理由是产品的灵魂，赋予了产品以生命和存在价值。这个理由一定是站在客户角度思考的，不是单纯说我给客户带来多少好处，多少服务，而是要说如何让客户易于接受你，愿意接受你，敢于接受你。无论是广告创作、媒介传播、渠道设计、终端建设，还是运营管理，都要围绕营销的这个本质展开。

（3）任务。营销的任务是要比别人快半步。在商业社会，保持适量的竞争对手是必要的，营销一定要走在前面，才能保持竞争优势，但也不能快太多。

（4）价格。价格一直是营销中最令人头痛的问题。我们在第三章懂你的产品中也对价格进行过研究，我们提倡的是微笑的价格，价格不只是成本和利润的刚性要求，更是一种营销策略，企业要在供应链组织、渠道扁平化等多方面着力，为营销提供很好的策略支持。

关于营销，最精彩也是最经典的，就是杰罗姆·麦卡锡在 20 世纪 60 年代提出的 4P 理论，包括产品（Product）、价格（Price）、渠道（Place）和促销（Promotion），麦卡锡认为一次成功和完整的市场营销活动，意味着以适当的产品、适当的价格、适当的渠道和适当的传播促销推广手段，将适当的产品和服务投放到特定市场的行为。20 世纪 90 年代，罗伯特·劳特朋在 4P 基础上提出 4C 理论，强调企业首先应该把追求消费者满意（Customer）放在第一位，其次是努力降低顾客的购买成本（Cost），然后要充分注意到顾客购买过程中的便利性（Convenience），最后还应以消费者为中心实施有效的营销沟通（Communication）。

没有一种理论是永远先进的。这些年，很多营销专家对 4P、4C 理论进行了很多积极的探索和实践，提出了许多新的、更有应用性的观点。为了更好地支持企业从营销维度展开再造的工程，我们从众多优秀的方法中，试图整理出一套系统，定义为 5Cs 理论，从五个方面展开对营销的思考和体验再造。

（一）客户（Client）

客户是第一位的，是我们所有工作"真正的北极"。如今，客户消费旅程变得越来越复杂，我们的首要工作是通过线上线下不同的路径，更好地与客户接触，了解和洞察客户需求。

（二）连接（Connect）

客户在哪里，营销就应该去哪里。了解了客户，我们需要考虑怎样和客户建立连接，有哪些更好的连接点，用怎样的方式、怎样的产品和服务去照顾到各个层面的客户。这里可能需要再造营销组织和渠道，以及重新定义企业的产品和服务。媒体平台的多样化，整合营销是必须的，尤其是移动智能终端无处不在的连接，要熟练运用媒体策略加强和优化品牌的调性及参与度，要确保创意在正确的时间和地点触达到客户。

（三）内容（Content）

连接客户之后的重心就是内容。在日益高度市场化的今天，所有企业都在竭尽全力去争夺注意力，抢占客户心智。如今，传播的抵达已经没有意义，客户需要的是体验，而不是打扰。从到达到体验，从干扰到邀请，从单向到互动，从推销强卖到解决方案，企业需要做出改变，从更复杂的层面思考内容策略，无论是原生广告、文案创意，还是画面设计。尤其是 5G、移动智能终端的发展，我们的客户一直在线，他们更加主动地寻找内容，但他们却更加"自私"，他们只关心他们想要的内容。

（四）商务 （Commerce）

以前，产品和客户连接的是功能，品牌连接的是品类，而今天，产品和品牌连接的都是体验。增强现实、深度学习等众多新技术的出现，更让体验营销在产品、品牌和客户之间的连接创造了更多的可能。在商务环节，应突出客户参与，加强与客户的互动，企业要整合所有资源，为客户构建最优化的体验，才能最终影响客户的价值权衡，做出倾向性的购买决定。

（五）社群 （Community）

互联网的出现，让社群得到爆发式的增长，这也就要求大家得学会加入和领导那些活跃的社群，也包括建立企业自己的品牌和产品粉丝群。社群营销的意义，远远不只是沟通和倾听，它是提升客户体验、树立品牌形象、建立客户偏爱，以及推动企业创新和销售增长的新式武器。

在 5Cs 中，我们好像是忽略了产品的营销，其实不是，我们反而更看重产品，看重产品带给客户的体验。爱彼迎就是"体验为王"忠实的信奉者，其 CEO 布莱恩·切斯基说过一句话：最高明的营销是把钱都砸在用户的体验上，然后用户会自发为你打广告。

是的，这也是我们营销体验再造的目标所在。

品牌 X–Brand

今天，我们会看到很多品牌，认知度都非常高，但它们的业绩却不怎么样，有的甚至要靠高昂的营销费用来支撑，一旦把媒体上的广告停下来，销售马上就陷入停滞。为什么呢？因为知名度并不等于品牌。我们大家要清楚的是，比知名度更重要的是建立品牌的好感度，这样才能真正赢得消费者的心。

我们还有很多的企业，上了新的生产线，产品也充满了高端气息，可在市场上无论是客户还是消费者，都仍被以老眼光看待，企业的升级转型做了很多很多的努力，但却不被认可，收效甚微。

一个不容忽视的现实是，如今企业之间的竞争，已经不只是产品、服务的竞争，品牌正在成为竞争的主战场。研究企业品牌的成长，大致都经过了以下三个阶段：

（1）1.0 版：市场空白期。在这个时期，很多产品和品类都是空白，品牌建设的目的是为产品的安全性背书，降低消费者的选择成本。

（2）2.0 版：市场成长期。随着竞争品牌的不断出现，大家都在背书，品牌的重心开始转向客户，研究客户需求，寻找客户痛点，通过抢占关键词来影响消费者的购买决策。

（3）3.0 版：市场白热化。如今的市场，品牌和品类之多前所未有。产品高度同质化，解决痛点已经是所有产品的标配，你很难说你的产品就比别人强在哪里。这时就提出了对品牌的体验要求，要思考如何构建一个有温度的品牌，以怎样的态度、生活方式、价值观、故事去和消费者沟通，满足消费者自我实现的需要。

不夸张地说，品牌体验已经成为企业能否从白热化竞争中成功突围的唯一路径，极致品牌体验是每个企业的终极目标。对于很多企业来说，关于品牌的体验再造，已经迫在眉睫。

品牌体验再造（X-Brand），主要解决什么呢？

我们理解，就是要通过对品牌进行系统的梳理和塑造，持续提升品牌的体验度，获得消费者的认同，让消费者对品牌产生偏心、偏爱，甚至是依恋。

依恋理论最早是心理学研究的范畴，研究个人和特定对象之间一种充满情感的独特的纽带关系。自 1989 年营销学者舒尔茨把依恋理论引入消费者行为研究中以来，大量的营销研究表明，消费者不仅会对所有物产生依恋，而且还会对地点、产品、品牌以及其他特定类型或者喜欢的对象形成依恋。品牌和客户之间的关系，越来越像人与人之间的人际关系一样，通过情感进行维系。品牌和人一样，会对消费者产生态度和行为，消费者基于整体的认知和体验，与自身个性相吻合或一致性程度比较高的品牌更容易让消费者产生依恋。

如何打造极致的品牌体验呢？我们在第五章品牌相信中，曾经为大家梳理过一条从品牌定位、品牌丰富、品牌体验到品牌沟通的品牌再造循环流程，如图9-3所示。

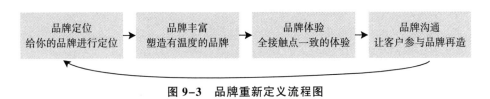

图9-3　品牌重新定义流程图

下面，我们还需要强调关于品牌体验再造的几个关键词：

（一）调性

品牌要有自己的调性，这是一个品牌的灵魂和生命力。我们说，品牌如人，调性不只是醒目的标志、鲜艳的色彩，还应该有自己的形象、个性、气质、态度、价值观、动人的成长故事和深厚的文化内涵。同时，调性还意味着品牌总是和客户在一起、打成一片，在每一个有带入感的场景，说客户的心里话，最后变成我们品牌、客户品牌。

（二）品性

我们要明白，所有的品牌大厦，都是建立在扎实的产品基础之上的。成功的品牌，通常具备强大的研发能力，拥有完全自主知识产权的技术和专利，而不是一味地抄袭别人。这些品牌，都是久经考验，有着长期的产品质量稳定和信誉保证。在营销学里面，我们把不符合前述条件又给自己起个名字的产品统称为私人牌子（Private Label），说俗一点，就是杂牌子、山寨货。它们看上去类似品牌产品，然而消费者在使用过程中发现无法达到品牌标准，往往是一次购买，终生抛弃。

我们反复讲，产品是体验的入口，没有高品质和高服务在底下支撑，再美好的品牌，最终真的就会变成空中楼阁，随风飘散。

（三）一致性

一致性的重要性，之前已经说过多次。如果把客户体验理解为一个旅程的话，那么产品应该就是启程，而品牌则是终点。在整个的客户旅程中，品牌必须整合企业资源，包括调整流程架构，进行客户行为地图的大数据分析等，继而建立起贯穿于产品、渠道、服务以及 IT 的全品牌体验链，提供到客户完整的，一致性的体验。

(四) 品牌的沉默

不知大家有没有同感，很多客户体验做得非常好的品牌，它们不会在各个媒体渠道狂轰滥炸，也不会每天用短信邮件对客户进行骚扰。它们就好像金庸小说里的双儿，乖巧聪慧、善解人意。它们好像都不说话，但总是能在适合的时间、适合的地点，用创新的内容和客户沟通。

我们把这个称为品牌的沉默，毫无疑问，这样的品牌自然会赢得客户的偏爱和依恋。当然，我们知道这些品牌并不沉默，它们一直都在忙碌。品牌的沉默是基于对产品和品牌的充分评估，对消费者的爱好、偏好、行为和期望的深层次理解，以及对渠道、技术、沟通的精益控制。

体验魔方

这些年来，我们一直在关注企业的成长，尤其是那些成功的企业，究竟是什么力量在驱动它们健康、快速的成长？

通常企业成长的核心力量，也就是驱动模式有以下几种类型：

(1) 产品驱动型。企业通过不断的产品创新，打造高品质的产品，形成竞争优势。产品驱动几乎适用于所有的企业，通过聚焦产品，强调产品带给消费者的价值，建立起自己的商业模式和强势品牌。

(2) 技术驱动型。以前沿的技术研发、技术创新树立技术壁垒，建立企业的领导者地位。技术驱动是公认的门槛最高，也最容易形成颠覆的成长模式。

(3) 运营驱动型。企业通过构建高效的系统和平台，组织协调上下游的供应链，完善相关配套设施，在供需多方的协同支持下，产生持续活跃、不断增长的交易行为。

(4) 营销驱动型。在这些企业中，营销占了非常大的比重。它们以独特的数据、细节、表达营销手段打动客户，通过创新的营销建立品牌。

以 ICT 企业为例，苹果、腾讯是典型的产品驱动型企业，谷歌、百度是技术驱动型企业，阿里、京东是运营驱动型企业，而小米是营销驱动型企业，这些优秀的企业在其他方面也是一流的。其他还有诸如资本驱动型、项目驱动型、战略驱动型、人力资源驱动型的企业，但主要的还是上述四类。

我们说，体验再造的目标是不断增进和提高客户体验，建立能够领先于对手的、具有可持续性发展的核心竞争力，从而驱动企业成长。

如果我们把体验再造的战略、组织、产品、服务、营销和品牌这六个维度想象为一个魔方的六个面，那如何把这六个面都做扎实，在此基础上进行精益的耦合，最终产生魔幻般的力量，考验的就是玩魔方者的创新和智慧了。如图 9-4 所示。

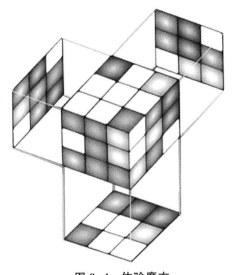

图 9-4　体验魔方

不同类型的企业，可以根据自身的资源状况，在以客户体验为导向的前提下，根据体验魔方，展开不同方向的体验再造工程。我们希望看到的是，通过体验再造，无论是哪一种驱动型的企业，都能在客户体验的加持下，把产品、技术、运营、营销等全面升级为产品和品牌的体验层面，驱动企业走得更远，做得更好。

基于更为形象的体验魔方，我们做一下关于体验再造的小结吧。

（一）体验再造的任务

持续提升和优化客户体验，建立以体验为中心的企业文化，打造极具体验感的企业和体验度的品牌。

（二）体验再造的路径

（1）战略面。重新定义企业理念、价值观、商业模式、运行体系、激励机制、企业文化，制定以体验为导向的企业总体战略，把客户体验置于企业的最高位置。

（2）组织面。通过洞察、重构、激励、制度化提升客户体验，从切实提高员工满意度和改进企业层级式组织结构两个方面提升员工体验。

（3）产品面。刚需和痛点是产品的标配，"痒点"和兴奋点才是产品应关注的重心，我们总结出了提升产品体验的十大法则。

（4）服务面。要全程跟踪扫描客户行为，分析地图热点，挖掘客户深层次需求，为客户呈献一段全触点的、美好而愉悦的旅程。

（5）营销面。营销的本质不是销售，而是要给客户一个消费理由。客户、连接、内容、商务、社群五位一体的5Cs理论，应该可以给大家帮助和指引。

（6）品牌面。从品牌定位、品牌丰富、品牌体验到品牌沟通，我们需要对品牌进行系统的梳理和塑造，让消费者对品牌产生偏心、偏爱，形成客户和品牌之间的依恋关系。

今天，我们所处的经营环境复杂多变，充满太多的不确定性，企业都在想尽一切办法增长，从战略、组织、产品、服务、营销和品牌六个面进行的整体再造，涵盖了企业体验管理的各个方面和关键节点，并且形成了良性闭环，无疑是可以持续驱动企业自我生长的核心力量。

（三）未来的竞争

未来企业之间的竞争，更多的将会是在品牌体验上展开厮杀，而实际上品牌之间的战斗早已打响，本书中研究的很多品牌，无论是华为、海尔，还是名创优品、海底捞、百雀羚、江小白，都正在通过打造卓越的品牌体验，把竞争对手远远甩在身后。

体验再造的幸福曲线

以客户为中心，从客户需求出发，这是很多企业都高调倡导的，但真正要做到实处，有方法并有成效，显然不是一件容易的事情。

体验再造工程的实施推进，无疑是一个长期、复杂、艰巨，需要不断优化的过程，还要与时俱进根据实际情况进行调整、磨合。我们根据在自身企业和服务企业中进行体验再造的实践经验，绘制出了体验再造的幸福曲线图，如图 9-5 所示。

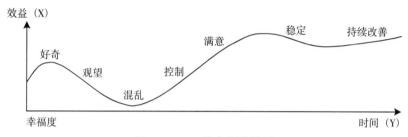

图 9-5　XR 的幸福曲线图

在项目刚开始实施阶段，大家都比较好奇，积极地投入热情进行尝试，因此容易取得立竿见影的效果。但好景不长，随着热情逐渐冷却，大家会转而观望。同时，因为再造带来的组织、流程、规则等的改变，出现水土不服，不适应甚至是不合理，还会对企业产生负能量和伤害，整个企业表现出混乱、业绩下滑的状况，幸福曲线跌到最低点。经过不断的改进、优化等有效的控制纠偏，满意度不断上升，然后逐渐进入稳定健康的发展轨道。

为帮助体验再造取得预期的成效，实现企业产品体验和品牌体验驱动的转型，我们还总结了六大举措以进行保驾护航：

举措一：把客户体验作为企业的首要目标，自上而下，形成全员认同

通过组织、运营、绩效考核的变革，以及清晰、一致的培训和沟通，改变传统固有的价值观和思维模式，真正建立起以客户为中心、体验至上的企业文化，才能切实提升客户体验。

举措二：实行客户旅程全触点，End-To-End（端到端）的改善，而不仅是关注某个单一环节

这里要重申的是，我们不是无条件服务所有客户，也不是要响应客户的所有问题，不然会直接影响企业运营的效率，弱化核心价值和重要环节，失去产品方向的把握。我们指向的仅仅是 TA（目标客群），在深入理解客户需求的基础上，提炼出客户的关键旅程、关键问题、关键体验，然后按优先排序进行解决。

另外，用最好的产品和服务设计解决问题，而不是靠人，这是很多企业的经验证明。这里面深层次的思考，不仅是因为人力成本越来越高，还因为个体的差异，容易导致客户体验的不稳定性。

举措三：培养和选用合适的人才，打造专业的体验管理体系

很显然，客户体验是一项跨职能、跨部门、跨流程的工作，不仅需要多复合式的知识体系，还需要横纵向协调和沟通的各项能力，企业通过内部培养和外部引进合适的人才，打造专业的体验管理体系，包括首席体验官、体验经理，以及各业务口体验管理岗位的设置和权责的明确界定。

仅靠领导以身作则是不够的，企业要对员工进行系统培训和学习提升，帮助和引导员工施展能力，实现自我价值。同时，要对一线员工进行适度的授权，发挥员工的聪明才智，在第一时间更好地了解和满足客户需求。

举措四：建立实时的客户互动机制和体验指标衡量系统

尽管客户体验是很难量化的，但无论是 CSAT、NPS、CES，还是 PULSE，企业必须要研究出一套适合自己的指标衡量系统，从而才能直观地对客户体验进行分析，对症下药，驱动实施改善。

为了能快速地响应客户需求，企业需要建立实时的客户互动机制，第一时间掌握客户的动态，可以通过客户访谈、网上调研、社交媒体反馈等渠道进行数据收集，然后分析并实时发布信息，供管理者和各业务口进行决策。

举措五：设计完整的实施方案，分阶段实施，并持续改进

要实现有效的客户体验提升，企业必须要对所面临的内外部环境进行充分的调研，诊断当下客户和员工的满意度状态，筛选出关键要点，界定出各期努力的目标方向。

体验再造的实施方案，可以从企业战略、组织、产品、服务、营销和品牌六个维度展开，但每一个维度，都必须贯穿从愿景到实现的全过程，包括蓝图、措施、试点和推广。在落地实施阶段，要做好充分的准备，做好员工的思想工作，加大员工的培训力度，要对项目实施的风险进行充分估计，并提出相应的解决方案。企业必须认识到体验再造是一个系统性的工程，要在实施过程中加强项目管理，分阶段实施，并及时总结和解决推进中的各种问题，尽可能保持人员和机构的平稳过渡，减少对企业发展的影响。

人们常说，没有最好，只有更好。体验再造是一项艰巨的变革，也是一个持续改进的过程。因为客户的需求是变化的，对体验的要求也是变化的，所以必须以持续改进作为目标，使得随着时间发展交替的跃进和渐进改进成为企业的正常模式。

举措六：不断探索新的客户体验，给客户创造惊喜

我们把客户体验分成三个层级，分别是单纯解决痛点的 1.0 版、深层次挖掘客户需求的 2.0 版，以及创造变革式体验的 3.0 版。

很多时候企业会发现，仅仅满足客户预期是不够的，甚至是比较高的 CSAT 也无法带来期望的业绩增长，但超出客户预期的惊喜，往往会产生爆发式的业绩增长。我们领先的冠军企业应该给自己加码，设立更高的客户体验目标，通过让客户参与决策、内部创新等方法创造惊喜的、独特的客户体验，从而进一步扩大企业和品牌的竞争优势。

| 第十章 |

全 球 化

|本章体验要点|

作为世界第二大经济体，今天的中国，在全球化中的作用越来越大。中国的企业，需要积极调整，以全新的姿态应对全球化挑战。

◇ 内生性增长

◇ 全球化文化

◇ 本土化战略

◇ 产品适应

真的要全球化吗

看到这个标题，可能很多人会觉得很远。

但事实上，全球化已经无处不在，渗透到我们生活的方方面面。你去星巴克喝咖啡、买苹果手机、上网看新闻、家里购置的各类电器及元器件，都是全球化。而对于企业而言，从研发、原材料、设备、生产制造到市场营销，到处都有全球化的存在。

全球化是 1980 年以来在世界范围日益凸显的新现象，也是当下时代的基本特征。关于全球化，目前还没有统一的定义。总的来看，全球化是一个以经济全球化为核心，包含各国、各民族、各地区在政治、文化、科技、军事、安全、生活方式、价值观念等多层次、多领域的相互联系、相互影响、相互制约的多元概念。

中国的全球化进程，是以 1978 年党的十一届三中全会实行改革开放政策为开端的。2001 年，中国加入 WTO（世界贸易组织）是中国经济融入世界经济的里程碑。2010 年，金砖国家（BRICs）成立，包括了中国、俄罗斯、印度、巴西、南非 5 个成长前景看好的新兴市场。2013 年，中国货物进出口总额达到 4.16 万亿美元，成为世界第一货物贸易大国，同年，中国提出"一带一路"（B&R）倡议构想。2015 年，以中国为主导的亚投行（AIIB）正式成立。国家统计局 2018 年 1 月 18 日公布的数据显示，中国 2017 年全年 GDP（国内生产总值）为 827122 亿元，经济总量稳居世界第二。

无论是国家还是企业，闭关自守显然是没有出路的。随着经济全球化的发展，企业不仅要参与国内竞争，更要面对全球企业的竞争。在政府提出的"引进来，走出去"战略下，中国企业的机遇与挑战并存，无论是资本、生产、劳工，还是市场，企业都需要更深层次地考量，然后展开行动。

今天，几乎全世界都把眼光转移到印度、印度尼西亚、南非等新兴国家，转移到这些国家迅速富裕的中高收入阶层。《麦肯锡季刊》在 2010 年发表过一篇名为《赢取 30 万亿美元的十项全能比赛：在新兴国家中摘取金牌》的报告，麦肯锡分析指出，到 2025 年新兴市场的年度消费将达到 30 万亿美元，这将是资本主义历史上最大的一次增长机会。

作为经济全球化的最大受益者，那些全球化的跨国公司囊括了世界贸易总额的 60%，控制着 75% 的技术转让。企业要发展、要生存，必须要进入全球市场，必须要创造出能打动新兴市场消费者的产品和服务，时间已非常紧迫。

因为中国等发展中国家的迅速崛起，全球化的角色正在发生变化，以前全球化是欧美发达国家单边主导，现在是多方主导，从单边到多边，从单向到双向。同时，全球化的内容也越来越丰富。过去我们说全球化，更多的是从市场出发，讲贸易、进出口，当下的全球化，则涵盖了资本、技术、人才、资源、产能、渠道，以及供应链的上下游等方面，全球化的分工和协作越来越重，而且是不可逆转的。

今天的中国，在全球化中的作用越来越大，尽管中国和发达国家的差距依然明显，但作为世界第二大经济体，中国在全球化中的地位日益增强。尤其是英国脱欧、美国退出 TPP（跨太平洋伙伴关系协定）等"去全球化"浪潮下，中国提出的"一带一路"倡议，是全球化语境下新的分工和协作，不仅仅是对中国的经济有战略意义，对其他国家也有同样的价值。

全球化对于中国企业的意义不言而喻，尤其是进入发达国家市场。首先，发达国家消费水平较高，市场需求量巨大，进入这片巨大的市场并占据一定的份额，可以为企业带来极大的收益和销售增长。其次，发达国家市场成熟、发展完善，消费者对产品质量、功能的要求比较高，也更关注品牌和产品体验，这有助于鞭策企业关注核心竞争力打造，直面市场挑战。最后，发达国家在质量、技术等方面都有严格的标准，企业的产品得到发达国家市场的认可，有利于树立公司和产品在全球的品牌形象，减少原产地形象的负面影响。

当然，中国企业的全球化面临的困难是很多也很巨大的，不只是成本的加大，还包括当地本土竞争对手的报复，跨文化的管理，所在国的政府钳制等。

我们倡导全球化，并不是说我们的本土企业一定要走出国门，去海外打拼，毕竟真正能走出国门的，只是我们数以千万计的企业中的佼佼者。对于我们大多数的企业来说，全球化最重要的是我们要有全球化的思维，善于使用全球化的资源，提升企业自身在软硬件技术、经营系统、供应链组织等上的竞争力。

这是一个好时代，这又是一个坏时代。很多企业充分利用国际、国内两个市场和资源走向世界，在全球化参与中发展壮大。但不幸的是，也有很多的企业，尤其是中小型、个体户企业在被动全球化中，面对强有力的全球竞争对手，节节败退，长时间陷入激烈的价格战，惨淡经营甚至退出历史舞台。

中国就是一个"全球"

我们一直说，在中国，做好一个省就相当于做好一个国家，如果一个企业能把产品从本地卖到省外那就相当于全球化，做世界业务了。笔者经常和那些已经在省外开设分支机构的企业家开玩笑说，你们是世界品牌，你看，你们的产品都卖向全球了。

这个观点是没错的，当下的中国，全国人口达到14亿，接近世界人口的1/5。我们看看世界其他国家，世界人口排名第50位的朝鲜，人口数量2530万；世界人口排名第100位的老挝，人口数量710万（见图10-1）。中国人口最多的是广东省，达1.04亿人，人口比较少的，比如海南省，也有917万人（见图10-2）。如果把中国的人口按省份与世界各国相比，35个省级行政区中，有31个可以进入前100位，有23个可以进入前50名。

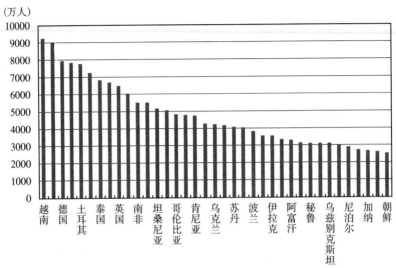

图 10-1　2016 年世界人口前 14~50 位的部分国家

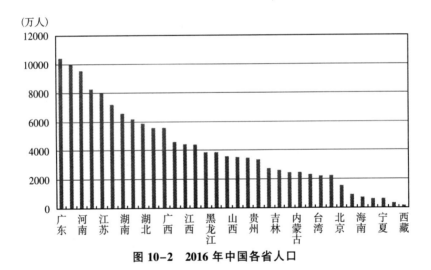

图 10-2　2016 年中国各省人口

　　即便是按 GDP，以 2016 年为例，中国的国民生产总值约为 12 万亿美元，世界排名第二。对应世界其他国家，第 50 位的国家是阿尔及利亚，为 1975 亿美元，第 100 位的国家是爱沙尼亚，为 245 亿美元（见图 10-3）。2016 年中国 GDP 最高的是广东省，为 1.14 万亿美元，GDP 比较靠后的，比如贵州，也有 1600 多亿美元（见图 10-4）。若按 GDP 相比，中国有 26 个省级行政区可以进入前 50 位，其余的基本都可以进入世界前 100 位。

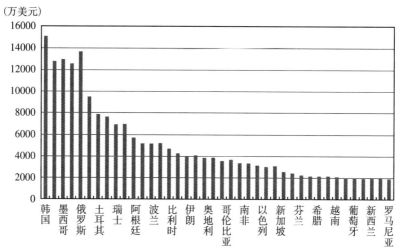

图 10-3　2016 年全球 GDP 前 11~50 位的部分国家

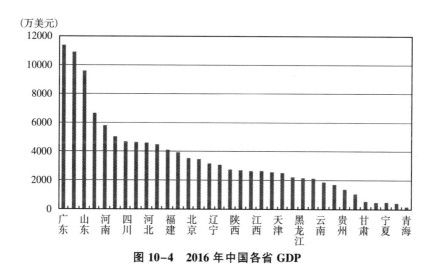

图 10-4　2016 年中国各省 GDP

　　所以，我们的每个企业、每个企业家，不一定非要走出国门才去想全球化。中国本身就是一个"全球"，大家都要用全球化的思维考虑问题，用全球化思维定位我们的产品、服务、品牌，以及如何给客户全球化的体验。因为不管愿不愿意，你就身在这样的全球化市场里，你不主动全球化，最终面临的就是被动全球化。

　　很多做企业的都有这样的感觉，虽然大家都处在国内市场，语言相通，而且随着交通等基础设施的不断完善，经济一体化已无阻碍，但在实际运营中总是磕磕绊绊，难尽人意。中国的行政区域划分和政府主导的经济制度，导致各省各地区之间千差万别，再加上地方政府的保护主义，使得许多情况下国内贸易的交易成本比国际贸易还高。同时，中国地大物博，各地的产业布局，消费者文化、习俗、饮食、消费习惯等都不尽相同，如果只是简单地把某个地区成功的产品和服务模式复制到另一个地区，通常都是要失败的。

因此，我们特意在本书最后加了一个章节，一起来谈谈在全球化语境下，如何以客户体验为导向，成功展开本地化的行动。

新增长理论

我们知道，经济活动在短期内表现出较大的波动性，但在长期内则由增长主导，因此，长期增长是经济学家们关注的主要内容。

1998 年，菲利普·阿吉翁和彼得·霍依特出版了《内生增长理论》一书，由此拉开了人们对新增长理论研究的帷幕。内生增长理论的核心思想是，认为经济能够不依赖外力推动实现持续增长，内生的技术进步是保证经济持续增长的决定因素。在内生增长理论看来，知识和技术是一种生产要素，与资本、劳动等传统生产要素是一样的，而且还是内生的。一国的经济能否持续稳定的增长主要取决于知识和技术的发展，如果一个国家当前的知识和技术存量越大，那么其投资与收益率越高，这个国家的经济增长率也越高。

历史上人口聚集的地区，经济基本都是高度繁荣的。而发展到今天，很多人口众多的国家却陷入相对贫困的境况，这与该国的制度选择有极大的关系。那些人口排名前 50 位的国家，大都 GDP 也在世界前 50 位之列，而少数 GDP 跌出 50 位的国家，都是由于该国相对封闭的政治和经济制度，以及长期战乱所造成，但这些相对落后的国家正在积极追赶，上升势头比较快。比如总人口接近 2 亿，排名世界第 6 的巴基斯坦，与中国的关系独一无二，被称为"巴铁"，近年来随着中巴经济走廊等的拉动，GDP 上升比较快，2016 年达到了 4.7%。另外，像埃塞俄比亚，总人口 1.02 亿，世界排名第 12，靠着较为稳定的外部环境和人口红利，来自中国、印度、土耳其等国的企业不断加大投资力度，近年来也表现出强劲的增长势头，年 GDP 均保持 10% 以上的增长，2017 年超过肯尼亚成为东非第一经济体。

以前读书上政治课时，老师总说人口多、底子薄、发展不平衡是中国的基本国情。借助于改革开放和第二次全球化浪潮，经过40年的发展，中国的企业取得了举世瞩目的成就，正是中国的人口规模，为企业的人才储备和技术应用等提供了广阔的空间，而庞大的市场需求更为企业提供了浩瀚的资金池，帮助中国产生了国家电网、中国移动、中国石油、工商银行等众多巨无霸企业，尽管它们在国外业务极少，全球品牌影响力也很弱，但并不妨碍它们在国内营收惊人，形成事实上的垄断。

关于驱动经济增长的因素，经济学界如今形成的较为一致的观点是，在一个相当长的时期里，一个国家的经济增长主要取决于三个要素：①生产性资源的积累；②在知识限定情况下，资源存量的使用效率；③技术的进步。

我们把内生增长等理论称为新增长理论，和经济学家关注宏观经济不同的是，我们更加关注企业的微观经济活动。但对企业来说，这些新增长理论一样是非常适用的。

企业是国家经济增长的核心推动力，企业需要在发展过程中不断积累知识，这种知识广义上包括人力资本和技术变化，从而产生外部性或知识外溢效应。基于新增长理论，企业可以从以下三个方面展开行动：

（1）不断获取新知识，包括生产革新、技术进步、人力资本积累等；

（2）在专利等外环境允许下，刺激新知识应用于生产；

（3）保障应用新知识的资源，包括人力、资本、进口产品等。

企业要实现内生性增长，就要依靠自我的不断创新，包括制度、产品、技术、营销等。即便我们很多的企业现在还处在产业链的下游，也要利用自主创新向中游、上游扩展，尤其是研发和精密制造。当然这条路会很难，但走总比不走强，只有不断积累知识，打通上下游的链条，企业才能拥有蓬勃的、源源不断的内生增长力。

笔者曾深入考察过一个企业，其注册成立已有十余年，产品刚上市时，在充足的营销费用支持下，曾经取得了非常好的成绩，可后续的整个经营情况一直不是很好。但令我们惊喜的是，该企业在研发上，每年都保持着持续的人力和资本投入，并与国内外多家科研单位建立紧密的技术合作关系，十余年下来，取得了60多项国家专利技术，并获得多个产品生产许可，建立了在行业内的技术领先优势。和该企业的管理者以及各部门坦诚沟通后，笔者就断言，技术优势一定会逐渐转化为经济优势，驱动企业扩大市场份额。之后，该企业的市场表现也慢慢得到了验证。

这就是内生增长，也就是新增长理论的最好实践。

中国企业全球化之路

一方面，企业可以通过内生的技术进步实现不完全竞争，保证业绩持续增长；另一方面，企业也可以通过积极对外合作、兼并收购等措施将公司做大，走外延式发展之路。

所谓外延式发展，是和内生性增长对应的概念，是为了适应外部需求表现出来的扩张，强调的是空间拓展、数量增长和规模扩大。外延式发展有助于企业迅速打开新的市场空间、丰富产品结构、提升产品竞争力。和直接投资进行内生增长不同的是，外延式发展往往是通过参股和并购的方式，推进企业的快速扩张。

当然，一个企业要走向真正的成功，在"内生性增长＋外延式发展"的同时，更要关注内生业务的发展，即便是那些依靠并购起家的企业，未来工作的重心一定是消化吸收，最终转化为内生增长。那些不停地买业务、买利润的增长模式，肯定是不可持续的。

今天的中国是世界第二大经济体，对于中国的企业来说，全球化已经成为了一个重要的战略，"走出去"是必然的选择。我们也欣喜地看到，很多企业在全球化的道路上做出了积极有益的实践，取得了丰硕的成果。

中国企业的全球化之路，代表性的事件有 2004 年联想收购 IBM 的全球 PC业务，2010 年吉利收购 VOLVO 汽车，以及海尔分别在 2011 年收购三洋白电业务和 2016 年收购 GE 家电业务。截至 2017 年，中国企业在 36 个国家建设了 77个经贸合作区，在 160 多个国家设立了 2 万多家中资企业。以中国企业联合会发布的 2017 年中国 100 大跨国公司看，中石油、中石化、中海油、中信、中远洋海运、海航等 100 大跨国公司海外资产总额达到 80783 亿元，海外营收达到490012 亿元，海外员工总数达到 1166176 人。

研究企业的全球化，大致可以分为出口导向、初级全球化、全球价值链构建和全球化运作四个阶段。

第一阶段，出口导向。在这个阶段，企业利用国内廉价的劳动力和原料，为海外市场生产产品。企业几乎没有自己的品牌和销售渠道，企业的收入主要来自出口业务，利用低成本、低附加值的产品和服务获得竞争优势。

改革开放以来，在政府一系列政策和措施的鼓励下，在珠三角和长三角地区，产生了数以万计的劳动密集型、出口原始设备及原始设计的制造商，也就是我们常说的贴牌企业。这些企业普遍盈利单一、抗风险能力差，一旦出口市场出现风吹草动，就会伤筋动骨，甚至出现破产倒闭的危机。

第二阶段，初级全球化。这一阶段，企业的原材料、技术、设备和人才来自海外，其产品以成品或半成品的形式在全球市场直接或间接销售，但企业的全球研发、营销、领导能力等相对不足，来自海外市场的销售也极其有限。

以新希望集团为例，新希望是中国最大的饲料生产企业，1997 年起，新希望在越南开设了第一家饲料厂，此后多年在东南亚布局。近年来，新希望开始在发达国家投资和并购，比如 2013 年收购了澳大利亚大型牛肉加工商 KPC，2015年合资成立澳大利亚鲜奶控股有限公司，但其海外公司规模还比较小，海外销量也很低，因此还处于初级全球化阶段。

第三阶段，全球价值链构建。价值链（Value Chain）概念，最先由迈克尔·波特于 1985 年提出，任何一个企业都是其产品在设计、生产、销售、交货和售后服务方面所进行的各项活动的聚合体。企业之间的竞争，不是单个环节的竞争，而是整个价值链的竞争。随着全球化的发展，分工越来越专业化，并通过分工实现规模经济，构建企业的全球价值链，以及在全球价值链中找到自己的位置，也就成为企业的重中之重。

从产品的研发与设计，产品的加工与制造，到产品的营销与服务，企业利用全球化拓展价值链，包括企业的技术储备、团队建设、市场拓展和品牌创建等，进而打造企业的竞争优势。在这个阶段，企业并不一定要依赖全球市场，其主要收入可能还来自国内市场，但全球化已经在企业刻下了深刻的烙印。

第四阶段，全球化运作。当企业具备了世界一流的能力，同时很大一部分销售额来自海外业务时，就真正实现了全球化运作。少数中国企业达到了这一阶段，联想和华为就是领军企业。2017 年，联想在全球范围有 5.2 万名员工，70%的营收来自海外，而华为，在全球范围有 18 万名员工，60% 以上的营收来自海外。

企业发展到全球化运作阶段，所属哪个国家已无关紧要，重要的是公司在战略思维、决策过程和企业文化等方面已经突破了国家的界限。走到这一阶段，肯定需要一个长期而艰苦的过程，我们希望看到越来越多的中国企业，在全球化市场竞争中脱颖而出，证明自己的实力。

挑战与机遇

今天的中国企业已经开始大步进入海外市场，而作为世界第二大经济体，中国也越来越成为包括美国、德国等发达国家竞争的首要目标。与此同时，我们更要清醒地认识到，很多企业还没有完全接受全球化的理念，企业的全球化战略、全球化管理、全球化运行机制还没有完全建立起来，全球化的产业链、供应链、资金链，更多的还在摸索之中，还需要比较长的时间。

作为一个发展中国家，在全球化浪潮下，中国企业首先面临的是挑战，而且还是内外的双重挑战。

首先看国内，随着全球市场的一体化，贸易和服务的跨国流动障碍逐渐消除，国家和地区的经济保护政策难再延续，企业不得不直接面对全球性的激烈竞争，本地市场优势面临巨大的挑战。大量跨国公司的进入，对国内企业特别是传统的生产型企业带来前所未有的冲击，加大了企业转型升级的压力。

再看海外，无论是直接投资，还是兼并收购，中国企业的海外拓展从来都不是一帆风顺的，一直伴随着障碍和挑战，包括来自所在国政治、经济、法律，以及文化的挑战。尤其是全球经济增速乏力之际，有些国家开始向国家主义和贸易保护主义一方倾斜，提高市场准入门槛，设置复杂隐蔽的贸易壁垒，让中国企业的"走出去"受阻。这样的案例数不胜数，比如2016年11月，德国经济部撤回对福建宏芯基金收购德国半导体设备制造商爱思强公司发放的通行证，中国企业收购爱思强的交易宣告失败。2017年12月，美国18名国会议员联名致信联邦通信委员会，以国家安全为由，要求对销售华为手机展开调查。不仅要全面严苛调查，还明确表明要审慎地评估中国电信公司在美国市场的渗透。于是，AT&T等运营商取消了在美国销售华为合约机，华为在美国实际上禁售。

在中国企业全球化的过程中，我们理解，关键的挑战还来自文化和人才的挑战。中西方文化差异非常明显，交流方式、决策标准、对待层级和权利的态度，甚至是语言的口音和流利程度都会产生很大的差别。中国人、美国人、欧洲人，合在一起怎么干活呢？谁听谁的呢？因此志在全球的企业要建立全球化文化，要测量企业文化是否与全球化战略匹配，要让全体员工了解并支持企业全球化发展，信奉多元化环境、灵活变化、宽容接纳，全球化思维和本地化行动。

人才是企业全球化的另一个关键挑战。很多时候，对外投资的风险和不确定性，归根结底是缺乏专业化的国际化团队，人才问题已经成为中国企业"走出去"过程中的关键瓶颈。人力资源战略先行是中国企业需要认真对待的，企业要明确如何以及从何获得人才，并针对不同的雇员量身定做人才发展计划。全球化人才战略要能培育多文化心态，奖励乐意承担风险并移居海外的员工，设计有晋升通道的国外职业道路，选拔对全球化敏感的管理者并培养他们国际化的技能，比如文化敏感性、良好的外语水平、全球化心态等。

上述的挑战从另一个角度来说，其实又是机遇。因为今天的全球化已经是无法逆转和回避的现实，中国的市场一定会继续开放，相应的，其他市场也会对中国开放，这也倒逼中国企业必须对自身的发展战略进行积极调整。除了国家层面的主动作为，创造有利于中国企业发展的外部环境，更为重要的是，企业也要从自身出发，积极参与到中国版的全球化战略中，只有参与进去才会有话语权，通过实现技术的突破创新，提升品牌和企业形象，重视本土化战略，构建企业自身的整体竞争能力和长期竞争优势，以全新的姿态应对挑战。

（一）技术突破与创新

国际上有一个说法，叫作欧洲的技术、美国的软件、中国的资本和市场。很多中国企业遵循的是"资金买技术"的发展模式，长此以往，中国的产品和品牌永远处于落后和被动的状态。我们说过，只有内生增长才能走向真正的成功，企业必须整合有效的智力资源，加大研发投入，参与国际标准制定，真正成为行业标杆，走向全球化。联想和华为正是抓住了技术优势这一关键，成为中国目前全球声誉最好的品牌。

（二）提升品牌和企业形象

如今，"中国制造"的产品充斥着世界各地的大街小巷，但遗憾的是，没有多少人真正了解并喜爱中国的品牌。中国企业更多的还是停留在成本和价格方面展开竞争，缺乏核心技术和自主品牌，企业品牌全球化战略缺失，削弱了中国企业"走出去"的国际竞争力。我们知道，品牌即企业的声誉，它决定着企业的影响力和行业话语权，也在一定程度上彰显着其所在国的国际地位。企业必须立刻着手品牌战略，提升企业品牌形象，最终驱动企业的转型升级。

（三）本土化战略

本土化战略越来越成为企业在海外成功经营的关键因素，企业进入海外市场，要重视与当地社会的沟通，加强与当地人民的合作，有意识地提高在不同市场因地制宜的经营能力。只有植根于当地，深入理解当地需求，与当地人民构筑信赖关系，提供就业岗位、增加税收，才能赢得当地消费者的青睐，提升企业的国际影响力。关于本土化战略，我们在后面章节还会进行阐述，因为这很重要，直接决定了产品和品牌的存亡。

（四）做好合规经营

中国企业积极"走出去"的同时，更要解决好合规性的隐忧。现在国内外监管环境都逐步规范和严格，特别是敏感地区的敏感行业受到特别的关注。2016年，全球跨境并购交易撤销量再刷新高，共计769宗，约8420亿美元。对于企业而言，应增强法律意识，关注目标国相关法律和政策，对项目和交易对象进行全面深入的调查分析，树立正确的投资观念，审慎、理性投资。我们身边就有不少企业，因为合规性问题，造成了不小的损失。

未来中国全球化的发展，取决于中国企业的全球化。只有中国企业成规模、高水平地"走出去"，在全球范围内进行高效资源配置，中国企业才能最大化提升自身竞争力，构建竞争优势，从而推动中国全球化的发展。

本地化的行动

前面我们说过，越来越多的企业已经认识到本土化战略的意义，并正在付诸行动。

我们最爱看的纸媒是《参考消息》，它的官网上开辟了一个"出海记"栏目，通过扫描路透社、法新社、《华尔街日报》等海外媒体，综合考评石油、化工、能源、电力、基建以及电信、互联网等中国企业"走出去"的情况，是一个很有意义的探索，大家也可以关注。

2017 年 1 月，WPP 传播服务集团和凯度华通明略联手 Google 发布了首期《BrandZ 中国出海品牌 30 强报告》，2018 年 2 月，《2018 年 BrandZ 中国出海品牌 50 强报告》出炉，榜单从 30 个品牌增长到 50 个品牌，联想、华为和阿里巴巴继续蝉联前三（见表 10–1）。与我们在国内熟知的中国品牌不一样的是，在出海品牌中，有一半以上是很多国内消费者从未听说过的，尤其是消费电子、移动游戏和线上快时尚品牌。中国品牌的海外形象，互联网科技成为当仁不让的主角，正日益与创新型数字设备及服务联系在一起。

表 10–1　2018 年中国出海品牌 50 强

1. 联想	2. 华为	3. 阿里巴巴	4. 小米	5. 中国国航
6. elex	7. ANKER	8. 海尔	9. 海信	10. 猎豹移动
11. 大疆创新	12. 一加手机	13. 中国银行	14. 东方航空	15. 中兴
16. iGG	17. 趣加游戏	18. TCL	19. 摩比神奇	20. 久邦
21. 中国石化	22. Gear Best	23. 游族网络	24. Sheln	25. Tap4fun
26. OPPO	27. 中国石油	28. VIVO	29. 中国南航	30. 龙创悦动
31. 腾讯	32. 长城汽车	33. 掌趣科技	34. Zaful	35. 科沃斯
36. 兰亭集势	37. 百度	38. 奇瑞汽车	39. 银联	40. 纳恩博
41. 工商银行	42. 海南航空	43. 吉利汽车	44. 京东	45. 比亚迪
46. 格力	47. 春秋航空	48. 棒谷网络	49. Aukey	50. 美的

资料来源：凯度华通明略。

我们从出海品牌 50 强榜单中，挑出几个有代表性的品牌，看看它们是如何赢得消费者青睐的。

（一）联想

联想是从中国走向世界的标杆，海外业务高达 70%，作为拥有 PC、服务器、平板、手机、云服务全产业链的企业，借助联想遍布全球的渠道，以及联想、Moto 的品牌优势，通过与全球运营商合作，在拉丁美洲、欧洲、中东、非洲，联想的表现都十分稳健。联想集团执行副总裁兼中国区总裁刘军开玩笑说，联想现在已经分为了两个市场：一个是中国市场，另一个是中国以外的市场。

（二）华为

华为同样是中国品牌的骄傲，2016 年营收 5200 亿元，海外市场占比达 55%。在那么多不同的国家和地区，如何消除文化隔阂？以华为手机为例，华为在波兰的盘子一直很小，2015 年 9 月，华为签下了拜仁前锋罗伯特·莱万多夫斯基，这个曾在 9 分钟内连进 5 球的足球金靴奖获得者，是波兰人民心目中的英雄，莱万多夫斯基的代言，让华为在波兰的市场份额立刻跃升到 20%，甚至有人直接称华为是"莱万手机"。一个合适的代言人，是突破文化阻碍的利器，在这方面，华为手机做了很多的实践，通过在摄影、音乐和运动等领域的跨界合作，华为手机切入了消费者的生活，成功建立起情感共鸣。华为对品牌文化及价值的塑造，来自对目标国客户、社群的深入研究。

（三）小米

在海外市场，小米发展最好的国家就是印度。IDC 报告显示，2017 年第三季度，小米在印度市场成为排名第一的智能手机品牌，市场占有率高达 23.5%。大家都知道印度是人口大国，仅次于中国，不仅蕴藏着巨大的消费潜力，而且正成为跨国公司厮杀的主战场。小米之所以在印度市场取得成功，首先是进入印度市场比较早，在本地进行生产和售后服务，有先发优势；其次是将国内成功模式复制到印度，与当地的电商巨头 Flipkart 结成合作伙伴进行线上"饥饿营销"；最后是人才本地化，线上线下结合，不仅建立大型零售店，还在各地开办小米之家，并与印度 30 多个城市、1500 多家第三方商店紧密合作。

（四）Elex（智明星通）

智明星通是目前中国出海最为成功的游戏公司，智明星通在手游营收上仅次于腾讯、网易，但不一样的是，智明星通所获得的成功是全球性的。智明星通旗下的全球爆品就有两款：《列王的纷争》和《魔法英雄》，均进入全球 80 个国家手游畅销榜 TOP10。智明星通的一大秘诀就是积极寻求当地合作伙伴，包括与电通、Luckstar、The Specialist Works、Mobvista、Tapjoy 等区域大型广告代理公司合作，持续、高额度地投放广告，获取新用户，筛选、沉淀资深玩家。

（五）Anker

Anker 是亚马逊上的最畅销的智能配件卖家，重点市场覆盖北美、日本及欧洲多国。Anker 创始人阳萌曾是 Google 工程师，2011 年回国创办海翼电子商务有限公司，用自创的品牌 Anker 主打充电器、移动电源等周边产品。中国制造在海外一直被打上低端廉价的标签，阳萌相信只要产品有设计特色、好的消费者体验、品质严控，中国制造高性价比的好产品卖到海外大有可为。事实确实如此，Anker 注册为全球商标，通过亚马逊和 eBay 等跨境电商平台直接面对欧美消费者，在高品质的产品和服务支撑下，Anker 在移动电源、蓝牙键盘等多个电脑周边品项上都雄踞亚马逊同类商品排行的第一位，评价则是高达 4.9~5 颗星。

研究分析这些出海成功的中国企业，都有着扎实的优秀特质，扎实的产品和扎实的本地化行动。我们说，产品是客户体验的入口，扎实的产品是第一位的。扎实的产品来自对客户需求的深入洞察，来自产品的研发和工业制造的持续投入，在此基础上搭配有效的营销手段，一定能打造出洗刷中国制造低质量名声的品牌。

全球化营销中，关于产品，有产品直接延伸和产品适应两种策略。产品直接延伸是对产品不做任何改变在海外营销，直接延伸有时候是成功的，但更多时候却是灾难性的失败。而产品适应则是根据当地条件和需求，对产品进行改进、优化，甚至是创新。海尔有一个观点，每到一个新市场，其实都是一次创业，这就是全球化心态。

在经济越来越全球化的今天，我们倡导的是本地化的行动。因为消费者是用脚投票的，如果你的产品和服务不是他们想要的，没有满足他们的需求，他们的选择是直接走掉，理都不理你。

后面我们再详细分析两个案例，分别是跨境电商执御和传音手机，这两家企业都在很短的时间里就发展成为中国品牌出海的新兴势力，它们对市场和客户的深刻洞察，在产品、技术、营销上的不断创新，确实值得我们学习。

执御何以问鼎中东

在金融危机之后，中国外贸发展面临重大的困难和挑战，相比传统贸易的严峻形势，跨境电商发展迅猛，逐渐成为全球化时代下的新蓝海，撬动国际贸易格局的新力量，成为推动中国创业创新和经济转型的重要手段。

执御（JollyChic）就是出海中东跨境电商的成功典范。短短几年间，营业额从 2014 年的 1 亿元发展到 2017 年的 50 亿元，日单量甚至超过当地最早、最大的全品类电商 Souq。

我们常说的中东，是指地中海东部与南部区域，从地中海东部到波斯湾的大片地区。中东是一个很热闹的地区，这里有富得流油的国家，像沙特阿拉伯、阿联酋、以色列等，也有战火纷飞百姓水深火热的国家，像叙利亚从 2011 年起就战乱不断。这里也有很多人口大国，以 2016 年的统计数据看，沙特 3228 万人，土耳其 7951 万人，伊朗 8028 万人，埃及 9568 万人。

中东市场的消费力很强，智能手机的普及率也非常高，然而在 2017 年以前，当地的电商屈指可数，传统零售是人们的主要消费方式。中东的大部分国家都还很保守，女性不能在外抛头露面，她们不能单独出门、不能开车，而她们又是消费的主力，再加上中东气候炎热，传统零售品类不足，因此电子商务的市场需求非常旺盛。

和中国互联网人口红利不同的是，中东是全球电子商务增长最快的地区，从 ePanda 发布的《2018 年中东电商报告》可以看到，2017 年是中东电子商务有史以来最热闹的一年，巨头收购、资本布局、中国力量进入、物流、支付等基础设施不断完善，该地区的传统零售业已经受到了电商的冲击。

执御这个名字出自《道德经》："执古之道，以御今之有，以知古始，是谓道纪。"企业全称为浙江执御信息技术有限公司。执御成立于 2012 年，总部位于杭州，在中国深圳、香港，美国，以及中东的沙特、约旦、阿联酋等地有分公司或办事机构，全球员工超过 2500 人。最初，执御卖的商品主要以欧美风格的女性服装为主。2015 年获得家纺领先品牌富安娜 2250 万元溢价认购执御 5% 的股份后，基于销售数据和未来市场判断，执御加大了在中东市场的投入。2016 年，执御对商品进行扩充，增加了男性商品、3C、美妆等。2017 年，执御收购中东本地电商 MarkaVIP。目前执御旗下的 JollyChic 移动端购物平台，覆盖中东 80% 的地区，拥有 2000 多万海外注册用户，现已成为海湾国家排名第一的移动时尚购物 APP。平台经营品类包括服装、鞋包、配饰、家居、母婴童玩、美体护肤与 3C 电子等。

执御在中东有多火，执御执行总裁丁伟举了一个有趣的例子：他在中东市场出差时，随机打了 9 辆 Uber，其中 6~7 个车主听说过执御，而 3~4 个车主在 JollyChic 购买过产品。执御何以问鼎中东，依靠的是对中东市场的深入理解，对全球供应链体系的深度把控，以及中国全球领先的互联网技术。

（一）本土化

并非拥有海外仓就可以叫作本土化，本地化需要有本土的经营、本土的员工，需要从语言、文化、管理、营销等方面都保持和本土消费者一致的行为。执御一直在推进本土化战略，将客服端的售前、售中、售后团队都从国内迁到了中东，此外，营销团队也全都是本地员工，实现了语言本地化、经验本地化、经营本地化。可以说，在本土化的建设上，执御已经超过了中东本土化的其他电商平台。完整的本土化帮助执御更能了解消费者的生活习惯、生活节奏、消费习惯、家庭关系、兴趣爱好等，在深入理解客户需求后，货源安排、营销组织等经营活动就变得自然了。

（二）全球供应链

要能快速为客户带来品质较高的产品，就有赖于强大的全球供应链。目前，执御的供应商遍布海内外，主力合作供应商就有 2000 多家。和传统销售模式不同的是，执御不是供应商提供什么卖什么，而是告诉供应商现在流行什么，他们去生产，执御再去卖。执御建立了一支由 90 多人组成的资深买手团队，其中不乏设计师和在原创设计领域有影响力的人才，这些买手遍布全球各地，能够第一时间洞察时尚资讯并迅速发掘好的商品。

（三）领先的互联网技术

执御有很强的技术团队，其中很多是来自腾讯、阿里以及谷歌。这支近百人的团队自主研发了一套拥有 20 多项知识产权，基于数据驱动的智能化营销和运营系统。通过系统，将客户群体极致细分，对客户身份、地位、消费习惯等进行清晰画像，这使得企业能迅速锁定目标客户，智能推送，精准营销，充分满足个性化需求。同时，可以在数十个品类、数十万个海量 SKU 中，实现弹性供应，以销定产，在大数据推动下，有超过 40% 的商品提前采购入库，滞销率仅为 0.08%，在线商品 30 天动销率超过 70%。

(四) 中国制造

无疑，执御的成功离不开中国尤其是长三角、珠三角地区优秀制造企业集聚的大环境。虽然中国制造在封闭市场、固化模式下会觉得沉重，但换个角度又是一个天，世界很多地区，依然缺乏供应，中国制造还有很大的空间，全网全渠道销售是制造生产企业未来的发展方向。

其实，跨境是个伪命题，执御本质上是在做互联网零售，相较于传统贸易，去渠道化使得跨境电商更加高效和快速。借助执御跨境平台，中国工厂直面中东消费者，绕开中间环节，提升利润。中东的消费者也在对比中发现产品的性价比，享受海淘的乐趣。

今天的中东电商市场，已经是群雄逐鹿，惨烈的厮杀正在展开。亚马逊 2017 年 3 月收购了本土成立时间最长、影响最大的全品类电商 Souq；2017 年 10 月，阿联酋企业家穆罕默德·阿拉巴尔联合沙特阿拉伯主权财富基金投资 10 亿美元打造的超级电商 Noon 正式上线；与此同时，中国跨境电商阿里巴巴速卖通、SheIn、环球易购等也在进入布局。

Go Jolly, Get Chic。执御能否在中东继续做强做大，让我们拭目以待。

传音手机如何称霸非洲

2017 年 4 月 25 日，深圳传音控股有限公司通过招拍挂形式，以 2.73 亿元的价格拿下深圳南山区留仙洞总部基地一块面积为 5617.9 平方米的土地，用于建盖深圳传音总部大厦。一时间，在手机行业中引起了不小的轰动。

传音，这个企业可能太多消费者都没听说过，它是地道的国产手机品牌，但没有在国内卖过一部手机，可它生产的 TECNO 手机在非洲却几乎家喻户晓。2014~2016 年，根据非洲最大的商业杂志 *African Business*，*TECNO* 连续三年位列非洲消费者最喜爱品牌前 20 名。传音的传统功能机、智能机在肯尼亚、尼日利亚等非洲 6 个主要国家的市场份额超过 40%，是名副其实的国产手机"非洲王"。

图 10-5　CRI 内罗毕一闹市区，Tecno 和华为手机广告林立

我们一起来看看传音是如何称霸非洲的。

（一）专注本地化

2006 年，是国内手机市场竞争非常激烈的时候，来自深圳华强北的各路手机厂商不但在国内拼抢地盘，在印度、东南亚等海外市场也厮杀凶猛。但这些山寨机因抄袭成风、手机质量欠佳、操作不规范或走货不正规，起初时气势凶猛，赚了很多快钱，但最终都逐渐衰落。

非洲市场底子虽薄，但发展潜力巨大。正是看中这一点，2007 年传音进入非洲，和山寨机路数不同的是，传音一开始就坚持要在非洲做出品牌的理念。走正规路径铺货，一点一点将渠道做扎实，不追求速成、爆发，历经多年积累，最终把品牌树立起来了。

传音在过去的十年间，几乎完全专注于非洲市场，提供具有当地特色的低成本手机。传音非常注重研究本地用户的使用习惯，根据用户的使用特点改进功能，比如防汗、防滑、开机时音乐非常长、来电铃声超大等。传音还注重培养用户和渠道商的忠诚度，教会当地人怎么做生意，和三星等大企业不一样的是，传音更细致认真，更接地气。

传音 CEO 刘俊杰曾公开表示，传音控股成为"非洲王"的秘诀就是本地化、差异化、贴近消费者需求。传音的专注本地化吸引了众多的非洲用户，也取得了巨大的成就，2010 年，传音出货量为 650 万部，2013 年达到 3700 万部，2016 年飙升到 8000 万部。最新数据显示，传音 2017 年出货量达到 1.2 亿部，其中功能机约 9000 万部，智能机超过 3500 万部，成为中国国产手机外销冠军。传音旗下的 TECNO、itel、Infinix 以及 Spice，定位不同的消费群体，得到了广大用户的认同。传音开发的 Palmchat 移动及时通信 APP，类似腾讯，依托于传音的高出货量，总用户数竟达 1 亿。

（二）产品直击痛点，给用户最美好的体验

传音进入非洲的时候，非洲的电力和基础设施还不是很完善，但当地已经有很多的移动运营商了，就像中国那时有移动、电信、网通、联通、铁通一样。非洲用户大多有数张 SIM 卡，却没有消费多部手机的能力，正是看准了这种需求，传音推出第一款 TECNO 品牌的双卡手机，果然大受欢迎。

全世界的人都爱自拍，黄种、白种人都是一样，非洲小伙伴也不例外。为了适应非洲用户的需求，传音的研发团队专门研发了适用于黑肤色用户的美肌模式。与一般手机拍照时通过脸部识别不同，传音手机通过眼睛和牙齿来定位，在此基础上加强曝光，这样非洲的小伙伴们便能够轻松拍出更加美丽的照片了。

非洲人民都爱音乐、爱舞蹈，来段音乐就能原地起飞。为迎合非洲人民的生活习惯，传音还随机赠送客户定制的头戴式耳机。

（三）完善售后服务，解决用户问题

为更好地解决手机的售后问题，传音是第一家在非洲建设售后服务网络的外国手机企业。如今传音已经在非洲建立起 86 个世界范围的售后服务中心和超过 1000 个售后维修服务点，拥有超过 1100 名高级技术服务人员，成为非洲最大的手机用户服务网络。

（四）覆盖式营销

传音是营销型的公司，其创始人更是早年波导的国内和海外营销负责人，因此在非洲，从内罗毕的机场道路到坎帕拉的贫民窟，从肯尼亚的边境小城 Kisii

到卢旺达的旅游城市 Rubevu，只要有墙的地方，就少不了 TECNO 的涂墙广告。有网友吐槽称"由于 TECNO 的涂墙运动，油漆生产成为当下非洲最热门的行业"。

坦桑尼亚的卡里亚库市场是传音手机在非洲火爆的一个缩影，作为东非地区手机集散地，传音手机的广告在这里随处可见，这里几乎每块玻璃上都贴着传音的广告。我们习惯了国内 OPPO 和 VIVO 满街的广告，没想到同样的策略在非洲也可以用，而且用得同样娴熟。

老子说："上善若水，居善地……夫唯不争，故无尤。"传音采取了"局外人"策略，没有像小米、OPPO、VIVO 等竞争对手那样挤进同一市场，即先抢占中国和东南亚市场，其次是印度市场。但如今，它已经在非洲实现了规模，成为当地一家主要的移动运营公司，建立了自己的帝国。

从手机行业的无名小卒到中坚力量，传音仅用了十年的时间。传音的官网上有这样的文字：TECNO 紧跟"全球化思维，本地化经营"的理念，致力于将前沿科技转化为本地化产品。TECNO 秉承"更体验"的品牌精髓，专注于为消费者提供定制化的优质产品，丰富消费者的娱乐生活。鉴于此，传音在非洲取得辉煌的成功也就不足为奇了，传音是值得我们学习的好榜样。

今天有 12 亿人口的非洲，是仅次于亚太的第二大移动通信市场，也是经济全球化背景下快速发展的庞大掘金热土，新兴的有消费能力的中产阶级不断增加，他们希望拥有高性能、时尚、有竞争力的产品和服务，而这些正是我们企业全球化所要加速去追赶的。

参考文献

［1］B.约瑟夫·派恩、詹姆斯·H.吉尔摩：《体验经济》，机械工业出版社 2016 年版。

［2］哈雷·曼宁、凯丽·博丁：《体验为王：低成本高收益的用户策略》，中信出版集团 2017 年版。

［3］Eric Schaffer、Apala Lahiri：《让用户体验融入企业基因》，电子工业出版社 2015 年版。

［4］罗伯特·布伦纳、斯图尔特·埃默里、拉斯·霍尔：《伟大的设计：通向完美体验的门户》，机械工业出版社 2017 年版。

［5］乔克·布苏蒂尔：《产品经理方法论》，中信出版集团 2016 年版。

［6］陈建勋：《解密顾客的良性体验：延长顾客良性体验生命周期的战略选择》，《现代营销》2005 年第 6 期。

［7］沈志勇：《极致大单品：企业未来的圣经》，《销售与市场（管理版）》2014 年第 1 期。

［8］菲利普·科特勒、加里·阿姆斯特朗：《市场营销》，中国人民大学出版社 2017 年版。

［9］艾·里斯、杰克·特劳特：《定位》，机械工业出版社 2017 年版。

［10］埃里克·莱斯：《精益创业》，中信出版社 2012 年版。

［11］IBM 行业解决方案之"中国制造 2025"，http：//www.ibm.com/cn-zh，2017 年。

［12］《最佳客户体验》，http：//www.lncchina.com/khty，2017 年。

［13］黄卫伟：《以客户为中心：华为公司业务管理纲要》，中信出版集团 2016 年版。

［14］詹姆斯·P.沃麦克、丹尼尔·T.琼斯：《精益服务解决方案：公司与顾客共创价值与财富》，机械工业出版社 2016 年版。

［15］黄铁鹰：《海底捞你学不会》，中信出版社 2011 年版。

［16］刘渐飞、向昱萱：《中国品牌定位方法论》，湖北科学技术出版社 2006 年版。

[17] 包·恩和巴图：《品牌征服：大互联时代伟大品牌的六维设计》，新华出版社 2017 年版。

[18] 张云、王刚：《品类战略：定位理论最新发展》，机械工业出版社 2017 年版。

[19] 赫尔曼·瓦拉、罗兰·让内：《从 I 到 WE：卓越品牌力的秘密》，四川人民出版社 2016 年版。

[20] 赫尔曼·西蒙：《隐形冠军：未来全球化的先锋》，机械工业出版社 2017 年版。

[21] 朱海松：《移动互联网时代国际 4A 广告公司品牌策划方法》，人民邮电出版社 2015 年版。

[22] 卢彦：《移动互联网时代品牌十诫：互联网思维下品牌重塑》，机械工业出版社 2014 年版。

[23] 李启庚：《品牌体验的形成及对品牌资产的影响研究》，上海交通大学出版社 2013 年版。

[24] 李洋：《从创新品牌江小白看中国新品牌崛起机会》，营创实验室公众号 2017 年。

[25] 乔什·韦尔特曼：《一切都与广告有关：成功吸引顾客购买的秘密》，中信出版集团 2017 年版。

[26] 陈特军：《重新定义营销：移动互联时代，营销大变局》，浙江工商大学出版社 2017 年版。

[27] 迈克尔·所罗门：《消费者行为：决定购买的内在动机》，中国人民大学出版社 2015 年版。

[28] 王健平、梁文：《软文写作与营销实战手册》，人民邮电出版社 2017 年版。

[29] 《极致客户体验：银行未来竞争的护城河》，《麦肯锡》，2017 年冬季刊。

[30] 菲利普·阿吉翁、彼得·霍依特：《内生增长理论》，北京大学出版社 2004 年版。

[31] 王辉耀、苗绿：《中国企业全球化报告（2017）》，社会科学文献出版社 2017 年版。

[32] 迟福林：《赢在转折点：中国经济转型大趋势》，浙江大学出版社 2016 年版。

[33] 瓦拉瑞尔·A.泽丝曼尔、玛丽·乔·比特纳、德韦恩·D.格兰姆勒：《服务营销》，机械工业出版社 2017 年版。

[34] 何佳讯：《品牌的逻辑》，机械工业出版社 2017 年版。

后 记
体验就像一场修行

客户体验的提升，很多时候就像我们每年开年时制定的规划，兴冲冲地执行了一段时间，然后呢，就没有然后了。因为坚持是很困难的事情，更不要说前行的路上还有更多重要的事情牵绊和分散着注意力。

企业更是如此。研究客户需求、调查客户满意度，对产品进行改进、对流程进行优化，这是一个系统的工程，涉及企业的所有部门、方方面面，从哪里开始入手？人力如何组织？资金如何支持？都是具体和现实的问题。对于很多企业来说，提升客户体验是一个回报周期较长的投入，企业的决策层和管理层都没有耐心去等待，执行层也没有耐心去落实那么多细微的触点，更不要说还有错综复杂的流程和庞大混乱的 IT 系统。

但相信所有企业都是明白的，企业之间正在进行的战争，已经完全围绕着客户体验展开。今天的消费者，越来越难被以销售为核心的营销和广告所打动，他们越来越依赖品牌的各个触点，包括从产品、服务到品牌的全过程感知来形成对品牌的认可，最终产生购买驱动以及品牌依恋。每个企业都不能再回避，只有持续提升和改善客户体验，才能在 YOU 时代激烈的厮杀中胜出。

而事实上，当下的企业普遍都很焦虑，为什么呢，因为找不到方向。一方面，技术进步让产品快速迭代，一个新产品才研发出来，就可能面临淘汰；另一方面，YOU 时代的消费者更个性和多元化，他们经常在线，他们有着广泛的信息收集渠道，甚至比企业的很多员工更懂产品。

有没有可以长远发展的方向？在由产品时代转变为客户时代的时代，企业需要重新认识并对资源进行重新配置，包括客户思维、商业模式、产品、服务以及和客户的连接方式。而完全以客户为中心的体验再造，应该是一个可行和有效的路径，提升客户体验对企业的巨大价值在本书中那些成功的标杆企业身上已经得到充分的验证。

对于客户来说，体验是一段开心和愉悦的旅行。而对于企业来说，体验就像一场悠长、虔诚、执着的修行。

2017年暑期，和《战狼2》一样口碑爆棚的一部叫《冈仁波齐》的电影。准确地说，它更像是一部纪录片，记录了11名不同职业身份的藏人，由芒康出发，三磕九拜用身体去丈量2500公里的朝拜路程。他们一遍遍搭帐篷、诵经，在风霜里叩首，一圈圈绕着神山磕头，每个人都看似荒诞而渺小，在日复一日的重复里卑微如蚁。

很多人看了这部电影后都泪流满面，因为这一行朝圣者，也就是漫长人生的一道缩影，有婴儿落地、有长者辞别、有青年的成长、有生活的感悟。他们的朝圣路和人生一样，远看像长河，近看都是碎片，过程虽然苦，终点却是甘。

什么是修行？修行就是勇敢地、真实地、直接地面对内心的烦恼和错误。面对全球化的挑战，相信我们的企业，都能从外向内，从很远到很近，完全做到以客户为中心，真正展开这场体验的修行。

写到这里，本书终于写完了。2017年1月我们酝酿创作本书，便开始查阅文献、收集素材、研究案例、走访企业，7月我们正式动笔，前后花了一年多的时间。回忆这一年多来的过程，确实很辛苦，我们的创作，基本都是在下班后和周末进行，常常是在办公室和家里熬到深夜。有时我们也在问自己，是什么激励我们要写这本书呢，那就是我们都心怀着热爱和信仰，努力活出意义，无愧于这个时代。

体验再造是一个全新的领域，尽管我们很想全面、准确、科学地进行描述，但限于我们的知识、能力和实践，书中的遗憾仍然难免，我们的理论也许有失偏颇，希望广大读者能够谅解并予以批评指正。如果大家有不同的观点或疑问，也可以直接与我们联系：

汪吉邮箱：ajiwang@163.com，微信号：footon；

汪豪邮箱：80366488@qq.com，微信号：Tommy610610。

我们还在知乎开了一个体验再造专栏（zhuanlan.zhihu.com/ajiwang），期待与大家交流。

本书在创作过程中，参考和引用了国内外专家学者的大量著作，因限于篇幅，未能一一注明，再次向作者们深表谢意。

　　在这里，要感谢我们的父母、兄弟姐妹、妻子和孩子，是你们毫无保留的爱、奉献和支持，为我们腾出了大量的时间来安心创作。感谢你们，你们永远是我们奋斗的动力。

　　最后，还要感谢经济管理出版社，从我们刚开始构思本书时就决定出版，在创作的过程中给了我们很多中肯的意见和建议，并帮助我们巨细无遗地进行校正和修改，使我们顺利完成这部很有价值的作品。

　　YOU 时代，相信每一个致力于客户体验的企业和个人，都能收获最美好的未来。